蘭臺國學研究叢刊 第一輯 10

神秘文化本源——

河圖洛書象理解讀

龍建春 著

蘭臺出版社

台州市哲學社會科學規劃後期資助課題
台州市重點學科「中國古代文學與天台山文化」資助課題

總序

夫國學者，一國固有之學術思想也；此乃民族精神之所基，國家靈魂之所依，文化命脈之所寄。吾泱泱中華之所以卓然傲立於世數千載，端賴於此道統思想薪火相傳，燈燈無盡，代代傳衍，不絕如縷。故四大文明古國，獨中國存世於今，此誠世界文明之奇蹟，亦吾國歷代知識份子之功也。然自清末列強交侵，民初之「五四運動」以來，西潮如浪，澎湃洶湧，傳統之學術思想受到極大的衝擊，頗有「經書緒亂，書缺簡脫，禮壞樂崩」之勢。

中國自上古時代起即有史官記事之傳統，綿歷於今數千年不衰；歷代知識份子亦皆有傳承道統思想之自覺。傳統學術思想之傳承，有賴於斯。更切要者，乃在中國傳統之學術思想與人生關係密切，無一不可於日常生活中確實篤行，且隨其歲月歷練淺深之不同，而有不同之感悟，如張潮於《幽夢影》中所言：「少年讀書，如隙中窺月；中年讀書，如庭中觀月；老年讀書，如臺上玩月，皆以閱歷之淺深，為所得之淺深耳。」此乃吾國學術思想之特色和引人入勝處，亦是與西方之純哲學與人生決無關涉所不同者。

於今物質勃發，人心飄搖無著之際，中國哲學當有所裨益於世，所謂「求其放心」，進而能「為天地立心，為生民立命；為往聖繼絕學，為萬世開太平」。更有甚者，在於一國之復興，必先待國學之復興；一國之強盛，必先待國學之強盛！未見一國之富強而國學不興盛者。國學興盛，民族精神方有基礎，國家靈魂方有依憑，文化命脈方有寄託。

蘭臺於此時出版「蘭臺國學研究叢刊」，除傳承固有之國學命脈，亦是為故國招魂，更深信東方哲學是本世紀人類文化的出路，在舊傳統裡尋找新智慧，將大有益於世。希冀此叢刊的出版，能收「雲蒸霧散，興化致理，鴻猷克贊」之效。

蘭臺出版社

河圖洛書象理解讀

——神秘文化本源

龍建春 著

LITERARY TIMES
蘭臺出版社

目錄

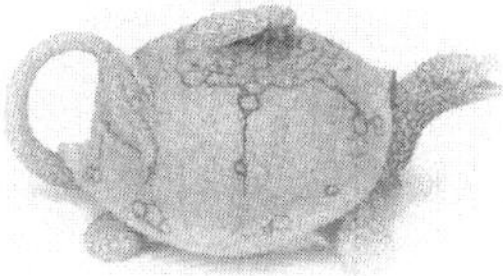

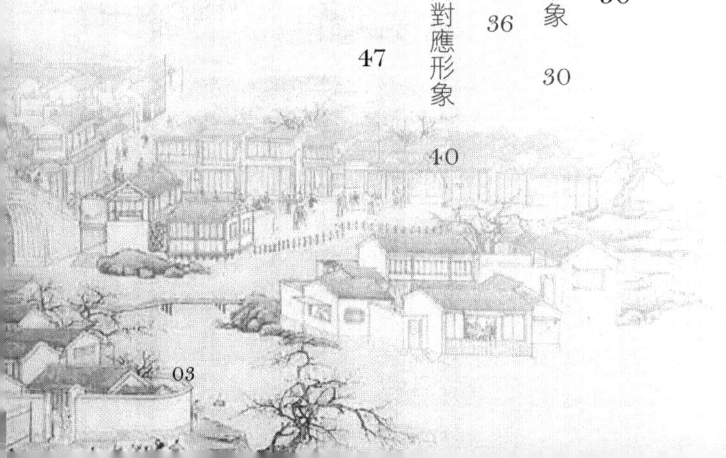

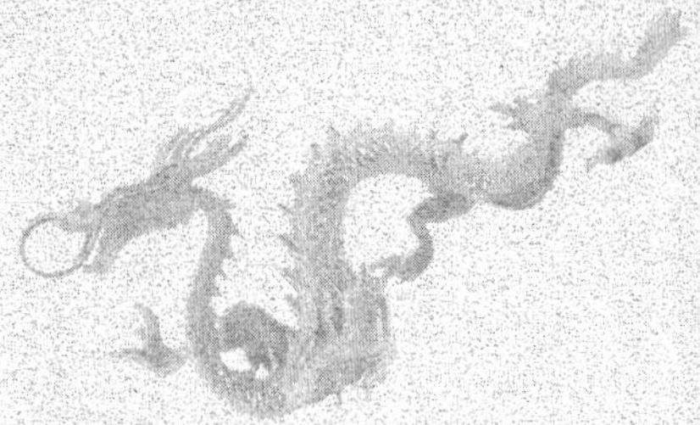

引解：神奇的河圖洛書

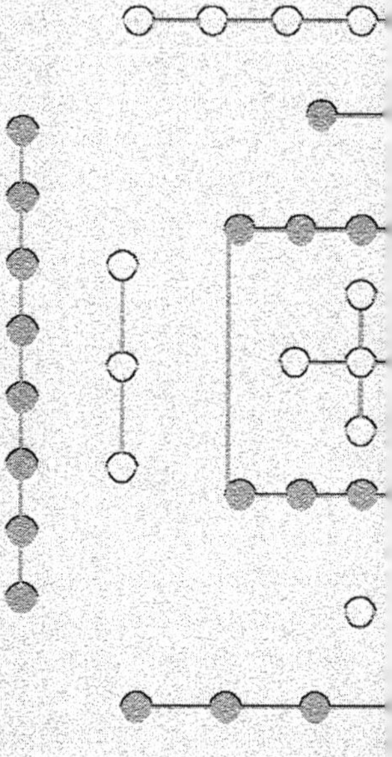
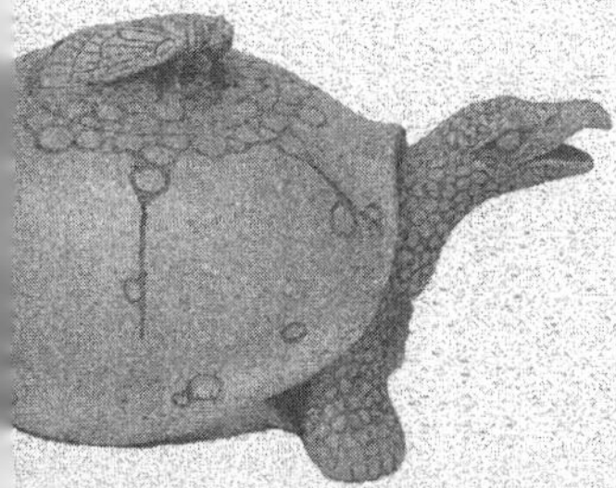
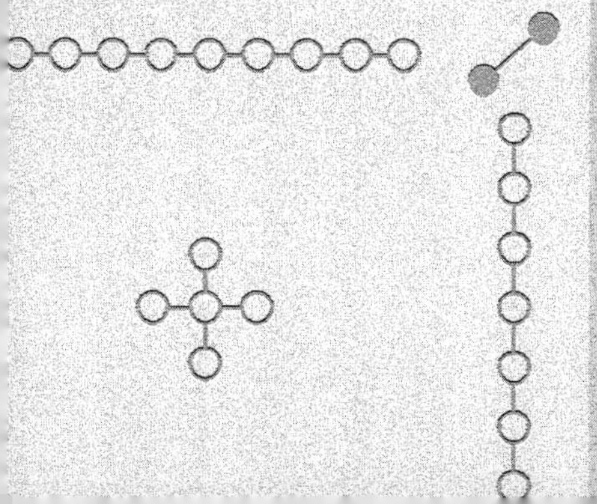

在中國古代文明和傳統文化中，《河圖》、《洛書》是最爲神秘的，也是最爲奇特的：它是一種亦真亦幻的文化現象，又是一種源流交錯的文化闡釋，至今仍然是一個褒貶徑庭的文化懸案！

壹、亦真亦幻的文化現象

亦真亦幻的文化現象核心問題是《河圖》、《洛書》本身是否存在？對這個問題的追問，自宋代以來就沒有停止過。李申先生說：「《河圖》、《洛書》，古代文獻雖有記載，但沒有說出它們是什麼樣子。宋以前的人們，爭論不休，但也沒有人拿個什麼圖或書來，說這就是《河圖》、《洛書》。」宋代以前，因爲沒有具體的物證，也就開啓了後世《河圖》、《洛書》本身是否存在的爭論。宋代以後有了《河圖》、《洛書》的黑白點圖，可是「這些圖問世之初，就爭論不休。」【1】這是因爲這圖前所未見，而且陳摶所繪和弟子們所傳，都有些神秘兮兮的，所以同樣不免給人亦真亦幻的感覺。

這種亦真亦幻逐漸形成了兩大派：肯定派和否定派：肯定派，分別從《尙書》、《禮記》、《太玄・玄圖》、《漢書・五行志》及《左傳》、《周易・繫辭》、《易緯・乾鑿度》、《數術記遺九宮算注》等經傳，尤其是朱熹、邵雍、劉牧等圖及圖說立論，論證《河圖》、《洛書》「其規模所自，良有至理存焉」：這是人們比較熟悉的。

否定派則自歐陽修起，他在《易童子問》卷三中記載：童子「敢問八卦之說？或謂伏羲已授《河圖》，又俯仰於天地，觀取於人物，然後畫爲八卦爾。二說雖異，會其義則一也，然乎？」他回答說：「不然。此曲學之士牽合傅會以苟通其說，而遂其一家之學爾。其失由於妄以〈繫辭〉爲聖人之言而不敢非，故不得不曲爲之說也。《河圖》之出也，八卦之文已具乎，則伏羲授之而已，複何所爲也？八卦之文不具，必須人力爲之，則不足爲《河圖》也。其曰觀天地、觀鳥獸、取於身、取於物，然後始作八卦，蓋始作者前未有之言也。考其文義，其創意造始，其勞如此，而後八卦得以成文，則所謂《河圖》者，何與於其間哉？若曰已授《河圖》，又須有爲而立卦，則觀於天地鳥獸、取於人物者皆備言之矣，而獨遺其本始所授於

【1】李申《話說太極圖——〈易圖明辨〉補》，知識出版社1992年第112頁。

天者，不曰取法於《河圖》，此豈近於人情乎？考今〈繫辭〉二說離絕，各自爲言，義不相通，而曲學之士牽合以通其說，而惧惑學者，其爲患豈小哉！古之言僞而辨、順非而澤者，殺無赦。嗚呼，爲斯說者，王制之所宜誅也！」[2] 歐陽修是通過否定河洛學家和易學家理論的根本〈繫辭〉來否定《河圖》、《洛書》的存在的，他根據常理推斷：如果《河圖》已經具備了八卦的雛形或者原理，那麼伏羲得到了《河圖》就沒有必要再畫八卦了，如果《河圖》上沒有八卦的蹤影，那麼伏羲畫八卦就不一定要根據《河圖》了。至於〈繫辭〉中「觀天地」等話語，一來說明八卦是前所未有的，二來體現了八卦創作的艱辛，最根本的是伏羲畫八卦與所謂《河圖》，是沒有什麼關係的！可能因爲要維護易經是群經之首的地位，或許而出於對僞劣學術、胡言亂語人的痛恨，歐陽修最後提出「殺無赦」，似乎有點偏激。但是，歐陽修否定說出來後，「襲歐陽修之說，而益加甚焉」！[3] 此後南宋有葉適等、元代有陳應潤等，明代有歸有光、劉濂等人，清代又形成一個高潮，胡渭、黃宗羲、黃宗炎、毛奇齡等，都是否定派。否定派最重要的依據是：沒有實物和可靠的文獻，「魏、晉、唐、宋初之儒，不見《圖》、

【2】（宋）歐陽永叔《歐陽修全集》，北京中國書店1986年第570-571頁。

【3】見《四庫全書總目提要》卷七《經部》七明劉濂《易象解》條。

《書》」，「考今〈繫辭〉二說，離絕各自爲言，義不相通，而曲學之士牽合以通其說」（還可以參看下面〈《尙書・顧命》：《河圖》的「寶物」形象〉一節相關論述）。

直到民國，爭論依然持續，如易學家杭辛齋等就是持肯定的意見，而史學家顧頡剛等就是持否定的意見。

亦真亦幻的文化論爭，造成了《河圖》、《洛書》亦真亦幻的文化現實。尤其是隨著漢讖緯學、易象數學的蓬勃發展，人們由對《河圖》、《洛書》存在與否的關注，轉向了對《河圖》、《洛書》另一個問題，那就是：這《河圖》、《洛書》究竟是上天賜給誰的？對這個問題一直都有不同的說法，大致而言，主要有以下9種：

（1）伏羲得龍馬《河圖》，畫八卦。《尙書・顧命》孔安國傳載：「伏羲王天下，龍馬出河，遂則其以畫八卦，謂之《河圖》。」《禮含文嘉》載：「伏羲德合天下，天應以鳥獸文章，地應以《河圖》、《洛書》，乃則之以作《易》。」【4】《漢書・五行志》載：「劉歆以

【4】所引讖緯傳說都是根據日本安居香山、中村璋八輯的《緯書集成》本，河北人民出版社1994年版，後面不再標注。

爲伏羲氏繼天而王，受《河圖》，則而圖之，八卦是也。」【5】

（2）黃帝受在黃河得《河圖》，祭洛水得《洛書》，作《歸藏易》。《竹書紀年》卷一載：「黃帝五十年秋七月，庚申，鳳鳥至，帝祭于洛水。」注：「龍《圖》出河，龜《書》出洛，赤文篆字，以授軒轅。」《路史・黃帝紀》載：「黃帝有熊氏，河龍圖發，洛龜書威……乃重坤以爲首，所謂《歸藏易》也。故曰歸藏氏。」

（3）倉頡南巡在洛水與黃河的交匯處得青文《洛書》。《河圖玉版》載：「倉頡爲帝，南巡狩，登陽虛之山，臨于玄扈洛汭之水，靈龜負書，丹甲青文，以授帝。」

（4）帝堯在黃河、洛水設壇得龍馬《河圖》。《宋書・符瑞志》上載：帝欲「歸功於舜，將以天下禪之。乃潔齋修壇場於河、洛，擇良日，率舜等升首山，遵河渚。有五老遊焉，蓋五星之精也。相謂曰：「《河圖》將來告帝以期，知我者重瞳黃姚。」五老因飛爲流星，上入昴。二月辛丑昧明，禮備，至於日昃，榮光出河，休氣四塞，白雲起，回風搖，乃有龍馬銜甲，赤文綠色，臨壇而止，吐《甲圖》而去。甲似龜，背廣九尺，其圖以白玉爲檢，赤玉爲字，泥以黃金，約以青繩。檢文曰：「闓色授帝舜。」言虞、夏、殷、周、秦、漢當授天命。

【5】所引正史傳說都出自影印關外二次本《二十五史》本，上海古籍出版社、上海書店1987年版，後面不再標注。

帝乃寫其言，藏於東序。」

（5）帝舜祭黃河得黃龍負《河圖》。《宋書・符瑞志》上載：「舜設壇於河，黃龍負圖，圖長三十三尺，廣九尺，出於壇畔，赤文綠錯。」

（6）大禹巡行黃河得《洛書》「九疇」。《竹書紀年》載：「帝禹夏后氏。」陳注：「當堯之時，禹觀於河，有長人，白面魚身，出曰：吾河精也。呼禹曰：文命治水。言訖授禹《河圖》，言治水事……洛書龜書是爲洪範。」《漢書・五行志》載：「劉歆以爲，禹治洪水，賜《洛書》，法而陳之，九疇是也。」

（7）成湯至洛水觀堯設祭壇得赤文《洛書》。《宋書・符瑞志》上載：「湯東至洛，觀堯壇，有黑龜，並赤文成字。」

（8）文王在磻溪受丹書《洛書》。《春秋命曆序》載：「文王受丹書，呂望佐昌發。」又《春秋元命苞》載：「西伯既得丹書，於是稱王，改正朔，誅崇侯虎。」

（9）成王臨觀黃河、洛水，得青龍《河圖》、赤文《洛書》。《宋書・符瑞志》上載：「武王沒，成王少，周公旦攝政七年，制禮作樂，神鳥鳳凰見，蓂莢生。乃與成王觀於河、洛，沈璧。禮畢，王退俟，至於日昧，榮光並出幕河，青雲浮至，青龍臨壇，銜玄甲之圖，吐之而去。禮於洛，亦如之。玄龜青龍蒼兕止於壇，背甲刻書，赤文成字。周公援筆以世文寫之，書成文消，龜墮甲而去。」

縱觀這些文獻的記述，相互之間是明顯不同甚至於矛盾。有幸獨得《河圖》、《洛書》或者兼得《河圖》、《洛書》的：或伏羲，或黃帝，或倉頡，或舜，或堯，或大禹，或商湯，或周文王，或周成王。負載《河圖》、《洛書》出河洛的也存在差異：負《河圖》的或龍或馬，或乾脆就是龍馬，而且這龍或黃或青；負《洛書》的龜或紅或黑。《河圖》、《洛書》本身還存在差異：《河圖》或圖或書，或是圖、書並存；《洛書》則或「九疇」或名錄，而且《河圖》、《洛書》的文字也有紅、綠、黑等色彩的差異。造成這種差異的一般因素，主要是不同的書相互說法不一，而且即便是同一本書也存在差異：如《龍魚河圖》就出現了伏羲、黃帝、堯和舜四說並存的情況。這可能是所據的來源有差別。但是，更深層的原因可能是基於撰寫的目的或者立意所致：或出於對帝王的權威化，或出於對讖緯的詭秘化，或出於敘述的傳奇性，或出於庸俗的立異等。章太炎曾經就指出：「既知政教，又以游藝，借物以詷其姓名人地，則《綠圖》、《皤薄》自此作。雖然，其羈者在姓名人地，而鑿者在政教，則聖人所以作《綠圖》、《皤薄》者，其本末可知。」【6】其中「鑿者在政教」，是說法的主要立意，獲得《河圖》、《洛書》的，全部是上古的帝王或聖人，便是最好的證明。

【6】章炳麟著、徐俊注《訄書詳注》，上海古籍出版社2000年第185頁。

究竟是上天賜給誰的這個問題的討論，並沒有澄清《河圖》、《洛書》亦真亦幻的迷霧，反而有加深迷惑的副作用。於是，人們又希望通過《河圖》、《洛書》究竟是什麼這個問題的討論，以期探索《河圖》、《洛書》的真面目。對於這個問題，否定派無需多說，即便是肯定派，目前也是沒有確定而得到統一的結論。由於先秦沒有物證，而且文獻記載也沒有明顯的確認，因此漢代以後便有了不同的推測了：有認爲是玉石的（今人用含山玉類比）、有認爲是圖冊的（又有地圖、文書的區分）、有認爲是賢人的（泰顛）、有認爲是古代地理書，有認爲是讖緯圖書，有認爲是八卦（或八卦九疇），有認爲是數理圖式。現代對《河圖》、《洛書》的認識，有了一些新的變化：有人認爲《河圖》爲上古氣候圖，《洛書》爲上古方點陣圖，有認爲是星象圖（《河圖》爲五星出沒圖式或天河之圖，《洛書》爲北斗九星圖式，或是導源于對天河即銀河星象的觀測，導源於彗星的氣體尾巴軌跡。），有認爲《河圖》爲天地四時五象比數圖式，《洛書》爲陰陽寒熱比數圖式，有認爲是時令曆法圖，有認爲是完全三角形數圖，有認爲原始占卜圖，有認爲道教煉丹圖，有認爲出土甲骨，有認爲蘊含勾股、幻方等的數理圖，有認爲宇宙生命規律的數理模型……真是不勝枚舉。

貳、源流交錯的文化闡釋

這些推測究竟誰「真」誰「幻」，我們認爲關鍵還不在於《河圖》、《洛書》本身，而在於關於《河圖》、《洛書》的文化闡釋。這個我們可以從上一節關於有無、得主和本質的述評中可以發現：關於有無的討論就提到前面所述否定派歐陽修對〈繫辭〉的質疑，肯定派朱熹在〈答袁樞〉一信中，對這個質疑的回應是：「〈繫辭〉雖不言伏羲受《河圖》以作《易》，然所謂「仰觀」「俯察」，「近取」「遠取」，安知《河圖》非其中之一事耶？大抵聖人製作由初非一端，然其法象之規模，必有最親切處，然初未嘗有數也。至於《河圖》之出，然後五十有五之數，奇偶生成粲然可見，此其所以深發聖人之獨智，又非況然氣象之所可得而擬也。是以「仰觀」「俯察」，「近取」「遠取」，至此而後兩儀、四象、八卦之陰陽奇偶可得而言，雖〈繫辭〉所論聖人作《易》之由非一，而不害其得此而後決也。」[7]這樣一來，伏羲作八卦究竟有沒有效法《河圖》就是問題的焦點，然而焦點的實質是：八卦與《河圖》究

【7】朱謀人、嚴佐之、劉永翔主編《朱子全書》（21），上海古籍出版社、安徽教育出版社2002年第1659-1660頁。

竟誰先誰後，也就是究竟誰是源誰是流。正因為沒有弄明白源與流交錯闡釋的問題，本來有沒有效法《河圖》，應該是要解決《河圖》與八卦究竟誰是源誰是流的。可是他們卻沒有解決。朱熹既認為《河圖》是伏羲作八卦效法的「其中之一事」，那麼《河圖》應該就是八卦之源了；但又說「初未嘗有數也」、「得此而後決也」，「未嘗有數」那麼《河圖》就不是具有「兩儀、四象、八卦之陰陽奇偶」的八卦了，「得此而後決也」這說明八卦已經具備規模了，那麼《河圖》至多是八卦定型時候的一個參照物而已，而不應該是八卦之源了。歐陽修採用的是以子之矛攻子之盾的方法，但他不是從源與流著眼的，因而無需多討論。

關於本質的討論，有從《河圖》、《洛書》來源來推測的，有從《河圖》、《洛書》數的形態來類比的，有從《河圖》、《洛書》數的原理來推導的……從來源來推測應該屬於哲學上的世界本原的討論，可以略而不論。從數的形態或者原理來闡釋，都是產生於把《河圖》、《洛書》作為數的形態和本質之後的，已經不屬於完整的《河圖》、《洛書》自身的源與流的討論了。但是在實際闡釋時，它們又往往交錯在一起，源與流沒有分別了。如把星象作為《河圖》、《洛書》的源，這是比較感性的源與流交錯的闡釋。這種闡釋把星象作為《河圖》、《洛書》的源，立足於兩者位置的對應，其本質實際是從古代星象學的流來推導星象與《河圖》、《洛書》的形相似性：「為了強調自己的「發現」，總是對古代星圖進行一番改造，直到改造成與河洛相似爲止」，而且「其數據缺乏史料依據與科學推理」【8】。

關於《河圖》、《洛書》的得主更是源與流交錯，有些沒有次序的。如黃帝說比較晚出，宋代羅泌《路史・黃帝紀》是補充並完善戰國時期《竹書紀年》的脫落的環節的，尤其是「龍《圖》出河，龜《書》出洛，赤文篆字，以授軒轅」這個注，出自漢代的《尚書帝命驗》，原文是：「河龍圖出，洛龜書威，赤文象字，以授軒轅。」不過略加改造而已。

源流交錯的文化闡釋突出的就是河洛學中的「九數」、「十數」的論爭。宋代《河圖》、《洛書》的黑白點數圖，都是從陳摶的龍圖發展而來的，但是由於對龍圖的理解有差異，對傳統的河洛文獻的選擇和解讀也有差異，因而出現了《河圖》、《洛書》的「九數」、「十數」論辯——「圖書之爭」。一個以《圖》九《書》十爲說，認爲《河圖》數是四十五，《洛書》數是五十五。提出這個觀點的代表人物是劉牧。他說：「昔宓羲氏之有天下，感龍馬之瑞，負天地之數，出於河，是爲龍圖者也。戴九履一，左三右七，二與四爲肩，六與八爲足，五爲腹心，縱橫數之，皆十五。蓋易系所謂參伍以變，錯綜其數也。太皞乃則而象之，遂因四正，定五行之數。以陽氣肇於建子，爲發生之源；陰氣萌於建午，爲肅殺之基。二氣交通。然後變

【8】張其成《易圖探秘》，中國書店1999年第164、160頁。

化，所以生萬物焉，殺萬物焉。」【9】這是源於〈繫辭〉、劉歆和孔安國的觀點，以「大衍之數五十，其用四十有九」根本理念，而且還整合了漢卦氣說、五行說和漢唐九宮說。堅持這一觀點的知名人物還有王湜、朱震、鄭樵、程大昌、朱元升、李簡、張理、薛季宣等。

一個以《圖》十《書》九爲說，認爲《河圖》數五十五，《洛書》數四十五。代表人物是朱熹及其弟子蔡元定。他們認爲：「關子明雲：「《河圖》之文七前六後，八左九右。《洛書》之文九前一後，三左七右，四前左，二前右，八後左，六後右。」邵子曰：「圓者，星也。曆紀之數，其肇於此乎?方者，土也。畫州井地之法，其仿於此乎？」蓋圓者，《河圖》之數。方者，《洛書》之文，故羲、文因之而造《易》，禹、箕敘之而作〈範〉。」【10】這也是基於〈繫辭〉，不過他們是以「天地之數」一節爲其核心理念，認爲這是「夫子所以發明河圖之數也。」然後根據五行生成圖來推導數位的構成，還發明了《河圖》、《洛書》的體與用、全與變及其相互關係，令人耳目一新。不久，朱熹又把這種《河圖》、《洛書》放在他的

【9】見（宋）劉牧撰《易數鉤隱圖‧遺論九事》卷一《太皞氏授龍馬負圖第一》，四庫全書本第1頁。

【10】朱謀人、嚴佐之、劉永翔主編《朱子全書》（一），上海古籍出版社、安徽教育出版社2002年第211頁。

《周易本義》卷首，所以《圖》十《書》九迅速流行，並成爲此後南宋、元、明、清的主導圖式。知名人物還有葉昌齡、宋咸、李覯、胡一桂、董楷、吳澄等。

然而「圖書之爭」是以數的量以及位置的變化爲主要討論點，如果從源與流來考察，那麼無論是劉牧派還是朱熹派，都是以陳摶《龍圖序》的「今存天地已合之數位而爲今之《河圖》」爲起點，形式上都是以黑白點數爲源，而原理都是以〈繫辭〉爲源頭，然而，在論說、圖說的闡述中，則以八卦爲源，相互闡釋，源與流因而交錯進行了。朱熹派從以卦氣說解釋五行生成圖，企圖從這個圖中直接引出八卦的形象，進而說明卦象來源於天地之數，河洛之數。因此，從整體上來考察，是由流而入源的，具體闡述就沒有源流的差異了。而且天地之數與河洛之數究竟誰是源，誰是流，難分難解。劉牧派則是以大衍之數來闡述河洛之數，那麼也是由流而入源的，再加上漢卦氣說、五行說和漢唐九宮說，源與流也不能分辨了。

叁、褒貶徑庭的文化懸案

《河圖》、《洛書》本身的亦真亦幻，再加上闡釋的源與流的交錯混淆，使得《河圖》、《洛書》及其文化闡釋就成爲了一樁褒貶徑庭的文化懸案。如何評估《河圖》、《洛書》，也就成爲《河圖》、《洛書》探討研究關注的第三個大問題了。就《河圖》、《洛書》本身的評估而言，如同對《河圖》、《洛書》有無的論爭一樣，存在著褒貶完全異趣的狀態。

原全國政協副主席羅豪才教授在中國河洛文化研究會成立大會上曾說：「河洛文化以『河圖』、『洛書』爲標誌，體現了中華傳統文化的根源性；以夏、商、周三代文化爲主幹，體現了中華文化的傳承；以洛陽古都凝聚的文化爲核心，體現了中華傳統文化的厚重性；以『河洛郎』南遷爲途徑，把這一文化傳播到海內外，體現了中華文化的幅射性。」【11】這種高度讚揚和肯定不僅僅是對河洛文化而言，也是對《河圖》、《洛書》而言的。總之，褒派通常認爲：《河圖》、《洛書》是河洛文化的濫觴，《河圖》、《洛書》是中華文明的源頭或「中華文明肇造發端的象徵」，在中華文化發展史上有著重要的地位，對哲學、政治學、軍事學、倫理

【11】羅豪才〈弘揚傳統文化 推進文化創新〉，《人民政協報》2006年2月27日C2版。

學、美學、文學、科學技術以及社會生活等，產生了深遠影響。

貶派則首先是從《河圖》、《洛書》的不存在和學術本身來否定的：歐陽修認爲河洛學者依據的〈繫辭〉條文是「離絕各自爲言，義不相通，而曲學之士牽合以通其說，而悞惑學者」[12]，葉適甚至認爲：《河圖》、《洛書》及其闡釋是「駭異後學，後學鼓而從之，失其會歸，而道日以離矣。」[13]既然認爲本身就不存在，所以漢代桓譚從肯定派天賜說出發，說天是沒有目的、沒有意志的，既然天是沒有意志的，那麼《河圖》、《洛書》和一切的讖記便都是虛假的。其次，由於八卦、六甲、九星、堪輿等術數的廣泛應用《河圖》、《洛書》，現代則有人把《河圖》、《洛書》等同迷信，予以完全否定。

章太炎則有進一步的否定：「亡人至於五鹿而得塊，以爲天賜，其實野人也。虙犧之王也，其形龍蛇，不知所自始。……《河圖》者，括地者也，獲於行迷，而以寫青黑黃赤，雖腐敗則珍之。吾安知夫矍駭《河圖》以爲天賜者，非亡人之塊邪？……吾安知夫前乎虙犧者，非有聖哲之士邪？彼且儀其地之象而淪於河，虙犧得之而以爲陳宗，斯猶蕭何之收秦圖籍，以知

【12】為避繁瑣，本書同一出處不重複標注。

【13】（宋）葉適《習學記言序目》，新文豐出版公司1989年第16冊第386頁。

地形隄塞也。夫何瑰佹奐哉！禹之《雒書》，其猶是圖。夫有周行於裨海以立髀者，迻書其度劑，票忽遇而拾之，寵靈其書以爲天賜也宜。」【14】在章先生看來，《河圖》、《洛書》都是通過測量而描畫的山川地理形勢的畫冊而已，本不足爲奇，大可不必「寵靈」，不必「珍之」。如果硬要說《河圖》、《洛書》是上天頒賜給帝王的寶物，那麼它們也可能相反，會成爲令晉公子重耳一樣逃亡國外的土塊：這就撩開了一直籠罩在《河圖》、《洛書》身上的神奇面紗，是對易學、讖緯學的一次廓清。至於歷來被奉爲聖人的伏羲，在他眼裡就是不知從哪兒冒出來的像龍蛇一樣的東西！

這些論爭、闡釋和探究，至今都沒有結束，而且《河圖》、《洛書》與《河圖》、《洛書》的闡釋關係如何，該如何評估《河圖》、《洛書》與《河圖》、《洛書》闡釋形成的河洛文化，等等，則還需要繼續。

【14】章炳麟著、徐俊注《訄書詳注》，上海古籍出版社出版2000年第347-348頁。

因而我們不揣膚淺鄙陋，想通過對《河圖》、《洛書》自身的形象以及內涵，對《河圖》、《洛書》的闡釋文獻的方式尤其經過數千的歷史沉澱和積累來的主要理蘊，做一番新的清理和發掘，以期爲早日破解《河圖》、《洛書》的千古之謎，提供一些基礎。

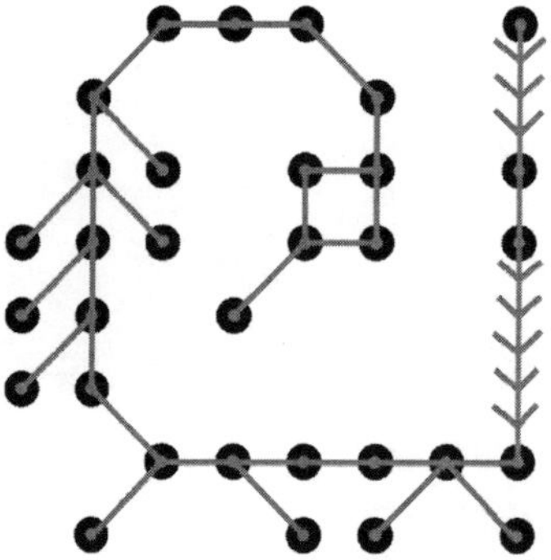

外解：
河圖洛書
形象解讀

一說到《河圖》、《洛書》的形象，人們就會想起朱熹在《周易本義》中居於首位的那兩幅用黑白圓點爲符號畫成的圖式。這兩個圖式，根據五行生成（十數圖）原理繪製的，被命名爲《河圖》；而根據九宮圖（九數圖）原理繪製的，則被命名爲《洛書》。然而這種形象，並不是《河圖》、《洛書》的唯一形象，也不是最初的形象。

從發生、發展的縱向角度看，《河圖》、《洛書》的形象是以宋代爲中點而呈現出兩類大的形象系列：在宋代以前，《河圖》、《洛書》主要是以不乏「圖」素的圖籙形象出現的；而在宋代以後，《河圖》、《洛書》主要是以符號理念爲核心的文化圖式出現的。與這種區分相應，作爲圖籙形象，《河圖》、《洛書》的內涵相對簡略；而作爲文化圖式，《河圖》、《洛書》的內涵就得到了極大的擴展。

《河圖》、《洛書》的形象性主要取決於它們特定的名字「圖」和「書」，「圖」的基本義就是用繪畫表現出來的形象，而「書」屬於形聲字，聿（yù）是形旁，意思是筆，所以《說文》說「書，箸也」，「箸也」就是用筆使文字顯明。「曰」是「者」的省略，所以的讀音是「者」（古代「者、箸」的讀音近似）。書寫的媒介是文字，文字也是由圖畫發展而來的符號，自然也就具有形象性了。

這種以「圖」爲主體的形象性也就成爲《河圖》、《洛書》與上古其它文獻最重要的區別。

壹、不乏「圖」素的先宋圖籙

圖籙（也寫作「籙圖」）辭書一般解釋作讖緯，其實這是一種寬泛的解釋。嚴格地說，圖籙只是讖緯中包括圖畫、書符、表冊等的一種圖牒。除了《河圖》、《洛書》本身及其相關的讖緯圖籙之外，道士、巫師爲了役使鬼神、禊病辟邪而畫的一種圖形或線條，也稱圖籙（或者寫作「符録」）。

《河圖》、《洛書》的圖籙形象雖然相對簡略，但並不是簡單的。它們也有一個演變的過程，這個過程的中心點則是漢代：在漢代以前，《河圖》、《洛書》主要是以寶物及其瑞象爲主導；在漢代以後，《河圖》、《洛書》則主要是讖緯的形象爲主導。

當然，把《河圖》、《洛書》作爲寶物也不能一概而論，有認爲是玉石的（今人用含山玉類比）、有認爲是圖冊的（又有地圖、立法、政書的區分）、有認爲是賢人的（泰顛）、有認爲是神馬的（乘黃）……，而作爲讖緯的形象主要是兩大類：「易」的圖籙形象和讖緯圖籙形象。

一、先秦《河》《洛》：寶物及其瑞象

要論述《河圖》、《洛書》的形象，無疑得從先秦開始。先秦文獻是《河圖》、《洛書》記述的源頭，也爲後世的一切《河圖》、《洛書》及其論述張本。先秦文獻對《河圖》、《洛書》的記述，如果按照分合及其時間順序來敘述，大致有如下三種情況：

(一)、《尚書・顧命》：《河圖》的「寶物」形象

關於《河圖》的最早記載是《尚書・顧命》篇，這已經成爲定論。

所謂「顧命」就是帝王臨終對後事的命令，因而《顧命》篇記述了周成王姬誦臨終時（西元前1021年）擔心太子姬釗不能勝任王位，特地召集太保奭、芮伯、彤伯、畢公、衛侯、毛公、師氏、虎臣、百官的首長以及主持儀禮的辦事官員等，命令他們在太廟冊立時，把他的意願對太子姬釗予以申誡。次日，周成王駕崩了，邵公、畢公就遵照他的遺命，把太子姬釗請到太廟，在七天隆重而莊嚴的儀禮中完成了冊立、申誡太子的使命，姬釗就成了此後的周康王。

〈顧命〉篇與《河圖》相關的，是記述到了第七天（即「癸酉」日），邵公命令官員佈置各種器物的情形，其中陳列在正殿西牆向東的席前的是五種寶物：赤刀、大訓、弘璧、琬、琰；陳列在正殿東牆向西的席前的五種寶物是：大玉、夷玉、天球、河圖。這十種寶物前面

九種的解釋沒有多少差異：赤刀是武王伐紂時用的刀，因爲是使用周朝正色——赤色來裝飾的；大訓是記載先王禮法、訓示的典冊；弘璧即大璧（正中有孔的平圓形玉器）；琬是圓頂圭，琰是尖頂圭，這兩種圭的大小及其意蘊《周禮・考工記・玉人》記載是：「琬圭九寸而繅（通「藻」，紋飾），以象德；琰圭九寸，判規，以除慝（tè，本是惡念，這裡指邪惡的人或事），以易行」【15】；大玉特指華山出產的美玉；夷玉指東北邊境出產的美玉；天球即天璆（qiú，美玉），是一種天青色的玉磬。至於河圖的解釋就有點分歧了，或認爲河圖是龍馬身上的旋毛，或認爲河圖是典籍，或認爲河圖是玉石等等，但影響大而具有主導性的意見是兩種：

一種意見認爲河圖就是八卦。這是西漢孔安國最先提出來的，他給〈顧命〉篇作《傳》（清閻若璩認爲《孔傳》爲晉人僞作，但還需考證，存疑。）說：「河圖，八卦。伏犧（即伏羲）王天下，龍馬出河，遂則其文以畫八卦，謂之《河圖》。」由於他是孔子的十一世孫（這是根據《孔子家語・後序》，《史記・孔子世家》作十二世孫。），又是《尚書》古文學的開創者，因此劉向、劉歆、班固、王肅、何晏、邢昺等古賢，以及南懷瑾、趙宗來等今賢，都是持這一種意見。

【15】陳戍國點校《周禮・儀禮・禮記》，嶽麓書社1989年第125頁。

一種意見認爲河圖就是寶物。東漢鄭玄作《尚書注》時，否定孔安國的八卦說，他認爲：「器名之「河圖」，圖出於河水，帝王聖者所受。」認爲「河圖」是出於黃河的寶器，只有帝王中的「聖者」才可能有幸獲得。朱熹《論語集注・子罕第九》把這個意見說得更明白：「河圖，河中龍馬負圖，伏羲時出，皆聖王之瑞也。……張子曰：『鳳至圖出，文明之祥。伏羲、舜、文之瑞不至，則夫子之文章，知其已矣。』」由於是寶物，所以它的來歷就非同尋常，是龍馬從黃河中馱出來的，也因爲這樣，所以它才是「聖王之瑞」、「文明之祥」。

相比之下，似乎寶物說應該比八卦說更爲可信。首先，就孔安國那段解釋文本身來看就有矛盾之處：究竟是河圖就是八卦（「河圖，八卦。」）還是伏羲根據河圖來畫八卦？如果河圖就是八卦，那麼伏羲就沒有必要再畫了；如果伏羲是根據河圖來畫八卦，那麼河圖當然就不是（至少不完全等同於）八卦！從八卦說的總體認識來看，可能側重於根據河圖來畫八卦。然而即便是這樣，也說不過去。《易・繫辭下》就有關於伏羲畫八卦的說明：「古者包犧氏之王天下也，仰則觀象於天，俯則觀法於地，觀鳥獸之文與地之宜，近取諸身，遠取諸物，於是始作八卦。」【16】伏羲「作八卦」的根據是上取法於天象（「仰則觀象於天」），下取法於「地宜」——飛禽走獸的紋理（「鳥獸之文」）、人自身和其它事物的適合之理數（「近取諸身」、「遠取諸物」）：一句話，取法於世界一切事物的合適的理數。可是，就是沒有說取法於河圖！堅持八卦說的孔穎達對此疏解說：「此傳（孔安國傳）言『河圖』者，蓋《易》理寬弘，無所不法，直如〈繫辭〉之言，所法已自多矣，亦何妨更法河圖也。」他的意思是：既然伏羲「作八卦」是沒有什麼事物不可以取法的（「無所不法」），又何妨再取法一下《河圖》呢（「何妨更法河圖也」）？這樣好像有理，其實也說不通：一是《易・繫辭上》已經把伏羲要取法的都說了，這點孔穎達也承認：「所法已自多矣」，但「都不言法河圖也！」二是河圖即便是「諸物」中一物，雖然可以再取法，但畢竟不過是最平常的——對伏羲「作八卦」沒有重要影響的事物了，甚至對伏羲「作八卦」的影響，還不如飛禽

【16】《中華易學大辭典》編輯委員會編《中華易學大辭典》，上海古籍出版社2008年第344頁。

走獸的紋理（「鳥獸之文」）大（還可以參看上面《〈河〉〈洛〉臆說》一節相關論述）！

其次，從先秦的相關記載來看，河圖應該是寶物而不是八卦。《論語》中保存了春秋時孔子的話：「鳳鳥不至，河不出圖，吾已矣夫！」[17]（《論語・子罕》）曲辰先生認爲孔子這話不能證明河圖及其傳說的存在，「因爲孔子之語，意在歎世之亂，而非考物。」（曲辰《解〈易〉諸謎》）孔子這話確實感歎生不逢時，但是孔子用「鳳鳥不至，河不出圖」來感歎，至少表明他很熟悉有關鳳鳥、河圖的傳說。這種傳說是在孔子之前流傳的，朱熹曾經有過追述：鳳鳥在舜和周文王時代都出現過，它的出現象徵著「聖王」將要出世（朱熹《論語集注・子罕第九》：「鳳，靈鳥，舜時來儀，文王時鳴於岐山」）[18]，河圖也是同類祥瑞的寶物。我們知道傳說往往包含了歷史的真實，因此孔子的話還是可以從一個側面證明河圖存在，而且是象徵著「聖王」將要出世的祥瑞寶物。這種對河圖的認識及其觀念也延續到戰國，《墨子・非攻下》篇就有：「泰顛來賓，河出綠圖，地出乘黃。」墨子著名弟子隨巢子，也有「姬氏之興，河出綠圖」（《北堂書鈔・地部》引《隨巢子》）的說法。泰顛（也作太顛）是周文王四

[17] 陳戍國點校《四書集注》，嶽麓書社2004年第126頁。

[18] 同右。

友之一（見《元和姓纂》，文王四友就是：宏夭、太公望、南宮適、散宜生。一說泰顛不是四友之一，僅爲周文王的賢臣；也有說泰顛就是太公望），乘黃本來是《山海經》中的異獸名，身軀像狐狸，但是背上有角，並說人乘坐它便可以獲得2000歲的壽命。後來又轉爲神馬名，唐朝尹知章就是這麼作注的：「乘黃，神馬也。」因爲乘黃是神馬，所以它的軀體幾乎有正常馬的三倍那麼大，頭頂上長著一隻長長、尖銳的角，背上還生有四片翅膀（漢武帝把烏孫、大宛汗血馬先後取名爲「天馬」，可能就是根據這個典故），春秋時期就用來代指有聖德的帝王乘坐的禦馬，如《逸周書・王會解》、孫氏《瑞應圖》等都有記載，說黃帝、舜帝都乘坐過乘黃。河圖顯然與泰顛、乘黃一樣，成爲周文王興起時的「三寶」之一了。《呂氏春秋・恃君覽・觀表》篇也有「綠圖、幡薄從此生矣」之類話語。綠圖就是《河圖》，這種《河圖》據孫詒讓、李中等古今學者考證：就是帝王用來發佈重大的、用玉等製作的信物，如果傳代也就是寶物了。

總之，從先秦有關河圖的記述看，河圖的相關傳說存在，河圖的形象就是象徵著「聖王」將要出世的祥瑞寶物及其瑞像而出現的，並廣泛流傳的。

(二)、《尚書・洪範》：《洛書》基因的孕育

在先秦文獻中，目前沒有發現直接有關《洛書》的文獻或者文物，只有一篇准《洛書》記載，即《尚書・洪範》。

西元前1046年，周武王姬發推翻商朝，殺掉殘暴的紂王子受辛後，封紂王的兒子武庚爲殷王，到殷（今河南商丘）管理商朝遺民，又命邵公姬奭釋放箕子。箕子，本來的姓名是子胥餘，因爲封於箕（今山西省太谷縣東北）而又賢德，所以被尊爲「箕子」。他是商紂王的叔父，曾任太師之職，見紂王淫虐無度，於是極力勸諫，結果被囚禁。商朝滅亡的第二年（西元前1045年），周武王訪問箕子，問商朝爲什麼滅亡，箕子不忍說商朝的惡政。於是武王改爲請教上天安定下民的常道，箕子便告以「洪範九疇」。這次訪問不久，箕子被周武王改封到朝鮮。史官記錄箕子對周武王的這番話，並整理成爲〈洪範〉篇。

箕子對周武王說：「我聽說，從前鯀運用息壤堵塞洪水，弄亂了水、火、木、金、土五種用物的特性及其相互間固有的規律。上帝因而大怒，不賜給鯀「洪範九疇」，治國的常理因此敗壞了。鯀被流放死了後，禹繼承他父親的治水事業。上帝就把「洪範九疇」賜給了禹，治國的常理因此定了下來。」所謂「洪範九疇」又是什麼呢？箕子解釋說：「第一是掌握五行（水、火、木、金、土五種物體的特性及其規律），第二是認真做好五事（指貌、言、視、聽、思），第三是努力施行八種政務（管理民食、管理財物、管理祭祀、管理居民、管理教育、治理盜賊、管理朝覲和管理軍事），第四是綜合應用五種記時方法（歲、月、日、星辰、歷數），第五是建立治國的根本準則，第六是治理使用三種品德（一是過於正直，二是過於剛強，三是過於柔弱）的人，第七是明辨並參用卜筮的方法，第八是經常注意推斷各種徵兆，第九是憑五福（長壽、富、健康安寧、美德、高壽善終）鼓勵臣民，憑六極（早死、疾病、憂愁、貧窮、邪惡、瘦弱）警戒臣民。」【19】

今天我們讀了箕子的「洪範九疇」，很難看出後世的《洛書》的影子，這是怎麼回事呢？原來古代關於誰得《洛書》有不同的傳說：商湯王子履到洛得赤文說、周文王姬昌受洛書說、周成王姬頌觀河洛得龍圖與龜書說等。關於《洛書》的來源也不少，如導源于對古氣候、方

【19】（清）阮元等輯校《十三經注疏》上，浙江古籍出版社1998年第125頁。

位的觀測，導源于對天河即銀河星象的觀測，導源於北斗斗柄指向及由此而產生的古代曆法，導源於彗星的氣體尾巴軌跡，導源于《周易・繫辭》「天地之數」，導源於九宮八風說與《太乙九宮占盤》等（我們已經在〈神奇的《河圖》、《洛書》〉篇裡做了相應的述評）。《尙書・洪範》本身確實沒有直接論述《洛書》，但是〈洪範〉同上述的傳說和來源說一樣，也被後世衍生成天賜大禹《洛書》、《洛書》導源于《尙書・洪範》說了，《洛書》的形象也就孕育而成了。

從現有的文獻看，最早提出這觀點是孔安國，他在傳解「洪範九疇」時就明確地說：「天與禹神龜，負文而出，列於背，有數至於九，禹遂因而第之以成九類。」孔安國把《尙書・洪範》的「天乃錫禹『洪範』九疇」改爲「天與禹神龜」，再把「洪範九疇」演化成「神龜，負文而出，列於背，有數至於九，禹遂因而第之以成九類」，說從洛河中出現的神龜背上的圖案有「九」這個數，大禹很受啓發，就把它歸納分出「九疇」，後世的《洛書》絕大部分都是從「有數至於九」生發的。經過孔安國的這番傳解，我們才窺見了《尙書・洪範》中箕子的「洪範九疇」與《洛書》的瓜葛了。於是劉歆就說：「虙羲氏繼天而王，受《河圖》，則而畫之，八卦是也；禹治洪水，賜《雒書》，法而陳之，〈洪範〉是也。」聖人行其道而寶其真。降及于殷，箕子在父師位而典之。（《漢書・五行志》）但是我們一旦細緻分析就會發現：

箕子的「洪範九疇」實際上就是教導周武王姬發九種重大的治國方略，因爲禹被尊稱爲大禹，是古聖王，他制定的「九疇」也就成了歷代君王治國的九大法寶。在「九疇」中除了孔安國提出的「有數至於九」外，五行、五紀這「二疇」與《洛書》有些瓜葛外，其餘的「七疇」——五事、八政、皇極、三德、稽疑、庶政、五福，顯然與《洛書》並沒有直接關係。所以，班固把我上面轉述的〈洪範〉這段原文：「初一曰五行；次二曰敬用五事；次三曰農用八政；次四曰協用五紀；次五曰建用皇極；次六曰乂用三德；次七曰明用稽疑；次八曰念用庶征；次九曰向用五福，威用六極。」一定爲《洛書》本文。他沒有做具體的闡述，可能就是爲孔安國找個文本依據而已，當然也能夠讓政治的解說遠一點。

正因爲如此，《尚書・洪範》中箕子的「洪範九疇」，只能算准《洛書》的記載，因爲《尚書・洪範》所記的箕子的「洪範九疇」比《尚書・顧命》記述的陳列寶物要早24年，這樣後來的准《洛書》的間接記載卻居於《尚書・顧命》直接的《河圖》記載之「前」了！

(三)、《文子・道德》：《河圖》、《洛書》的對應形象

首先把《河圖》、《洛書》並列而且合在一起記述的並不是人們引述最多《易經・繫辭上》，而是《文子》。

由於《文子》的作者的名字及籍貫目前難以確切的考證，所以對文子的時代以及《文子》都存在著不少疑惑。我們認爲《漢書・藝文志》所記基本是可信的。班固《漢書・藝文志》著錄的《文子》條文下特意注明：「老子弟子，與孔子同時，而稱周平王問，似依託者也。」這說明三點：一是明確了文子的時代（「與孔子同時」）；二是明確了文子以及《文子》的學術淵源和主導（「老子弟子」）；三是《文子》一書的背景是安置在有作爲的周平王宜臼統治的時代（「而稱周平王問，似依託者也」），而且到漢代還出現了後人的修飾。據《墨子書》文子曾問學于子夏和墨子，文子雖

然「與孔子同時」，但是可能比孔子要年少些。因此文子以及《文子》當在春秋晚期或者春秋戰國之際[20]，而《易經・繫辭上傳》據楊伯峻先生考證並非孔子所作，時間當在戰國晚期（郭沫若、馮友蘭、李鏡池等，則都認爲出自秦漢之際）。

【20】文子以及《文子》產生的年代，一直是一個爭論不休的問題：文子是春秋初、春秋戰國之際、戰國初、戰國中後期、戰國晚期人；《文子》在定州竹簡本出現而確定不是偽書後，這一般認為是戰國時期，譚家健先生認為「《文子》的主體部分在戰國後期已成書」。葛剛岩博士在他《〈文子〉成書及其思想》的學位論文中認為：「根據古籍文獻的材料記載，認為《文子》一書與歷史上的兩個「文子」有關：一個是周平王時代的士大夫文子，一個是春秋、戰國之際半隱半仕的思想者文子。《文子》最早出自於春秋、戰國之際的文子，我們稱之為祖本《文子》。後來，該書或毀於始皇之焚書，或毀于秦末兵燹。秦漢之際，大約是膠西蓋公黃老派系在殘留的祖本《文子》思想基礎上，重新編成《文子》一書，我們稱其為原本《文子》，班固記載的九篇本《文子》與八角廊簡本《文子》都是該《文子》的抄本。」這個說法大致近似。雖然原本《文子》已不是祖本《文子》，但是基本思想不會有太大的改變，應該是春秋初、春秋戰國之際的產物。

《文子・道德》篇借老子回答周平王問「德」的話，首次將《河圖》、《洛書》並提，老子說：「至德盛世，商人便利他的交易，農夫喜歡他的耕作，官吏盡他的職責，處士潛修他的道行，人民愉快第生活。因此……黃河出現了《河圖》，洛河出現了《洛書》。但到了盛世轉衰，賦斂無度，殺戮無止，刑罰進諫的，誅殺賢良的，因此山崩地裂，河流乾枯……」【21】《文子》不僅把《河圖》、《洛書》並提，形成了《河圖》、《洛書》的對應形象，還把它們作爲盛世祥瑞的象徵。到戰國時期，管仲學派編輯的《管子》，其中〈小匡〉篇也把《河圖》、《洛書》並提：「從前聖賢明君接受大命的時候，龍馬、神龜就給他呈獻祥瑞，所以黃河出現了《河圖》，洛河出現了《洛書》，地下冒出了神馬——乘黃」，比《墨子・非攻下》篇多了一個「洛出書」，這就是《文子》的延續。

《易經・繫辭上》應該是在上面這些記述的基礎上來解釋《周易》的：「是故天生神物，聖人則之。天地變化，聖人效之。天垂象，見吉凶，聖人象之。河出圖，洛出書，聖人則之。」這四句話細分爲四個意思：「天生神物」句就是指上天生成蓍草、龜板，聖人以之爲工具和法則來從事蓍筮預測人事的吉凶；「天地變化」句是指氣候變化形成的四季，春夏兩季給人們生機和收穫，秋冬兩季肅殺給人們以懲戒和處罰，聖人仿效來治理社會；「天垂象」句是

【21】原文見王利器《文子疏義》，中華書局2000年第227頁。

指上天呈現的天象也是給人們啓示的，如北斗七星（第一天樞，第二璿，第三璣，第四權，第五玉衡，第六開陽，第七搖光）就可以成爲聖人指導人們統一並調節春、秋、冬、夏、天文、地理、人道這「七政」的天象；「河出圖」句與上述的伏羲畫八卦、大禹設「九疇」相同。孔安國等八卦說就是以這個爲依據生發的。

《易經．繫辭》除了這段話外，還有兩方面的內容與《河圖》、《洛書》相關：一是《易經．繫辭上》第十一章論述易占的重要性時說：窺探隱藏的地方，索求幽深難明的道理，鉤取深處的事物，招來遠方的事物，從而斷定天下隔著事物的吉凶，是天下人洞明好惡得失而勤勉努力，要做到這一些，就沒有比利用蓍草或龜板進行易占更好的了——「莫大乎蓍龜」。這裡雖然沒有明說《河圖》、《洛書》，但是「龜」不僅是易占的重要工具，而且與馱出《洛書》的神龜是非常密切的。

二是《易經．繫辭》中有許多關於數的解說，由於後世《河圖》、《洛書》圖都是由黑白點的數字排列組合的，同時也是《易經》核心內涵，所以儘管沒有在解說時點明《河圖》、《洛書》，實際上是相關的。《易經．繫辭上傳》第九章就很典型，節錄如下：

大衍之數五十，其用四十有九。分而爲二以象兩，掛一以象三，揲之以四，以象四時；歸奇於扐，以象閏。五歲再閏，故再扐而後掛。

天一，地二，天三，地四，天五，地六，天七，地八，天九，地十。天數五，地數五，五位相得，而各有合。天數二十有五，地數三十，凡天地之數五十有五，此所以成變化而行鬼神也。

乾之策，二百一十有六；坤之策，百四十有四。凡三百有六十，當期之日。二篇之策，萬有一千五百二十，當萬物之數也。是故，四營而成《易》，十有八變而成卦，八卦而小成，引而伸之，觸類而長之，天下之能事畢矣。【22】

與原文對應的大意依次是：

推演天地之數、陰陽之理的「大衍之數」是五十，但是在實際占筮的過程中只用四十九。首先將象徵著天地渾沌、陰陽未分之時的太極四十九根蓍草一分爲二，分置左右案頭，象徵著太極生成了兩儀——左邊的一簇象徵天，右邊的一簇象徵地。其次從左右兩簇中分別取出一根，將取出的兩根懸掛於左手小指與無名指之間，象徵著天地合氣、陰陽交合而生人。再次將左右兩簇蓍草分別每四根一組，以象徵寒來暑往的春夏秋冬四季。最後將左右兩簇間以四陣列

【22】周秉鈞《尚書易解》，嶽麓書社1989年第132-133頁，後面所引〈繫辭〉均據此書，注腳從略。

過之後的餘數（一般是奇數）與懸掛在指間的其中任意一根合併在一處放置一旁，懸掛的另一根蓍草繼續參與剩下的蓍草進行第二變演算，這象徵著爲了調整太陽、太陰不齊之週期，這個週期積至三年需要設置一個閏月。以上算是完成了第一變。五年需要設置兩個閏月，因此在第二變中需要繼續重複第一變的步驟，即再扐（lè，將零數夾在手指中間）再掛。如此三變之後才能求得一爻。

一、三、五、七、九爲天數，二、四、六、八、十爲地數：因此天數有五個，地數也有五個。天數爲陽數，地數爲陰數。天地之數與五行也各有相合：一六合水，二七合火，三八合木，四九合金，五十合土。天數之和爲二十五，地數之和爲三十，天地之數的總和爲五十五。六氣迴旋以成四時，五行化生以成萬物，這就形成了萬千變化而又竦然接神靈之想的原因。

老陽之時，正策數是三十六，一卦六爻，乾卦的策數是三十六乘六，得二百一十六；老陰之時，正策數爲二十四，一卦六爻，坤卦的策數是二十四乘六，得一百四十四。總共是三百六十，相當於一年的天數。《周易》上、下篇共六十四卦，每卦六爻共三百八十四爻，陰陽爻各半分別是一百九十二爻，一百九十二個陽爻乘三十六合六千九百一十二策，一百九十二個陰爻乘二十四合四千六百零八策，兩數相加得一萬一千五百二十策，六十四卦包羅了萬物類象，一萬一千五百二十策也就相當於萬物之數。因此，經過上述四步操作就完成一變，三變完成一爻，十八變完成一卦，主卦的卦象就基本確立了。由這個主卦引伸開來，有互卦變卦，變卦中又有六爻變化，以此觸類旁通，則天下所有的事情就無不盡在卦象之中了。

這些雖然只是周易蓍占的解釋，但是實際就是《周易》的本質，也是《河圖》、《洛書》書的本質（具體見〈玄妙莫名的易理〉的相關論述）。

除了上述提及的外，先秦文獻中還有《莊子・天運》和《子華子・大道》也間接涉及到《洛書》，不再複述。

我們回顧了一下從《尙書・顧命》到《易經・繫辭上》有關《河圖》、《洛書》的這些記述，大致可以得到這樣幾點感悟：

（1）先秦的《尙書》等史書、《論語》等子書以及《易傳》等經書，都有有關《河圖》、《洛書》的記述，這些記述無論是歷史還是傳說、故事，都應該可以表明《河圖》、《洛書》至少在先秦人們的意識中、甚至事實上存在。

（2）先秦文獻中的《河圖》、《洛書》無論是玉石、圖冊還是八卦，但是在先秦人們心目中，它們首先是一件寶物，它們的出現都不太尋常，而且必定是聖人、盛世或者重要精神體式出世的祥瑞徵兆或吉象，所以《河圖》、《洛書》都具有「圖」和「瑞」的因素。

（3）先秦文獻對《河圖》、《洛書》的記述是由單獨到合併，直接和間接的並存；《河圖》、《洛書》的形象是互補而且不斷演化。

二、漢唐《河》《洛》：「易」及讖緯圖籙

《河圖》、《洛書》的形象到了秦漢之際，除了《大戴禮記・誥志》的「雒出服（清代王聘珍認爲「服」就是「符」，也就是《洛書》），河出圖」和《禮記・禮運》的「天降膏露，地出醴泉，山出器車，河出馬圖，鳳皇麒麟皆在郊棷，龜龍在宮沼」[23]等少數文獻承襲先秦等寶物及其瑞象的觀點外，開始了兩個方面的重大變化：「易」的圖籙形象和讖緯圖籙形象，而且這兩個方面的形象一直保持到宋代，延續到清代。

(一)、「易」的圖籙形象

「易」的圖籙形象無疑是從《易經・繫辭上》關於數的論述引申的，同時也受到陰陽家思想和五行學說的影響。漢代易學「易」的圖籙形象比較典型。

易學在漢代學術史、思想史和哲學史上，都佔有重要地位。秦始皇焚書坑儒的時候，醫藥、卜筮、種樹這三種書是不燒的，因此《周易》幸運地保存下來，易學也得以傳承。漢王朝建立以後，由於漢武帝採納董仲舒「獨尊儒術」之策，提倡經學，《周易》被尊爲五經之

[23] 陳戍國點校《四書五經校注》，嶽麓書社2006年第972-973頁，標點略作改動。

首，對《周易》的解說成了專門的顯學。研究《周易》的，不只是儒家經師，其他流派的思想家也探討《周易》的理論。一般來說，西漢易學的學風可以歸結爲三種傾向：一是以孟喜、京房爲代表的官方易學。孟京易學以奇偶之數和八卦所象徵的物象解說《周易》經傳文，以卦氣說（即以八卦或六十四卦配一年四時、十二月、二十四節氣）解釋《周易》的原理，利用《周易》講陰陽災變；二是以費直爲代表的易學，不講卦氣說和陰陽災變，而以《易傳》文意解經，注重其中的義理；三是以道家黃老之學解釋《周易》，講陰陽變易學說。這三種易學傾向，其中影響最大的是孟喜、京房的易學。漢易作爲易學史上的一大階段，可以孟京易學爲代表，宋人稱爲象數之學。

如果上述三種易學傾向是易學內部的延續的話，那麼五行對漢代易學的滲透使得漢代易學與《河圖》、《洛書》的關聯更加緊密而且神秘化，形成了易學的異化：孔安國把黃河裡出來的龍馬說得活靈活現；劉向的《洪範五行傳》把五行生克的根據定爲〈洪範〉；焦延壽和京房把《河圖》、《洛書》以及五行與《易經》湊在一起，是易學象數之學成爲《河圖》、《洛書》的圖書之學，「易」的圖籙形象因而萌生，其中以後人據揚雄《太玄經》篇所繪的、現在保存在清代胡渭《易圖明辨》中的《揚子玄圖》最爲典型。

揚雄（西元前53—西元18年）西漢著名學者、文學家。由於受孟喜、京房易學的影響，模仿《周易》的結構而作《太玄經》：以天、地、人三方的關係爲主題，按三進位元分成一玄、三方、九州、二十七部、八十一家（首）、七百二十九贊；另外又以〈玄首〉對應《易傳》中的彖辭，〈玄測〉對應象辭，以〈玄攡〉、〈玄瑩〉、〈玄倪〉、〈玄圖〉、〈玄告〉擬《易繫辭》，〈玄文〉擬《文言》，〈玄數〉擬《說卦傳》，〈玄沖〉擬《序卦傳》，〈玄錯〉擬《雜卦傳》。《太玄經》雖然從形式上是仿易的，但是內容卻不完全相同：一是《周易》是以「太極」爲宇宙萬物的根源，而《太玄經》是以「玄」爲宇宙萬物的根源；二是《周易》由「太極」生「兩儀」，所以基本符號是陽爻和陰爻，可《太玄經》則是由「玄」生「三摹」，所以基本符號是天、地、人三方；三是《周易》是以儒家爲主，兼及道、陰陽兩家學說，但《太玄經》企圖把儒、道、陰陽三家學統一起來，並運用當時的天文曆法知識，構造一個無所不包的大世界圖式，提出了「質乾在乎自然，華藻在乎人事」的觀點。

一般認爲《太玄經》中有三篇與《河圖》、《洛書》的圖籙形象相關，即〈玄圖〉、〈玄告〉和〈玄數〉。〈玄告〉篇闡述的是《太玄經》體系構建等原理的。所以〈玄圖〉和〈玄數〉篇才是《揚子玄圖》的直接依據。〈玄圖〉篇說：「一與六共宗，二與七爲朋，三與八成友，四與九同道，五與五相守」【24】。南宋蔡元定認爲這就是《河圖》圖籙形象的結構提示。

【24】（宋）司馬光《太玄集注》（新編諸子集成本），中華書局1998年第214頁，後面不再標注。

〈玄數〉篇說：「三八爲木，爲東方，爲春」，「四九爲金，爲西方，爲秋」，「二七爲火，爲南方，爲夏」，「一六爲水，爲北方，爲冬」，「五五爲土，爲中央」[25]。這裡所說奇偶相配，與東漢劉歆、鄭玄五行生成數相符，惟有五不配十，所以北魏關子明認爲這就是龍馬所授伏羲之數，北宋範諤昌認爲這是伏羲重定生成之位，劉牧因此斷定爲這就是《洛書》圖籙形象的結構提示。可是胡渭認爲〈玄圖〉和〈玄數〉篇中所述的數位規則既不是《河圖》，也不是《洛書》，「本名《玄圖》」，就是老子道家的圖籙。應該說，《揚子玄圖》還是關於《河圖》、《洛書》的「易」圖籙形象。揚雄是信奉八卦說的，他說：「大《易》之始，河序龍馬，洛貢龜書。」（〈核靈賦〉），在〈玄圖〉篇也有表明了建立「易」的圖籙形象的暗示：「圖像玄形，贊載成功。」至於劉牧等人關於究竟是《河圖》還是《洛書》的分歧，實際是圖書之爭一個方面的具體表現而已。

【25】（宋）司馬光《太玄集注》（新編諸子集成本），中華書局1998年第195-199頁。

(二)、讖緯圖籙形象

讖緯（chènwěi）是中國古代讖書和緯書的合稱。讖是秦漢間巫師、方士把一些自然界的偶然現象作爲天命的徵兆編造出來的隱語或預言之類書；緯是漢代儒士等假託孔子、用詭秘的語言附會儒家經義而衍生出來的書。

關於讖緯的記載，最早的應該是《史記・趙世家》所載秦穆公時的「秦讖」（有人認爲這事出於後人依託，不足爲據，應當以《史記・秦始皇本紀》所載盧生「奏錄圖書」的話爲最早，其實兩件事都出自有「好奇」傾向的《史記》，都不可能是「足爲據」信史，但是從圖騰崇拜和原始宗教的實際來考察，讖緯的事實似乎遠在秦穆公之前）。由於「秦讖」是「晉國將大亂，五世不安」和「亡秦者胡也」之類，所以到了漢武帝劉徹時，在伏生的《尚書大傳》和繼起的董仲舒的《春秋繁露》的宣導下，讖緯之學也就成了對改朝換代的一種政治預言，或許正因爲如此，社會上因而形成了熱衷於讖緯高潮，關於「河圖」、「洛書」的讖書和緯書更是大量產生，使《河圖》、《洛書》的演繹與論述空前興盛。

這種興盛的標誌是讖書和緯書的量的不斷增加，到東漢時，由於光武帝劉秀也利用圖讖稱帝，所以在取得政權以後，發詔頒命、施政用人也引用讖緯。中元元年（西元56年）又正式「宣佈圖讖於天下」，頒佈的讖書和緯書爲81篇：《易》、《書》、《詩》、《禮》、

《樂》、《春秋》這六經的是36篇，而關於《河圖》、《洛書》的是45篇（其中《河圖》9篇，《洛書》6篇，還有假託伏羲、神農、黃帝、堯、舜、禹、文王、周公、孔子九聖所增演的30篇）。但是其後漢明帝、漢章帝又繼續張揚，漢章帝還召集博士和儒生于白虎觀討論五經同異（即白虎觀會議），由班固寫成《白虎通德論》，把讖緯和今文經學糅合在一起，使經學進一步讖緯化。因而讖書和緯書又進一步激增，據日本學者安居香山、中村璋八兩位教授所編輯的《緯書集成》共收輯到287種，其中關於《河圖》、《洛書》的62種（據鐘肇鵬《讖緯論略》考訂爲115種，而屬於《河圖》、《洛書》的爲53種），爲了讓讀者看看當時「圖讖於天下」的《河圖》、《洛書》都是些什麼內容，特將全部目錄抄錄於下：

《河圖》類46種：《河圖括地象》、《河圖始開圖》、《河圖挺佐輔》、《河圖稽耀鉤》、《河圖帝覽類目嬉》、《河圖握矩記》、《河圖玉版》、《龍魚河圖》、《河圖合古篇》、《河圖令占篇》、《河圖赤伏符》、《河圖闓苞受》、《河圖葉光紀》、《河圖龍文》、《河圖錄運法》、《河圖帝通紀》、《河圖真紀鉤》、《河圖龍帝紀》、《河圖龍表》、《河圖考鉤》、《河圖秘徵》、《河圖說徵》、《河圖說徵祥》、《河圖徵示》、《河圖會昌符》、《河圖稽命徵》、《河圖揆命篇》、《河圖要元篇》、《河圖天靈》、《河圖提劉篇》、《河圖絳象》、《圖緯絳象》、《河圖著明》、《河圖皇持參》、《河圖帝視萌》、《河圖靈武帝篇》、《河圖玉英》、《河圖稽紀鉤》、《河圖考靈曜》、《河圖紀命符》、

《河圖聖治符》、《河圖表紀》、《河圖》、《易緯河圖數》、《春秋河圖揆命篇》、《孝經河圖》。

《洛書》類15種：《洛書靈準聽》，《洛書甄曜度》、《洛書摘六辟》、《洛書寶號命》、《洛書說類目禾》、《洛書錄運法》、《洛書錄運期》、《孔子河洛讖》、《洛書雒罪級》、《洛書紀》、《洛書三光占》、《洛書說徵示》、《洛書兵鈐勢》、《洛書斗中圖》、《洛書》。【26】

除了這62種直接命名的《河圖》、《洛書》的讖書和緯書之外，餘下225種經書（《易緯》24種、《尚書緯》30種、《詩緯》4種、《禮緯》4種、《樂緯》4種、《春秋緯》29種、《孝經緯》15種、《論語緯》9種）的讖書和緯書也有大量有關《河圖》、《洛書》的讖緯說，這些讖書和緯書是如何對《河圖》、《洛書》作讖緯說的呢，請看下面兩個例子：

《尚書中候》記載：帝堯統治天下70年時，在黃河、洛水邊修建祭祀的河壇，河壇剛剛建成，霎時河中閃出五色榮光，炫耀熠熠，一匹龍馬口銜玉甲，飛躍壇上。甲象龜背的形狀，長寬有九尺，上有五種顏色寫成的文字。有日月星辰分佈及運行規律圖，又有相應的人間帝王興亡時期。

【26】鐘肇鵬《讖緯論略》，遼寧教育出版社1997年第246-267頁。

《春秋元命苞》記載：倉頡號史皇氏，原姓侯岡，名叫頡。倉頡天生有四目，龍眉方口，並擁有深廣的德慧，天生的聖明。他在有幸得到上天賜予的河圖後，便仰觀天象星辰列布，俯察龜紋鳥語山川之跡，創造讓人容易學習掌握的原始文字。當時，天爲此下起了米雨；夜鬼爲此哭泣；蛟龍爲此潛藏。倉頡造字震驚天地鬼神，成爲人類歷史上的大事。倉頡在位110年，建都在陽武，葬在叫利的地方。

看了這兩則記述又聯繫前面的相關論述就會產生疑慮：這《河圖》、《洛書》究竟是上天賜給誰的？這個問題存在於不同的書之間，即便是一本書也有不同的說法，讀者要瞭解的比較全面，就可以閱讀《宋書‧符瑞志》，其中奧妙可以參看〈神奇的《河圖》、《洛書》〉中論述。我們在這裡重點是要瞭解讖書和緯書中有關《河圖》、《洛書》狀況，還要明瞭這些記述中的讖緯圖籙形象。

有關《河圖》、《洛書》的讖書和緯書並不是都有圖籙形象，只有有「圖」的那些才具有讖緯圖籙形象。但是在兩漢文獻中，有「圖書」、「圖緯」、「圖錄」、「綠圖」（即「籙圖」，或寫作「錄圖」）等詞大量出現，這些詞都涉及到一個「圖」字，這個「圖」字大概包含了三個意思：一是《河圖》，如「滎河溫洛，是孕圖緯」（《文心雕龍‧正緯傳》），二是讖緯符命之類的書，如「增益圖書，矯稱讖記」（《後漢書‧桓譚傳》），三是有「圖」的讖書和緯書，如「秦皇挾錄圖」（《淮南‧人間訓》）。那麼，這62種《河圖》、《洛書》讖書和緯書中哪些是有「圖」呢?王利器先生的回答是：

如《緯書集成》所列《河圖括地象》等四十三種而外，如《洛書》有《洛圖三光占》、《洛書斗中圖》，《易緯》有《稽覽圖》、《坤靈圖》，《尚書中候》有《敕省圖》，《樂緯》有《葉圖徵》、《春秋緯》有《合誠圖》、《保乾圖》、《握誠圖》、《孔演圖》，《孝經緯》有《內事圖》、《雄圖》、《雌圖》、《雌雄圖》。《易乾鑿度》引《易制靈圖》、《易稽命圖》。《顏氏家訓・書證篇》引《易統通卦驗玄圖》。《隋書・經籍志・樂緯》有《梁樂五鳥圖》一卷亡，《春秋緯》有《五帝鉤命決圖》一卷亡，《孝經緯》有《孝經古秘圖》一卷、《孝經左右契圖》一卷、《孝經異本雌雄圖》二卷、《孝經內事星宿講堂七十二了弟圖》一卷、又《口授圖》一卷。張彥遠《歷代名畫記》卷三述古之秘畫珍圖有：《五帝鉤命決圖》、《孝經秘圖》、《孝經左契圖》、《孝經雌雄圖》、《詩緯圖》、《春秋緯圖》、《孝經讖圖》、《開元占經》引《春秋圖》凡五十二條。【27】

【27】王利器的《讖緯五論・讖書有圖》，收入《國學今論》，張岱年等著，遼寧教育出版社1991年第118-121頁。

王利器先生所列的有「圖」的《河圖》、《洛書》讖書和緯書數量分別是：《洛書緯》2種、《易緯》5種、《尚書緯》1種、《樂緯》2種、《春秋緯》7種、《孝經緯》13種、《詩緯》1種，共21種。讖書和緯書有「圖」就有了圖籙形象，而這些圖籙形象在宋後得到了空前的發展和完善。

貳、宋代後的文化圖式

《河圖》、《洛書》的文化圖式是在兩宋時期確立並逐漸興盛起來的。確立的基礎兩個：一是先秦時期的寶物記述及其祥瑞象徵意味，二是兩漢建立並一直漫延到宋代初期的易和讖緯圖籙形象。

由宋代到清代，《河圖》、《洛書》的文化圖式經過一千餘年的大浪淘沙般的洗禮，留下了三種典型的模式，那就是北宋劉牧將五行生成說同九宮說調和而成的《劉氏河圖洛書》圖式，南宋蔡元定與朱熹根據五行生成圖（十數圖）和九宮圖（九數圖）原理分別繪製的《蔡氏河圖洛書》圖式，清代萬年淳以體用互參、外方內圓的《萬氏河圖洛書》圖式。由這三種典型的模式又生發出數以百計的《河圖》、《洛書》的文化圖式。

既然是文化「圖式」，就與「圖」緊緊地聯繫在一起；既然是「圖」，就必然有特定的外在形態；既然是「文化」與「圖式」，「圖」就必然與《河圖》、《洛書》相關的記述、論說相互關聯。因此，我們在自漢代到今天的古賢今哲繪製的、具有一定代表性的80餘種文化圖式中選59種，從「圖」的形態及其作用兩個方面，略微闡述。

一、字畫並茂：圖的形態

以「圖」爲主體的《河圖》、《洛書》文化圖式，它的外在形態是簡單而又複雜的。如果按照繪製文化圖式的符號特性來做簡要的區分，那麼有四種形式：畫圖，文字圖，數位元素圖和綜合圖。

這些圖的形態的區別不僅僅是外在的形式區別，而且在組構的方式、應用的多寡、繪製的意圖等方面，都不盡相同，但是大致而言，《河圖》、《洛書》文化圖式最重要的符號便是字和畫，兩者巧妙組構，爲《河圖》、《洛書》的大眾化傳播，奠定了形象的基礎。

(一)、畫圖

《河圖》、《洛書》文化圖式的圖畫形式是指以線條和特定符號繪製而成的圖畫。從繪製的方式歸納一下，有純線條圖畫、以黑白圓點爲符號畫成的圖形、以黑白圓點和八卦爲符號畫成的圖形三小類。

（1）用純線條繪成的圖畫。這類圖形相對比較晚起。比較流行的是《龍馬圖》、《龜書圖》和《古河圖》、《古洛書》。

《龍馬圖》也題名叫《馬圖》，繪製的時間和繪製的人有待考證。這圖是根據八卦說和「十圖九書」（「河十洛九」、「十河九洛」）說繪製的。因爲是繪在馬背上，圖形與常見的有所區別，所以這圖特意做了方位的標注。馬的形象是馬身、龍頭、麒麟尾，口吐一團祥雲。整個畫面呈現出傳奇而神聖氛圍。但是，保存在河南省孟津縣會盟鎮雷河村龍馬負圖寺的《龍馬圖》比較特別：身上沒有《河圖》、《洛書》的圖形，只是在一匹神馬的身上裝上了一顆龍頭。從「龍馬負圖」的意義看，突出「龍馬」似乎更有理。

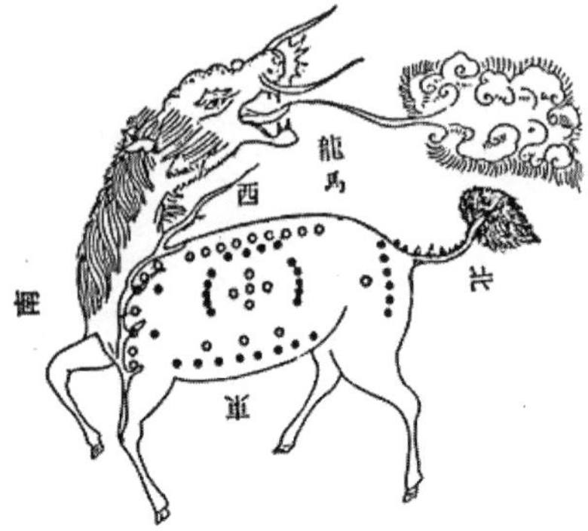

圖1 《龍馬圖》

圖2 龍馬負圖寺的《龍馬圖》

《龜書圖》同《龍馬圖》一樣，繪製的人和時間都有待考證。這也有兩種圖形。第一種是與《龍馬圖》對應的，根據也相同。第二種有點不同：從神龜背上的《洛書》圖就知道它是根據元代吳澄《易纂言》中的《古洛書》繪製的，因此可能比前一種《龜書圖》要晚出一點，從圖上的方位標注可以看出，它大致與《龍馬圖》同時。畫面的氛圍與《龍馬圖》也相同。

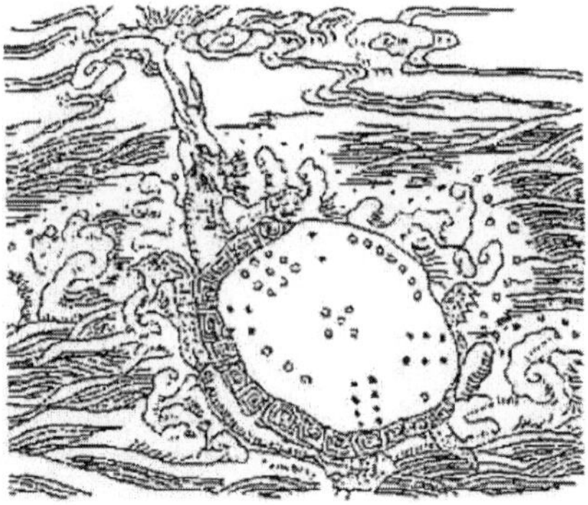

圖3 《龜書圖》之一

圖4 《龜書圖》之二

《古河圖》、《古洛書》。元代吳澄《易纂言外翼》中的圖形。到了明代，章潢在編《圖書編》時收入這圖，才將吳澄的星點《河圖》改爲馬背旋毛《河圖》，並分別更名爲《古河圖》與《古洛書》。清代高雪君《易經來注圖解》、胡煦《周易函書約存》也採用。吳澄雖然繼承伏羲畫八卦說，但是對《河圖》、《洛書》的認識有所不同，他認爲：「河出圖，洛出書，聖人則之」是：「河圖者，羲皇時河出龍馬，背之旋毛後一六，前二七，左三八，右四九，中五十。以象旋毛如星點而謂之圖。羲皇則其陰陽奇偶之數以畫卦生蓍。」而「洛書者，禹治水時洛出神龜，背之坼文前九後一，左三右七，中五，前之右二，前之左四，後之右六，後之左八。以其坼文如字畫而謂之書。」[28]從圖形分析，他認爲龍馬背上背的不是黑白圓點，而是馬自身的「旋毛星點」，所以《古河圖》採用獨特的交錯的曲線花形繪製；至於神龜背上的《洛書》圖的符號則是龜甲自身的裂紋猶如「字畫」。吳澄從「圖」和「書」來辨析《河圖》、《洛書》，比起一般的「圖」和「書」混同來似乎也有某種合理性。

【28】臺灣商務印書館編《景印文淵閣四庫全書》，臺灣商務印書館1986年第22冊第554頁。

（2）用黑白圓點爲符號畫成的圖形。這是最典型、最流行的《河圖》、《洛書》圖形。如果按照圖形產生的時間次第陳列有代表性的圖，則主要有《龍圖》、劉氏《河圖》和《洛書》、蔡氏《河圖》和《洛書》、萬氏《河圖》和《洛書》、《河洛未分未變方圖》、《點數應河圖十位》、《河圖變體圖》、《原始河圖洛書》、《古氣候圖》、《古方點陣圖》10種。

《龍圖》自宋代王偁、朱震以來一般認爲是陳摶（字圖南，號希夷先生，學者們一般稱呼他的字或號）繪製的。這種圖形吸收了漢唐「九宮」說、「五行生成」說原理，繪製的目的是爲了解釋〈繫辭〉中的「天地之數」、「大衍之數」，從而說明八卦象數及其演變。所以，

圖5 《古河圖》

圖6 《古洛書》

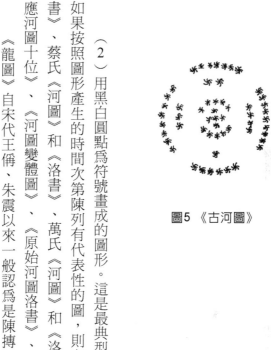

陳摶還寫了《龍圖序》一文作了說明，其中提出來有名的「龍圖三變」說：一變爲天地未合的數位，二變爲天地已合的數位，三變爲龍馬負圖的圖形。元代張理在《易學圖說》中，對「龍圖三變」作了詳細說明和圖解，我們以圖7爲例解說一下：圖中用○表示天，用●表示地。圖7上圖天數的排列以5個○爲一組，即「天五」；橫向和豎向○數的和都是15，總數爲25，這是天地未合的數字。天數「一」不配位置，所以實際作用的數是24。圖7下圖地數的排列以6個●爲一組，即「地六」；橫向和豎向●數的和都是18，總數爲30，這也是天地未合的數字。地數「六」都不配位置，所以實際作用的數也是24。圖7是所謂「龍圖一變」的情形，圖8是所謂「龍圖二變」的情形，但是由於天數的5、15、25都是奇數，地數的6、18、30都是偶數，因而與此相應，○被用來表示奇數，●被用來表示偶數。「龍圖三變」是把圖8的上、下兩圖相合，然後就成了蔡氏《河圖》。這樣以來，本來是「易」圖則演化成了《河圖》的圖形，所以《龍圖》又稱爲《龍馬負圖》，並成爲《河圖》的代稱。

【29】臺灣商務印書館編《景印文淵閣四庫全書》，臺灣商務印書館1986年第806冊第376-381頁。

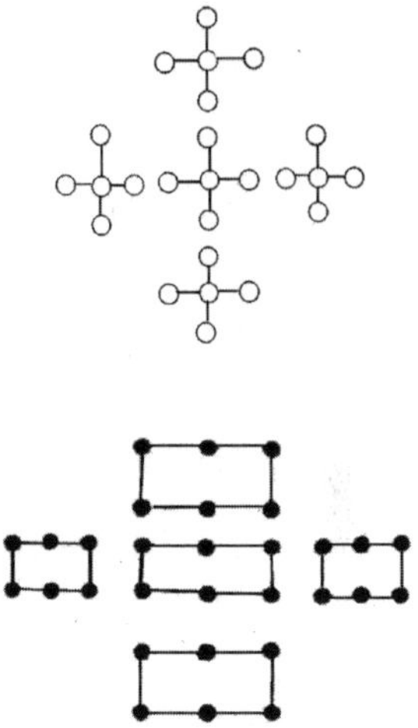

圖7 《龍圖》之一

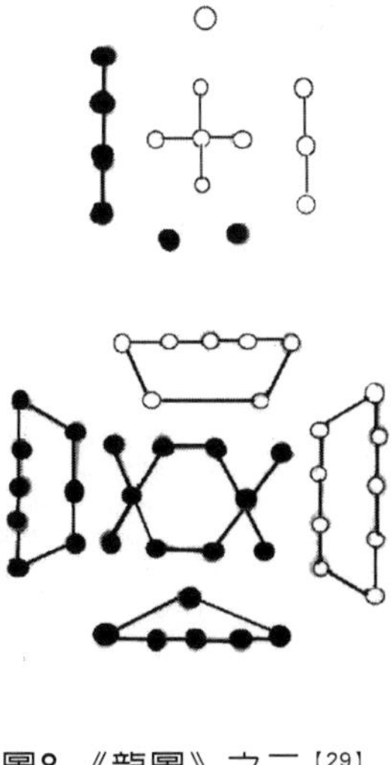

圖8 《龍圖》之二[29]

劉氏《河圖》和《洛書》。北宋劉牧繪製的，保存在他的《易數鉤隱圖》中。由於後人對張理的「龍圖三變說」是否就是陳摶的本意有不同的看法，再加上陳摶所說的只是《河圖》，沒有涉及到《洛書》，這爲劉牧把陳摶的《龍圖》發展爲《河圖》和《洛書》的兩種圖式，提供了空間和前提。劉牧繪製的理論依據是漢卦氣說、五行說和漢唐九宮說。

《劉氏河圖》的「天地之數」佈局是：「戴九履一，左三右七，二與四爲肩，六與八爲足，五爲腹心，縱橫數之，皆十五。」【30】圖中以○爲奇數（天數），上面是9個○，下面是1個○，左3個○右7個○，正中5個○，奇數（天數）之和25；以●爲偶數（地數），上面是依次是2個●、4個●，下面依次是6個●、8個●，偶數（地數）之和20，整個圖數目縱、橫、斜相加都是15，共計45。劉牧認爲這個數才合於「大衍之數」和「天地之數」50，5居中爲隱而不顯，所以實際作用的數是45。

《劉氏洛書》是採用劉歆以《尚書‧洪範》「九疇」爲洛書的觀點，但劉牧卻認爲認爲〈洪範〉論五行的文字才是洛書神龜所負的書文，其它八疇都是大禹增加的。由於〈洪範〉五行「一曰水，二曰火，三曰木，四曰金，五曰土」劉牧認爲（這是五行生數，又包括五行成數）的話，蘊含了《周易‧繫辭》所說天地自然之數——55，所以認爲天象和地象二種圖式結合起來就是《洛書》。

【30】臺灣商務印書館編《景印文淵閣四庫全書》，臺灣商務印書館1986年第8冊第154頁。

蔡氏《河圖》和《洛書》。南宋蔡元定與朱熹共同繪製的，並在他們合著的《易學啓蒙》對此作了詳盡解釋。他們是以李覯刪定的劉氏《河圖》和《洛書》易置了：以十數爲《河圖》，九數爲《洛書》。他們作這樣相反改變的根本理由，是因爲《易傳•繫辭》中有「天地十數」之說，而且認爲這也是「夫子所以發明《河圖》之數」的依據。至於〈繫辭〉中「河出圖，洛出書，聖人則之」的說法，只不過是「泛言聖人作《易》作〈範〉」，其原皆出於天之意」，不能否定《河圖》、《洛書》與《周易》的關係，運用天地數、河洛數解釋八卦之象的

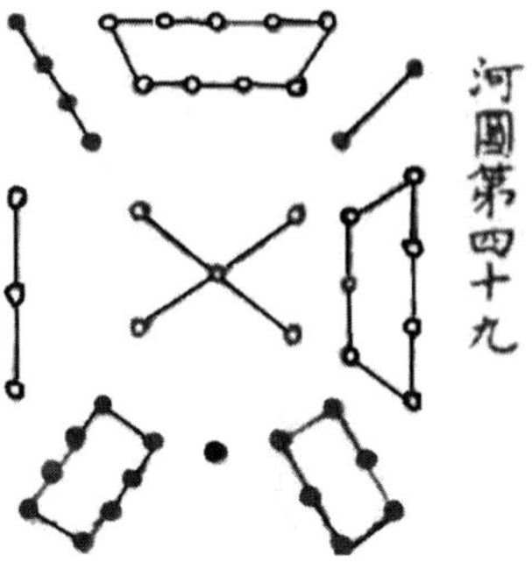

圖9 《劉氏河圖》

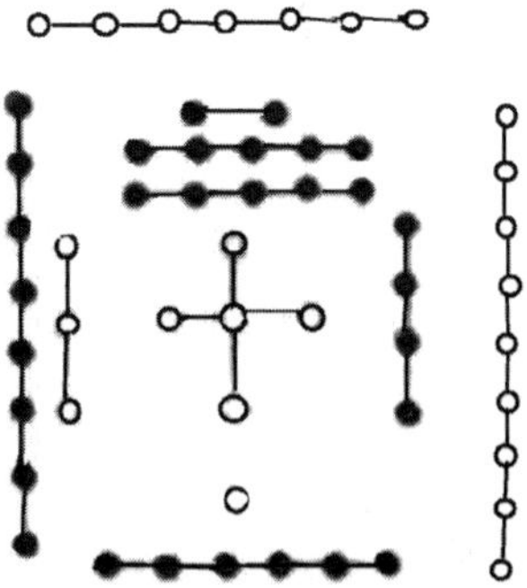

圖10 《劉氏洛書》

來源。他們還進一步推出《河圖》與《洛書》兩者之間具有體與用、全與變的關係。

由於朱熹把十數《河圖》與九數《洛書》分別列入《周易本義》與《易學啓蒙》之中。《周易本義》明代洪武年間列入科考名目，永樂年間又因爲程頤《易傳》繁多而專用《周易本義》，所以在取得了學官的地位後，影響巨大。此後無論是學易還是學《河圖》、《洛書》的，基本上採用《周易本義》及其十數《河圖》與九數《洛書》，蔡氏的《河圖》和《洛書》終於成爲後世流行說法，而劉牧的《河圖》和《洛書》，則很少有人再提起。

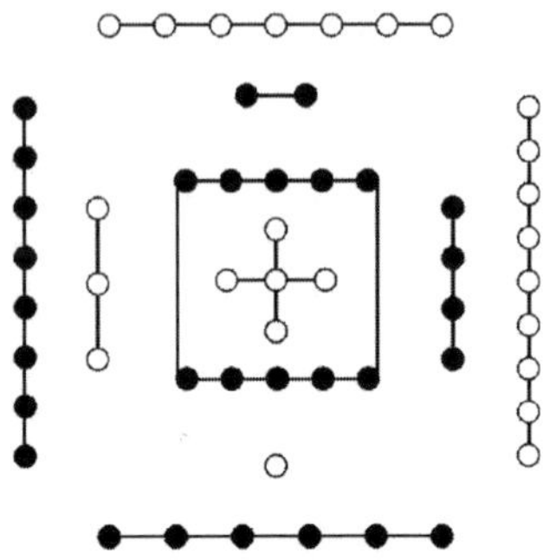

圖11 《蔡氏河圖》

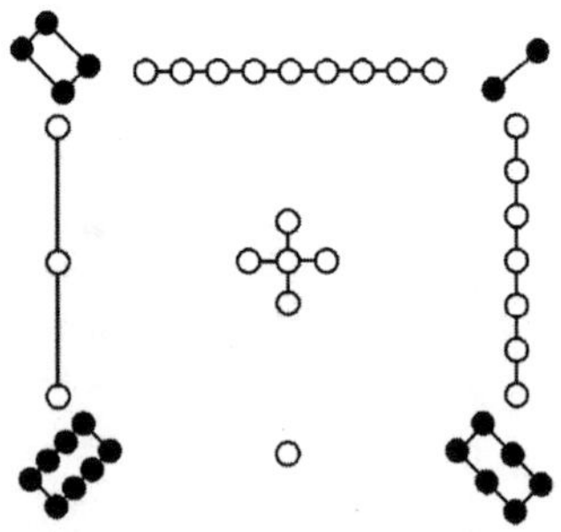

圖12 《蔡氏洛書》

萬氏《河圖》和《洛書》。清代萬年淳繪製的，圖保存在他的《易拇》中。萬年淳是清朝易學大師，但是他的事蹟沒有入正傳，他易學名著《易拇》都沒有收入《四庫全書》和《續修四庫全書》，所以略作介紹。萬年淳（西元1761—1835年），原名康，號彈峰，湖南華容縣塔市驛人。他性穎悟，勤奮好學，于天文、樂律、演算法、兵防、河渠，無不深入研究，並融會貫通。著有《西漢八大家文選》、《古禮失遺》、《三史抉》、《四書翼》、《通書正本》、《楚辭注解》、《詩集》、《文集》、《英山縣誌》、《洞庭湖志》等。《易拇》是他研究易學30年的心得，書現在被美國國會圖書館所珍藏。《易拇》不僅精萃而條理分明地八卦的畫與爻，還剖析《河圖》、《洛書》之秘，被譽爲研究堪輿、奇門、天文推步以及象數之學等的「元鑰」。

萬氏《河圖》和《洛書》比較特別，是由方與圓兩種圖形組合的。《萬氏河圖》是外方內圓的圖式：「一、三、七、九爲一方，其數二十也；二、四、六、八爲一方，其數亦二十也；中十五，共五十五數，中十點作十方圓布，包五數在內，此外方內圓，而五數方布在中者。中一圈即太極圓形，外四圈分佈四方，爲方形，十包五在內，仍在圓中藏方、方中藏圓、陰中有陽、陽中有陰之妙也。而十五居中，即洛書縱橫皆十五之數，是又河圖包裹洛書之象。河圖點皆平鋪，無兩折，洛書亦然。舊洛書二、四、六、八皆兩折，不知河洛本二四六八平。亦宜平鋪」[31]。在易學上，這是對《周易》扶陽抑陰思想的發揮；在河洛學方面，近代易學家杭辛齋認爲「較僅改形式而無意義者，自高一籌。然兩數之體用分合，固極明晰，不必改作，意自可見」[32]，比較中肯。

《萬氏洛書》形式相反，是外圓內方的圖式。圖的佈局和好處是：「洛書外圓而內方。圓者黑白共四十數，圓布其外，一、三、七、九爲一方。二、四、六、八爲一方，仍然河圖之體，比又圓中藏方，洛書包裹河圖之象，而中五又方中有藏圓之妙」。杭辛齋論述萬氏《河圖》和《洛書》的關係是：「其實河圖爲體，洛書爲用，河圖即先天。洛書爲後天，河圖爲體而體中有用，洛書爲用而用中有體，此即萬氏圖中分圓分方，方含圓而圓又含方之意也」[33]。萬年淳方與圓式的《河圖》、《洛書》圖形，除了易學本身的相關繼承外，可能還受到陰陽學「天圓地方」說與朱熹河洛學體與用、全與變說的影響。

[31] 四庫未收書輯刊編纂委員會編《四庫未收書輯刊》，北京出版社2000年第3輯第240-241頁。下頁關於《洛書》的論述頁次相同。
[32] 杭辛齋《杭氏易學七種》（上），九州出版社2005年第22頁。
[33] 同右第23頁。

《河圖變體圖》是清代河洛學大師江永繪製的，保存在他的《河洛精蘊》中。江永認爲陳摶《龍圖》是水與土易位，即一、六易五、十而居中宮，五、十易一、六而居北，所以才特意繪製這一種變體圖。

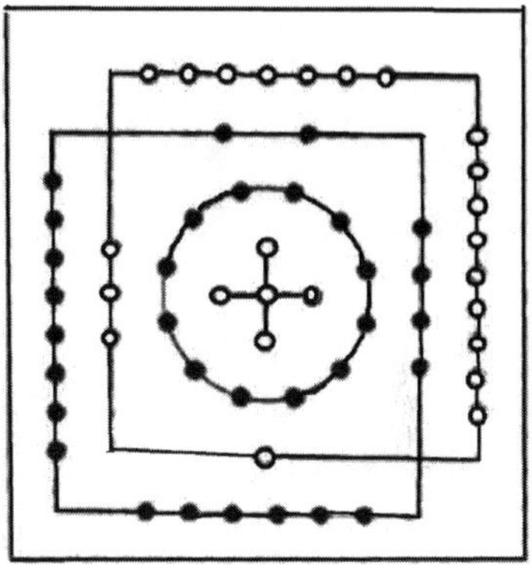

圖13 《萬氏河圖》

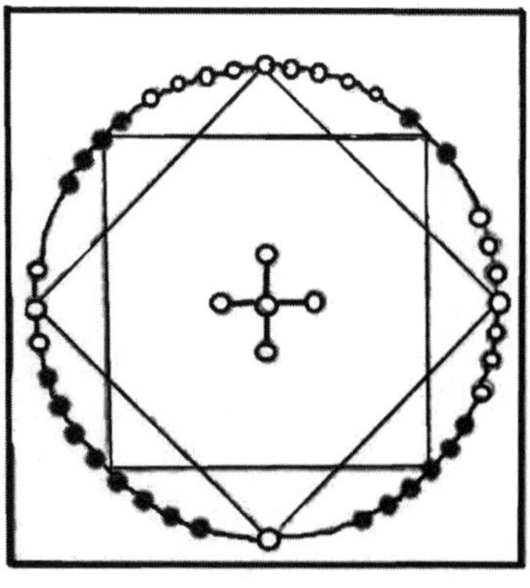

圖14 《萬氏洛書》

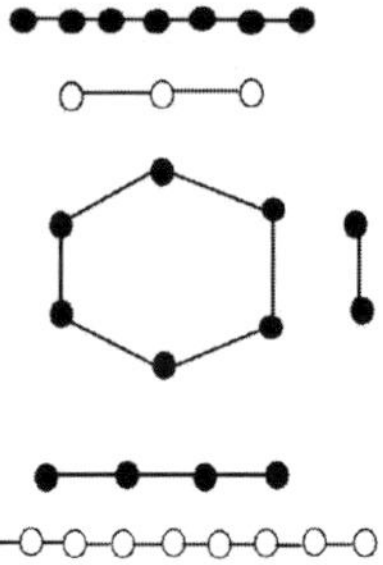

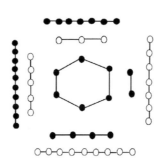

圖15 《河圖變體圖》

《河洛未分未變方圖》和《點數應河圖十位》圖都出自清代李光地《周易折中・啓蒙附論》中，都是解析河洛數理的圖式。前一圖式由是由《河圖》之數「五十有五」加《洛書》之數「四十有五」，合爲一百，認爲這才是天地的全數，並構成的方形圖。然後在中間劃出一條准對角斜線，這樣自一至十，○點數爲55；自一至九，●點數爲45；同時又形成了由○爲元素的《河圖》和由●爲元素的《洛書》這兩個三角形。後一圖式包含了一個三角形圖和一個六角形圖。三角形圖的佈局是：有裡外3個三角形組成而形成三重，三重○點數之和減去中心的●點數就是54；六角形圖的佈局也與三角形圖相似，最後點數就是36。這種分內、外、中三重的圖式構成，是基於《周易・繫辭》三才論的：外重爲天，內重爲地，中重爲人；其中心的●是指人爲天地之心，這樣三才才統歸一太極。從河洛學講，《河圖》與《洛書》十中含九，所以數終於十，而位止於九。雖然出於兩時，分爲兩象，但是實際上互爲經緯，不可相離，因而只要用一個圖形就能概括。54和36分而置之，就成爲《河圖》、《洛書》的定位狀態。因此，古代學者甚贊《點數應河圖十位》圖式「渾具理、象、數之妙」！

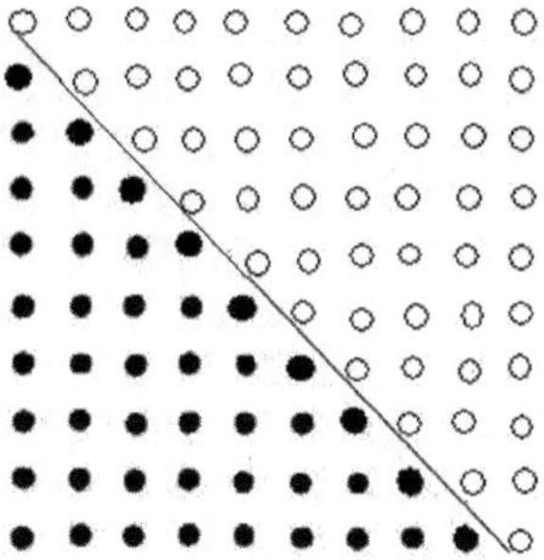

圖16 《河洛未分未變方圖》

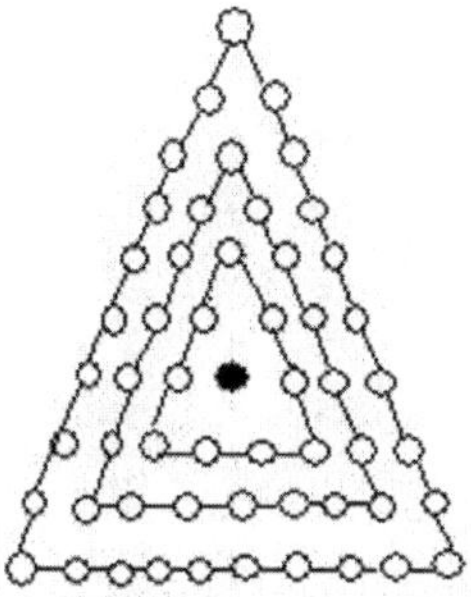

圖17 《點數應河圖十位》之一

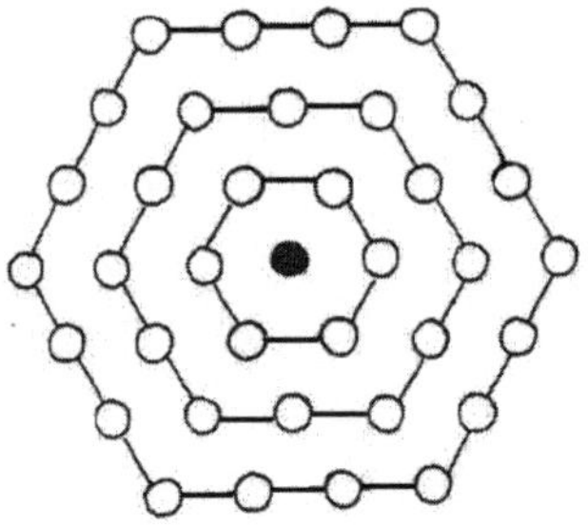

圖18 《點數應河圖十位》之二

《原始河圖洛書》是西安博物館根據半坡遺址（也稱半坡《河圖洛書》）出土的實物上●組成的倒三角形完善而成的，最初發表在文物出版社1982年出版的《西安半坡》一書上。繪製者認爲，如果把實物圖左右殘缺部分延伸下去，同時把小三角圖週邊空白處也填補上去，就可以得到一個理想數圖（即復原圖）：小倒三角圖由下而上一次疊加的○點數和是36，即1＋2＋3＋4＋5＋6＋7＋8＝36，這恰好是《連山易》的蓍策數。整個大倒三角以自然數「1」到自然數「16」的連續自然形成的，圖中○點數的總和是136，即1＋2＋3＋4＋5＋6＋7＋8＋9＋10＋11＋12＋13＋14＋15＋16＝136，又恰好是《連山易》、《歸藏易》、《周易》三易的蓍策總數。如果將隱沒的十九個○同週邊81個小○起來觀看，則得到一個由100個○組成的同樣的倒三角形數圖。而100正好是《河圖》、《洛書》數的總和，也與《河洛未分未變方圖》和《點數應河圖十位》相印證。誠然，如果這是巧合，那就另當別論了。

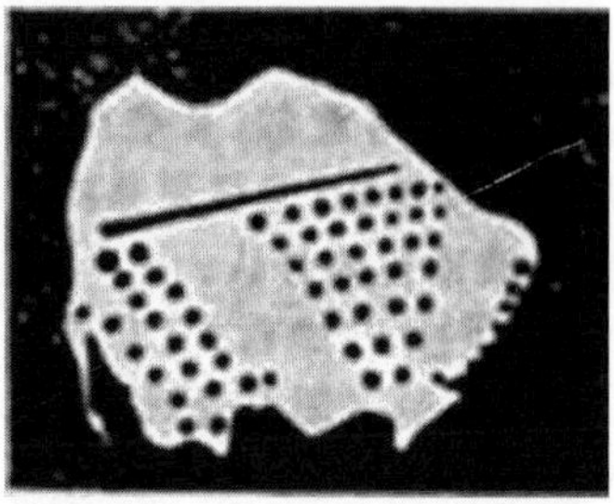

圖19 半坡《河圖洛書》

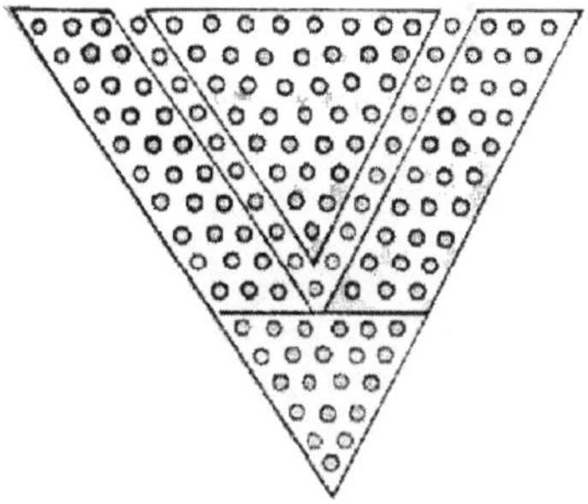

圖20 半坡《河圖洛書》復原圖

《古氣候圖》（也稱《立體河圖》、《河圖復原圖》）和《古方點陣圖》（也稱《立體洛書》、《羅盤圖》、《洛書復原圖》），是現代學者韓永賢繪製的，發表在中國華僑出版公司1990年出版的《周易探源》一書上。他認爲：《河圖》是伏羲氏無文字時代遊牧地區的氣候圖，而《洛書》是甲骨文之前的氏族社會的遊牧時期、帶有北斗七星的方點陣圖。其中關於天文方面的內涵，我們將在〈星象交輝的天理〉中簡述。

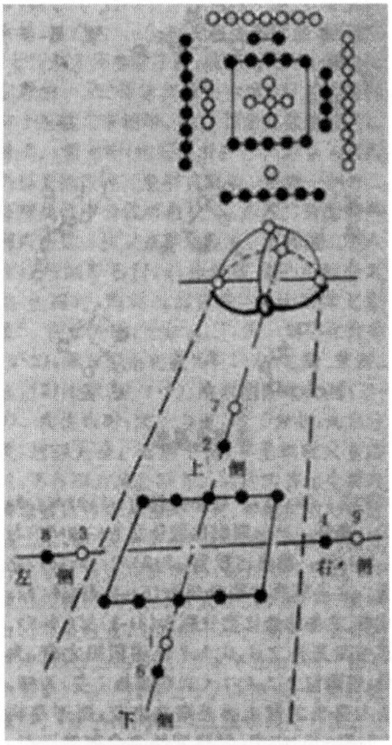

圖21《古氣候圖》

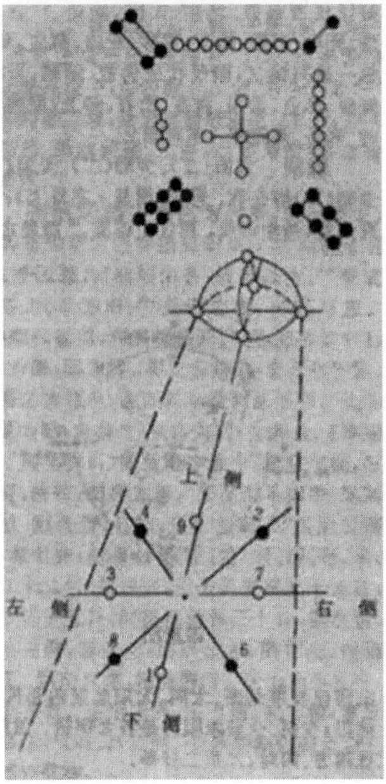

圖22《古方點陣圖》

（3）用黑白圓點和八卦爲符號畫成的圖形。這顯然是專門爲解說《周易》卦象而相配的圖式，主要有《先天卦配河圖》、《先天卦配洛書》、《後天卦配洛書》、《後天卦配河圖》

4幅圖。這4幅圖都保存在清代李光地編撰的《周易折中‧啓蒙附論》中。繪製的根據和原理可以從圖的名稱中得知，不要多說。而相關的易學問題，則在〈玄妙莫名的易理〉一節中敘述。

下面列出與《河圖》、《洛書》關係緊密的先天圖，以便瞭解這類圖形的狀況。

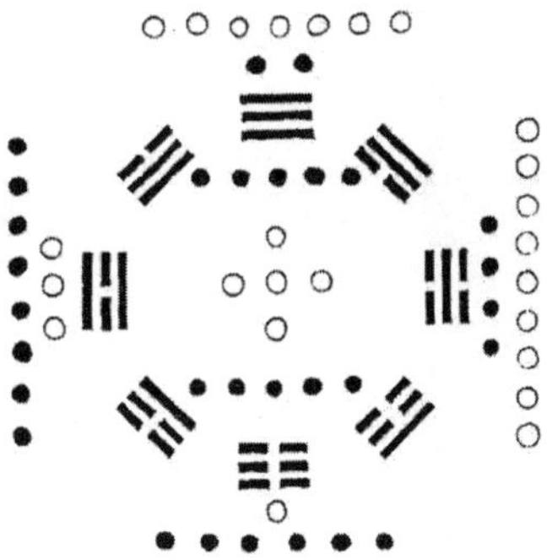

圖23 《先天卦配河圖》

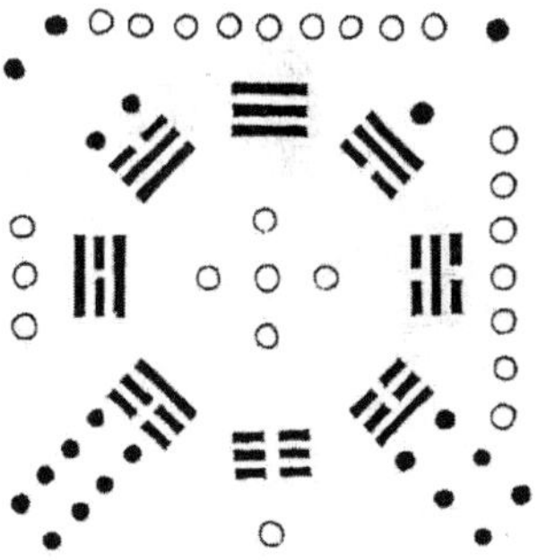

圖24 《先天卦配洛書》

在用黑白圓點爲核心元素符號的《河圖》的圖形中，有一幅相當特別的，那就是保存在龍馬負圖寺內碑刻上的《古河圖》。它既不同于《蔡氏河圖》，也與吳澄的《古河圖》不一樣：圖中是把  與○結合起來，在構圖上則是具有《萬氏河圖》外方內圓的相似性特點。所以這一《古河圖》在《河圖》的圖形顯示了突出的綜合性和異類色彩。爲什麼如此，值得探討。

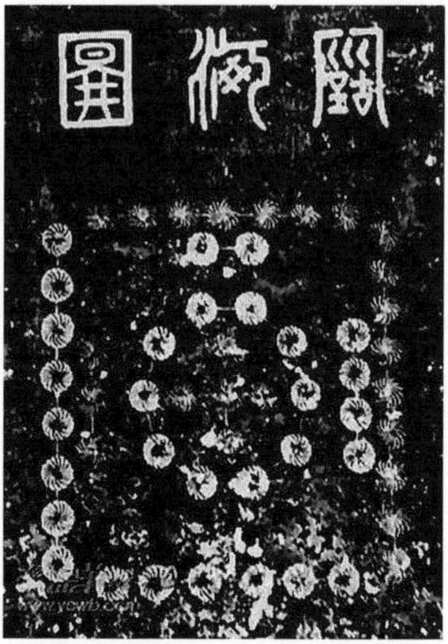

圖25 碑刻上的《古河圖》

《洛書》圖形中也有比較特別的，就是《冪形應洛書九位》圖，保存在清代李光地編撰的《周易折中・啓蒙附論》中。這圖是有兩幅小的幾何圖：一是三角形，一是六角形。繪製的的原理似乎與《點數應河圖十位》圖相同，只是在形式上不同，但是在圖形上算特例。

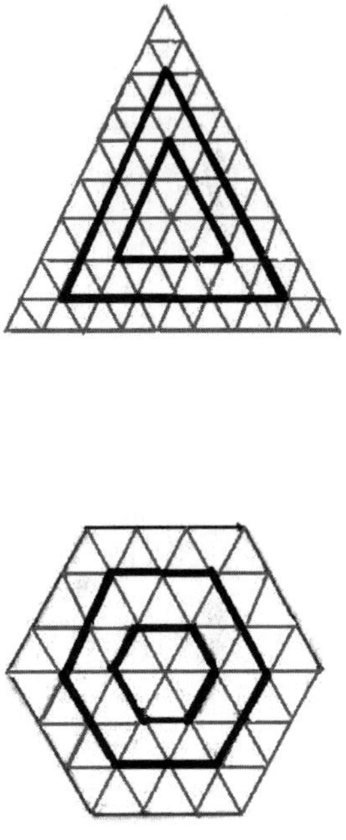

圖26《羃形應洛書九位》

(二)、文字圖

用文字作圖的構成元素符號是表意文字的優勢，尤其是漢語言文字，它本身「以形示義」就具有很突出的「圖」因素。文字圖主要見清代江永編撰的《河洛精蘊》中，《納音配六十調圖》比較典型。這可能與當時盛行詩鐘等文藝遊戲有關。《納音配六十調圖》是納音五行（就是一干一支合起來與一行搭配，與正五行的一干或一支與一行搭配不同）與六十聲調配合的圖式。江永認爲天干與地支相配爲六十，十二律各配以五聲調也成六十，所以如果用聲律數起納音（是在術數預測中廣爲應用的一種取「數」的方法），那麼一支有五行；如果用十二律來起均調，那麼一律有五調。這是基於「兩干支零數減九而生」的原理，而這個原理又是依據《河圖》的數理。如左圖：

圖27《納音配六十調圖》

	宮 十母九納 土數金音 宮五商四	商 九母十納 金數水音 商四羽五	角 八母六納 木數火音 角三徵一	徵 七母七納 火數土音 徵二宮二	羽 六母八納 水數木音 羽一角三
	中	南	西	北	東
黃鐘五調	甲子黃 本律之宮 三十四金	丙子黃 無射之商 三十水	戊子黃 夷則之角 三十一火	庚子黃 仲呂之徵 三十二土	壬子黃 夾鐘之羽 二十八木
大呂五調	乙丑大 本律之宮	丁丑大 應鐘之商	己丑大 南呂之角	辛丑大 蕤賓之徵	癸丑大 姑洗之羽
太簇五調	壬寅太 本律之宮 二十四金	甲寅太 黃鐘之商 三十水	丙寅太 無射之角 二十六火	戊寅太 林鐘之徵 二十七土	庚寅太 仲呂之羽 二十八木
夾鐘五調	癸卯夾 本律之宮	乙卯夾 大呂之商	丁卯夾 應鐘之角	己卯夾 夷則之徵	辛卯夾 蕤賓之羽
姑洗五調	庚辰姑 本律之宮 二十四金	壬辰姑 太簇之商 二十水	甲辰姑 黃鐘之角 二十六火	丙辰姑 南呂之徵 二十二土	戊辰姑 林鐘之羽 二十三木
仲呂五調	辛巳仲 本律之宮	癸巳仲 夾鐘之商	乙巳仲 大呂之角	丁巳仲 無射之徵	己巳仲 夷則之羽
蕤賓五調	甲午蕤 本律之宮 三十四金	丙午蕤 姑洗之商 三十水	戊午蕤 太簇之角 三十一火	庚午蕤 應鐘之徵 三十二土	壬午蕤 南呂之羽 二十六木
林鐘五調	乙未林 本律之宮	丁未林 仲呂之商	己未林 夾鐘之角	辛未林 黃鐘之徵	癸未林 無射之羽
夷則五調	壬申夷 本律之宮 二十四金	甲申夷 蕤賓之商 三十水	丙申夷 姑洗之角 二十六火	戊申夷 大呂之徵 二十七土	庚申夷 應鐘之羽 二十八木
南呂五調	癸酉南 本律之宮	乙酉南 林鐘之商	丁酉南 仲呂之角	己酉南 太簇之徵	辛酉南 黃鐘之羽
無射五調	庚戌無 本律之宮 二十四金	壬戌無 夷則之商 二十水	甲戌無 蕤賓之角 二十六火	丙戌無 夾鐘之徵 二十二土	戊戌無 大呂之羽 二十三木
應鐘五調	辛亥應 本律之宮	癸亥應 南呂之商	乙亥應 林鐘之角	丁亥應 姑洗之徵	己亥應 太簇之羽

(三)、數字圖

顧名思義就是純用漢字數位作圖的構成元素，可能因爲數字圖本身的「數」因素，數字圖的數理要比字圖多得多，如《河圖陽動陰靜》、《河圖陽靜陰動》、《洛書陽動陰靜》、《洛書陽靜陰動》、《二八易位》、《二五構精》、《內外合爲河圖》、《洛書勾股圖》、《河圖加減之原》、《洛書乘除之原》等都是。數位圖雖然是單一的符號，但是它的組合形式卻多樣：有如十字形的《河圖陽動陰靜》、《河圖陽靜陰動》圖；有如菱形的《洛書陽動陰靜》、《洛書陽靜陰動》、《二八易位》、《二五構精》圖；有如圓形的《內外合爲河圖》—（圖中間的文字是說明文字，不是構圖元素）等，各取一圖於下：

圖28《河圖陽動陰靜》

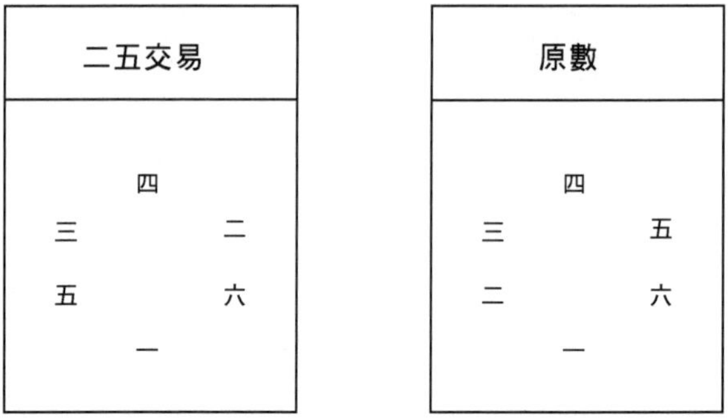

圖29 《二五構精》

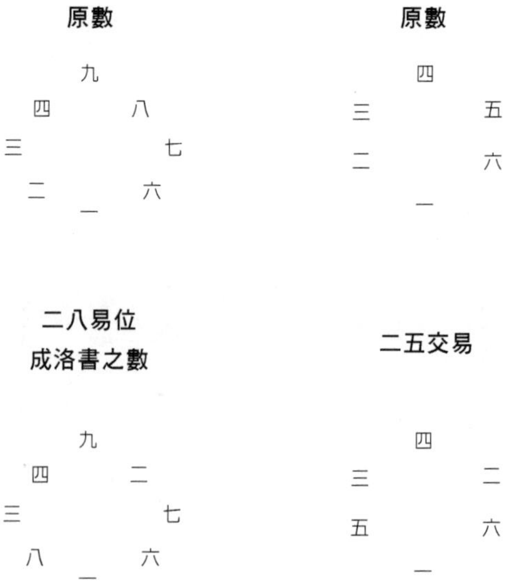

圖30 《二八易位》

除了上述單一的圖形外，綜合形的也不少：圓形和十字形的《內外合爲河圖》二，圓形和方形的《洛書乘除之原》圖，複雜幾何形《洛書勾股圖》等，圖形如左：

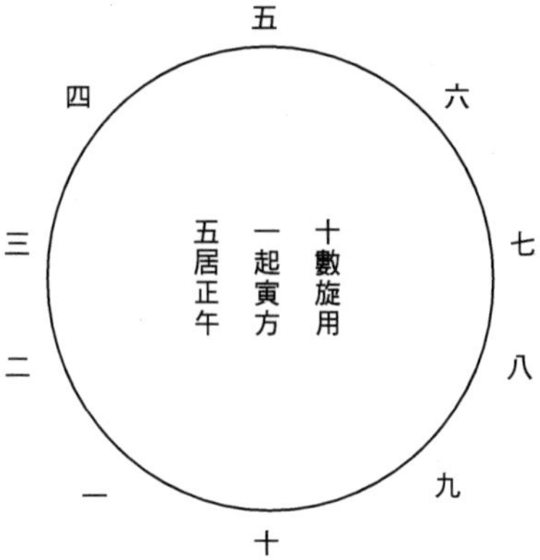

圖31 《內外合為河圖》一

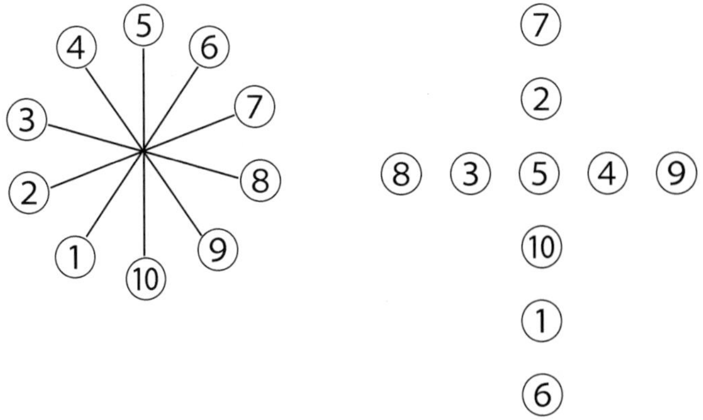

圖32 《內外合為河圖》二

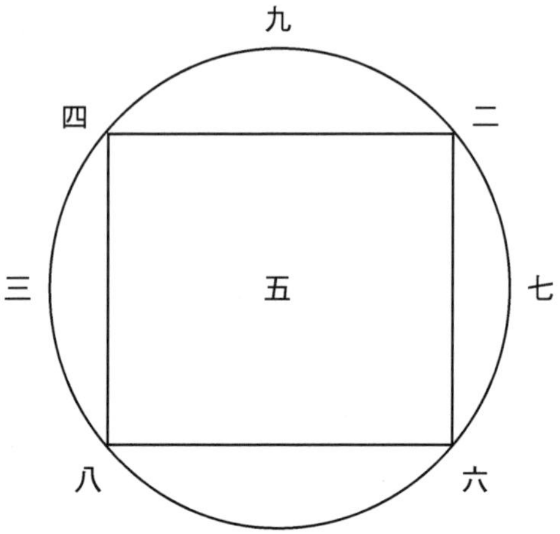

圖33 《洛書乘除之原》

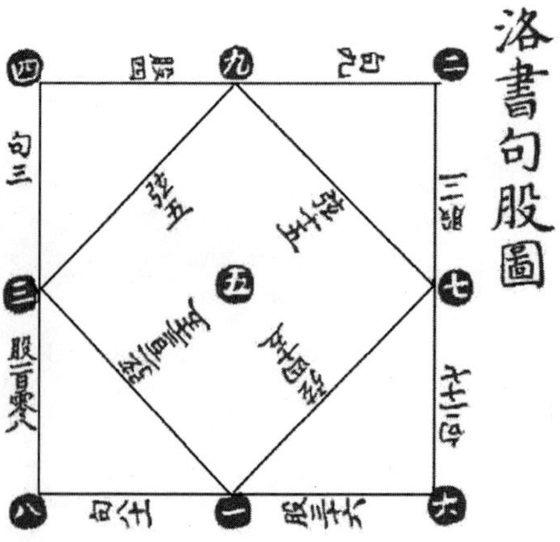

圖34 《洛書勾股圖》

另外《河圖加減之原》圖本來屬於十字形，但是，它卻有比較特別的示意線連接起來，具有一定的指示意義，似乎可以算作一個准類型。

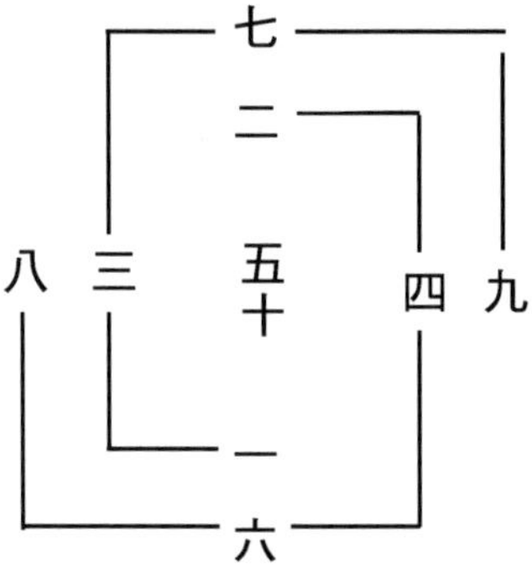

圖35《河圖加減之原》

運用陰陽數理分析《河圖》、《洛書》起源的數圖，都保存在清代李光地編撰的《周易折中·啓蒙附論》中，胡煦《周易函書約存》也轉載；《內外合爲河圖》一是元末明初易學者朱升繪製的解析《河圖》來由的圖式，他認爲：「一數至十，環列爲圖」[34]，所以用圓形；《河圖加減之原》和《洛書乘除之原》則是清代易學家李光地依據《河圖》以一、二爲數體之始、「洛書之用，始於參兩者，以參兩爲根，實則諸數迴圈互爲其根，莫不寓含乘除之注，而又皆以加減之法爲本」[35]的觀點繪製兩幅體認《河圖》、《洛書》本原的圖式；《二五構精》是北宋周敦頤「二五之精，妙合而凝」（《太極圖說》）對「萬物生化」之源的認識的圖式。其餘兩個圖式都是關於數學的：《二八易位》是近代易學家杭辛齋基於二八兩位數互換以後能夠體現「天地造化之機，陰陽變化之妙」[36]的理念繪製的；《洛書勾股圖》運用《洛書》數理揭示勾股之法的圖式。

---

[34] 四庫全書存目叢書編纂委員會《四庫全書存目叢書》，齊魯書社1997年經2第191頁。

[35] （清）李光地撰、李一忻點校《周易折中》，九州出版社2002年第1099頁。

[36] 杭辛齋撰、周易工作室點校《杭氏易學七種》下冊，九州出版社2005年第24頁。

(四)、綜合圖

綜合圖就是把前面的畫圖、文字圖、數位元素圖這三種類型作爲構圖元素，整合成兩種或兩種以上的圖式。由於整合元素性質的不同、整合元素量的多少不同，又可以細分爲4種類型：圖文並舉型，圖、數並舉型，數文並舉型，圖、數、文並舉型。

（1）圖文並舉型。整合畫圖和文字而成的圖式。

《揚子玄圖》。這是後人根據西漢揚雄《太玄・玄圖》篇中有關天空圖像的說明而繪製的《河圖》圖式。這幅圖保存在清代胡渭的《易圖明辨》書中。圖是由●與○的畫圖式《河圖》，再加上《太玄・玄圖》篇中「一與六共宗，二與七爲朋，三與八成友，四與九同道，五與五相守」[37]的解說文字而成的（這與《二五構精》、《二八易位》不同，除了沒有圖素外，而且那說明是命名和對比性的。）。但是，由於對說明文字的理解和「九圖十書」與「十圖九書」這種圖書觀分歧的差異，這個圖式的定性出現了4種意見：北魏關子明認爲這就是龍馬所授的伏羲之數，北宋範諤昌認爲這就是伏羲重定生成之位，劉牧認爲這就是《洛書》，南宋蔡元定認爲這就是《河圖》。可是，清代胡渭在他的《易圖明辨》書中，力排眾議，認

[37] 浙江古籍出版社編《百子全書》上冊，浙江古籍出版社1998年第625頁。

爲這與《河圖》、《洛書》無關，他的理由是：揚雄《太玄》雖然是模仿《周易》而作的，但實際上是老子的道家學說，而且揚雄自己本來就取名叫《玄圖》，這就說明不是《河圖》。[38]如果承認有《河圖》、《洛書》，那麼，下面的圖本身足以證明這幅圖是屬於《河圖》、《洛書》的，至於具體是《河圖》還是《洛書》，那就要看你屬於「九圖十書」還是「十圖九書」的觀點了。圖形如下：

[38] 新文豐出版公司編，《叢書集成新編》，新文豐出版公司1985年第16冊第466頁。

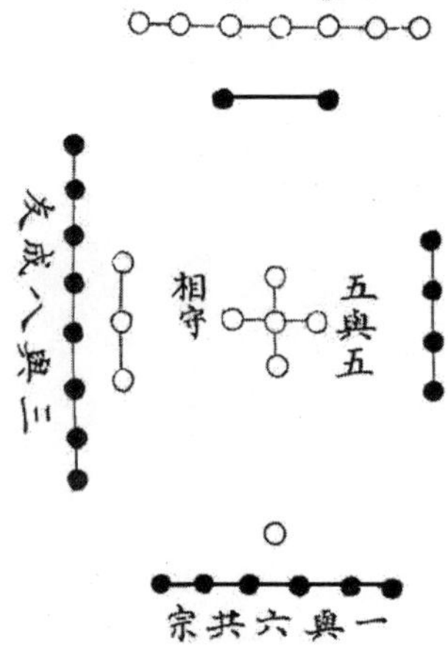

圖36 《揚子玄圖》

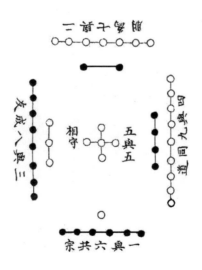

與《揚子玄圖》組構方式相似的圖文並舉型圖式還有3個：《河圖奇偶合‧洛書奇偶分》、《河圖生十干圖》和《洛書生十二地支圖》。後面兩個比較簡單，《河圖生十干圖》就《河圖》與天干相配圖式；《洛書生十二地支圖》就是《洛書》與地支相配的圖式。我們只說說《河圖奇偶合‧洛書奇偶分》。這是根據《河圖》與《洛書》3種特殊關係而繪製的圖式。它保存在清代胡煦的《周易函書約存》書中。胡煦認爲《河圖》與《洛書》存在著合與分、先天與後天、體與用這3種特殊關係。合與分的關係是：《河圖》生成的數不論是奇數還是偶數，都是偶合的；《洛書》則剛好相反，不論是奇數還是偶數，都是相分的。但是，如果沒有《洛書》的相分，則不能顯示出《河圖》的偶合；相反，如果沒有《河圖》的偶合，也就不能顯示出《洛書》的相分。先天與後天的關係是：在易學中的先天與後天原本是指八卦方點陣圖的先與後的，一般認爲，伏羲八卦方點陣圖又名「先天八卦」，文王八卦方點陣圖又名「後天八卦」。但是從圖形出現的時間看，伏羲八卦在宋以後才出現的。所以不能拘泥這個說法。通常是把先天與後天當成了一個符號：「先天八卦」等於是表明宇宙形成的那個大現象，「後天八卦」是說明宇宙以內的變化和運用的法則。在河洛文化中，定《河圖》爲先天，定《洛書》爲後天，與全面的「合」與「分」聯繫起來就是，先天爲「合」，後天爲「分」，先天與後天也就是相同。體與用的關係是：在易學中，一般是以生數一、二、三、四爲體，成數六、七、八、九爲用。在河洛文化中，因爲《河圖》爲先天，所以是本體，它的成數都分別依附於生數的，生數也就包涵了成數；《洛書》則相反，它爲後天，是應用，自然是生數和成數是分立的，奇數、偶數是間隔的。這樣體現在體與用上的關係，《河圖》和《洛書》是體與用對立而又相成的。這些複雜的道理，《河圖奇偶合・洛書奇偶分》便是作了如下的形象表述：

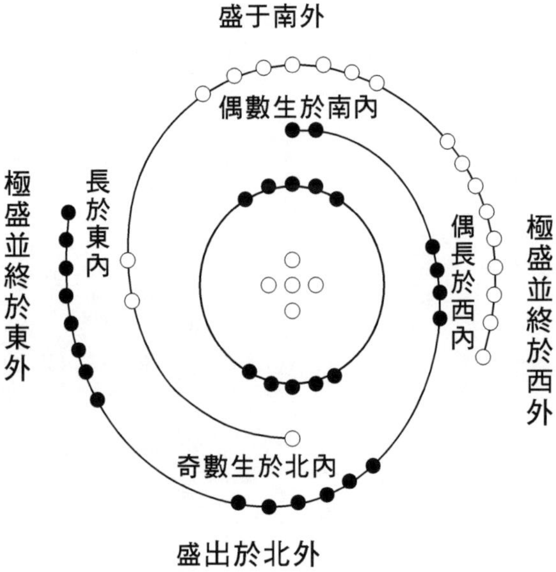

圖37 《河圖奇偶合・洛書奇偶分》

圖37中的《河圖》圖式是奇數生於北內，長於東內，盛于南外，極盛並終於西外；《洛書》圖式是偶數生於南內，長於西內，盛出於北外，極盛並終於東外。所以胡煦總結說，這個圖式可以「看出一合一分之妙，則一體一用，一先天一後天：判如矣！」真還有點自負的意味。【39】

《線河圖》。這是運用圓的等分線來解釋的《河圖》的圖式。這個圖式見清代江永的《河洛精蘊》。江永認爲，伏羲取法《河圖》來畫八卦，採用了變點爲線的方法。如果想要說明四象（少陽、老陽、少陰、老陰四種爻象）藏在四方（東、北、西、南四個方向）之中這個道理，就只有在平圓中作分線。於是，他先虛擬一個圓圈來象徵太極（宇宙），將它的直徑分爲十等分，半徑爲五等分，這樣，按照《河圖》、《洛書》的原理就是：「五、十即太極之體；虛其中，即是實其中。蓋四象由五、十而生，非能離五、十而別有四象」。意思是：五和十這兩個數符本身就是太極（宇宙）的整體了，而四象又是太極（宇宙）中所生的一種形象，那麼，從整體而言，太極（宇宙）之外就沒有什麼四象了。在這樣的前提下，再根據四象分別至圓心、直徑端點的等分數，就可以求得《河圖》之數。如果等分的走向不同，就可以分爲《橫

【39】臺灣商務印書館編《景印文淵閣四庫全書》，臺灣商務印書館1986年第48冊第14頁。

列太陽少陰圖》與《縱列少陽太陰圖》。《橫列太陽少陰圖》是從右邊向左邊做橫向的等分：右邊一等分爲太陽，「西方截出乙丁，爲太陽一」；左邊二等分爲少陰，「東方截出戊丙，爲少陰二」。《縱列少陽太陰圖》是從上面向下面做縱向的等分：上面三等分爲少陽，「南方截出庚壬，爲少陽三」；下邊四等分爲太陰，「北方截出癸辛，爲太陰四」【40】。兩個圖形分別如左：

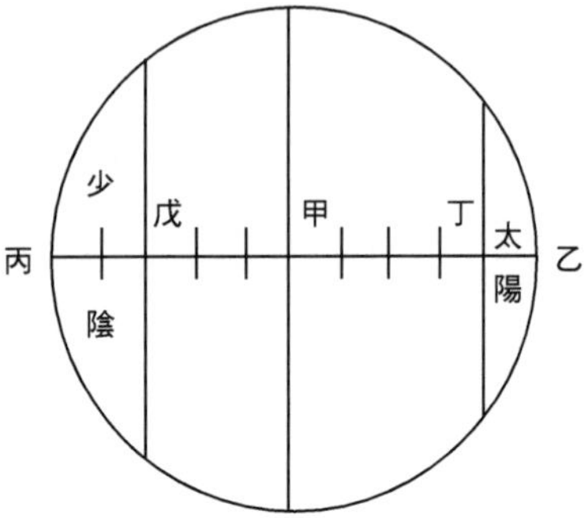

圖38 《橫列太陽少陰圖》

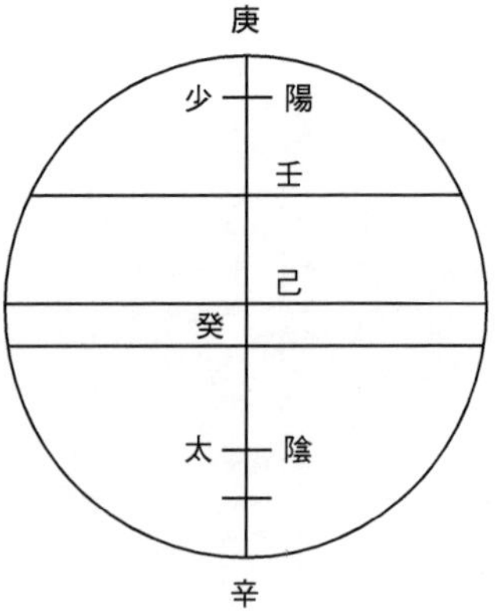

圖39 《縱列少陽太陰圖》

【40】（清）江慎修著、孫國中校理《河洛精蘊》，學苑出版社2007年第16-17頁。

（2）圖、數並舉型。整合畫圖和數字而成的圖式。這種圖式很少，只有兩幅圖：《洛書奇多偶少圖》和《河洛合數圖》。而且，這兩幅圖都是關於《河圖》、《洛書》數理的圖式。不過，闡述的數理有點區別：前一圖式是爲了體現《洛書》奇數多而偶數少的原理；後一圖式則是運用周易學中的「大衍之數」來闡述《河圖》和《洛書》數理「合用」的道理的。《洛書奇多偶少圖》保存在明代來知德的《易經來注圖解》書中，而圖則由清代胡煦繪製，也保存在他的《周易函書約存》書裡，兩幅圖的圖形如左：

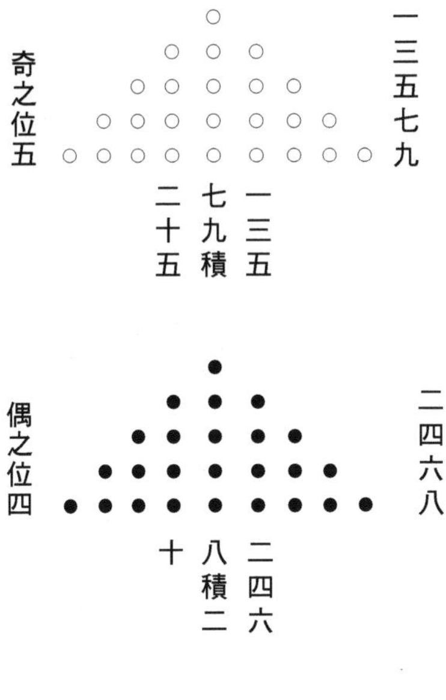

圖40 《洛書奇多偶少圖》

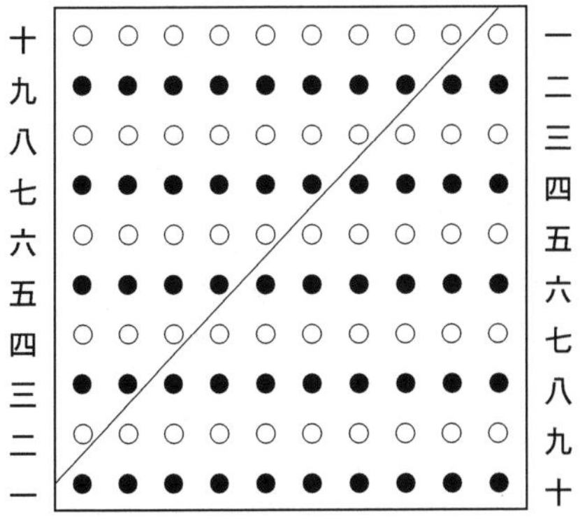

圖41 《河洛合數圖》

（3）數文並舉型。整合數位元素和文字而成的圖式。這類圖式主要應用於三個方面：關於認識天象、地理的《河圖天地交》、《洛書日月交》和《河圖應五星高下圖》；關於認識音樂、樂理的《河圖五音本數圖》、《河圖五音變數圖》和《河圖五音順序相生圖》；關於認識事物本源的《河圖數明納甲圖》和《河圖爲物理根源圖》。按類型選擇簡介於下：

關於認識天象、地理的（相關理蘊的具體闡述，還請參讀下面的《星象交輝的天理》一節）：

《河圖天地交》是明代來知德在《易經來注圖解》中繪製的，主要是運用《河圖》原理來闡述天地形象的成因的。來知德說：「河圖一、三、七、九，陽也，天之象也；二、四、六、八，陰也，地之象也。即奇偶位次，而天地之交見矣」。[41]《河圖》都是奇數，呈現出陽性，所以屬於「天象」；《洛書》都是偶數，呈現出陰性，所以屬於「地象」，具體形象則是：《河圖》徑一圍三，所以是圓形；《洛書》徑一圍四，所以是方形。《河圖》是圓形則代表太陽的形象，《洛書》是方形（這裡是相對於而言的）則代表月亮的形象。

[41]（明）來知德著、張萬彬點校《周易集注・易經來注圖解》，九州出版社，2004年第763頁。

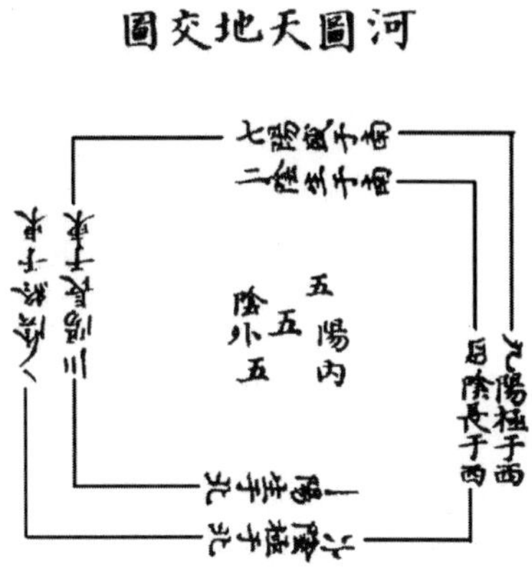

圖42 《河圖天地交》

因此，《河圖天地交》圖說明《河圖》、《洛書》體現天地交泰、日月交濟的道理。如上圖：

圖中的數字奇數由一向左中轉而是三，再右上左轉是七，最後右中轉到九結束；相應的說明文字是陽生於北，陽長於東，陽盛于南，陽極於西。偶數及其相應的說明文字只是成相反方向運轉而已，不再說明。清代胡煦在《周易函書約存》書中轉載了這幅圖。他還認為這幅圖：「不從數之散佈處著眼，而在氣聯貫處著眼，是通《易》理者。變天地而言日月，河圖則天地定位之象，是先天也。」[42]他的解

【42】臺灣商務印書館編《景印文淵閣四庫全書》，臺灣商務印書館1986年第48冊第85頁。

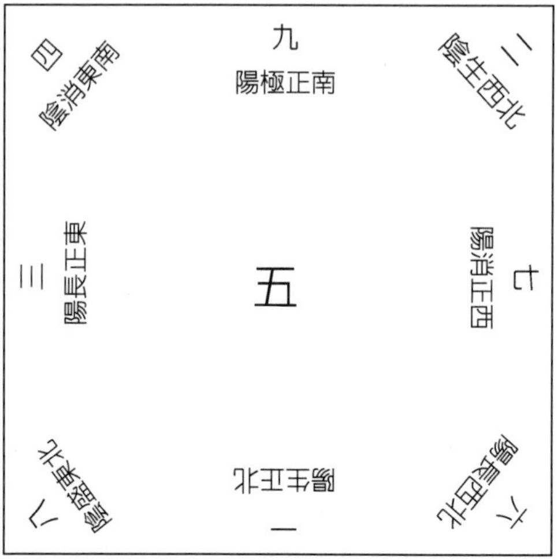

圖43 《洛書日月交》

說顯然是從《易》理出發，說陰、陽二氣變天地、日月，是《河圖》確立天地的圖像。與《河圖天地交》相應，來知德在《易經來注圖解》又繪製了《洛書日月交》，運用《洛書》原理闡述日、月的形象的成因，胡煦也予以轉載，根據易學中的先天、後天說，指出：「日月則坎、離正位之象，是後天也」。[43] 圖形與《河圖天地交》相近：

【43】 臺灣商務印書館編《景印文淵閣四庫全書》，臺灣商務印書館1986年第48冊第85-87頁。

《河圖應五星高下圖》出自清代江永的《河洛精蘊》。江永認爲，日、月、火星、、木星、金星、土星這七個星球體（古人稱「七曜」或者「七政」），各自依附在一重天之中，所以就有高、低（上、下）的區別，這種區別和分佈情況，如果以地球爲立足點，那麼它們由高而低（由上而下）的順序依次是：土最高，木次之，火星次之，日次之，金星次之，水星次之，月天最下。這個高、低（上、下）與《河圖》正好相應。如果從《河圖》的中五、十向右旋轉觀察，那麼五星與《河圖》的位數由高而低（由上而下）的順序依次是：中五、十，東三、八，南二、七，西四、九，北一、六。將這兩個次第整合成數文並舉型圖就是：

圖44《河圖應五星高下圖》

關於認識音樂、樂理的：《河圖五音本數圖》、《河圖五音變數圖》和《河圖五音順序相生圖》，都出自清江永《河洛精蘊》。江永把《河圖》位數五十、四九、三八、二七、六一，來分別搭配古代的宮、商、角、徵、羽五音，並應用陰陽家的五行，因此就有了這三幅圖式（相關樂理的具體闡述，請讀下面的《五音：樂律基音》一節）。《河圖五音本數圖》的圖形是：

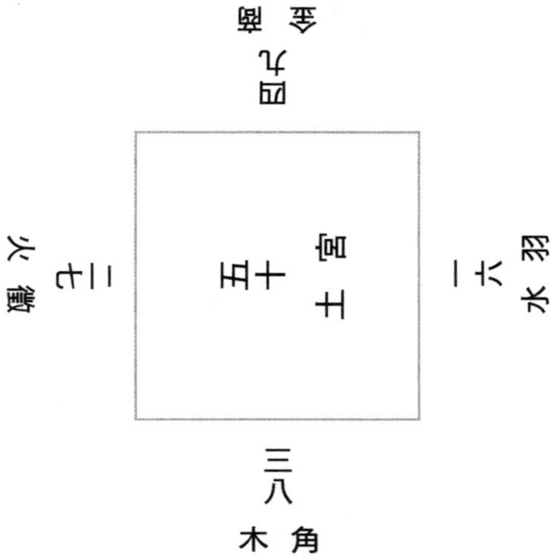

圖45 《河圖五音本數圖》

這圖形主要是通過與《河圖》數位、五行位置的確立，從而宮、商、角、徵、羽五音的本性，具體原理，我們到《音數和諧的樂理》中再說（下面兩個圖形也相同），《河圖五音變數圖》則進一步從《河圖》兩數的整合來講五音本性的變化，圖形如下：

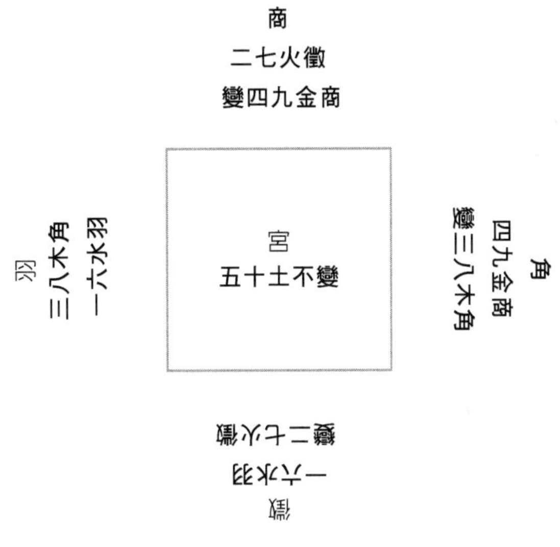

圖46《河圖五音變數圖》

與《河圖五音變數圖》不同，《河圖五音順序相生圖》是《河圖》位數向右旋轉的變化，來討論五音本身相互之間的相生相成，圖形是：

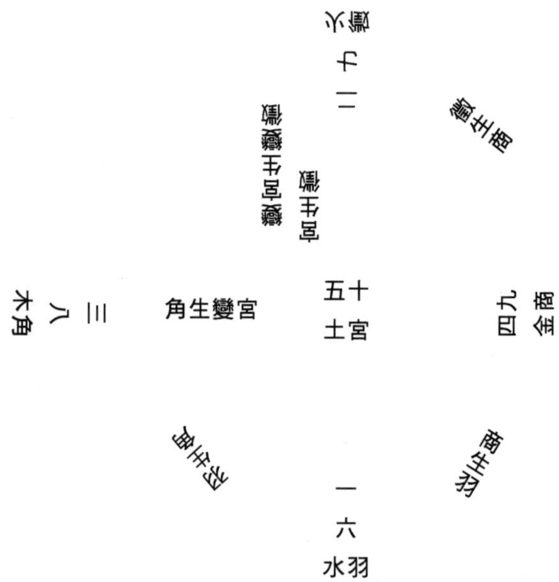

圖47 《河圖五音順序相生圖》

關於認識事物本源的：《河圖數明納甲圖》和《河圖爲物理根源圖》，也是出自清代江永的《河洛精蘊》。《河圖數明納甲圖》當然是運用《河圖》的數理來解釋納甲的圖式。納甲是西漢易學家京房、焦貢所創造的周易占筮方法，他把十干納於八卦，並與五行、方位相配合，具體是：乾納甲，坤納乙，甲乙爲木，表示東方；艮納丙，兌納丁，丙丁爲火，表示南方；坎納戊，離納己，戊己爲土，表示中央；震納庚，巽納辛，庚辛爲金，表示西方；乾納壬，坤納癸，壬癸爲水，表示北方。因爲甲是十干之首，又是最先被納入的，所以稱「納甲」。【44】江永是這樣把《河圖》之數來搭配天干的：一、二配甲、乙，三、四配丙、丁，五、六配戊、己，七、八配庚、辛，九、十配壬、癸。當然，這也與《周易‧繫辭》中「天一地二，天三地四，天五地六，天七地八，天九地十」的觀點吻合的。再在這個基礎上配上八卦：乾納甲，坤納乙，艮納丙，兌納丁，震納庚，巽納辛，坎納壬，離納癸。這樣整合起來就是下面的圖形了：

【44】（清）江慎修著、孫國中校理《河洛精蘊》，學苑出版社2007年第340-342頁。

從圖形中看到㊄和㊅沒有配以卦象，這是因爲一、二爲天地定位，三、四爲山澤通氣，七、八爲雷風相薄，九、十爲水火不相射，而五、六爲中，不用配。

一乾甲	二坤乙	天地定位
三艮丙	四兌丁	山澤通氣
㊄戊	㊅己	
七震庚	八巽辛	雷風相薄
九離壬	十坎癸	水火不相射 水火變易

圖48 《河圖數明納甲圖》

《河圖爲物理根源圖》是運用《河圖》位數與世界萬物搭配，從而闡述《河圖》數理是萬物之源的道理。江永認爲：「天下事物，皆出於五行，則皆根源於河圖。事物不可勝數，舉其目之最著者列之，亦足以賅無窮之事物矣」。【45】江永借用陰陽家五行，但是則把最後的根源歸結到《河圖》，所以繪製了這幅圖：

河圖數	一六	二七	三八	四九	五十
方位	北	南	東	西	中
五星	辰星	熒惑	歲月	太白	鎮星
五行	水	火	木	金	土
五行之性	潤下	炎上	曲直	從革	稼穡
五行之味	作鹹入腎	作苦入心	作酸入肝	作辛入肺	作甘入脾
五時	冬	夏	春	秋	長夏中央土
五氣	寒	熱	風	燥	濕
日干	壬癸	丙丁	甲乙	庚辛	戊己
時出《太玄》	藏	養	生	殺	該
五事	貌	言	生	視	聽
五用出《太玄》	恭	從	明	聰	睿
五撝出《太玄》	肅	乂	哲	謀	聖
庶徵	雨	暘	燠	寒	風
休徵	時雨	時暘	時燠	時寒	時寒
咎	狂	僭	豫	急	怠
咎徵	恒雨	恒暘	恒燠	恒寒	恒風
五性	智	禮	仁	義	信
四端	是非	辭讓	惻隱	羞惡	

圖49《河圖為物理根源圖》

【45】（清）江慎修著、孫國中校理《河洛精蘊》，學苑出版社2007年第340頁。

江永這圖的《河圖》位數是按照先天數逆數排列，事物的順序是按照〈洪範．五行〉生出的次序排列的，當然圖中不可能窮盡世界上所有的事物，而是列舉方位、五星、五行、五行之性、五行之味、五時、五氣、日干時（出《太玄》）、五思事、五用（出《太玄》）等等，這些是宇宙、自然、人體中最顯著的事物，說明《河圖》爲宇宙萬物的根源，可以囊括盡無窮之事物的。

（4）圖、數、文並舉型。整合畫圖、數位元素和文字而成的圖式。這一類圖形比較多，也分小類介紹：

最多的是關於八卦的：

有《河洛卦位合圖》、《九卦先天洛書圖》、《聖人則河圖畫卦圖》、《聖人則洛書列卦圖》、《河圖變後天八卦圖》、《河圖含卦行干圖》。對這些圖，我們先只就圖形做些說明，至於相關的易理，我們到〈玄妙莫名的易理〉中再說。由於除了前面兩幅圖以外，其餘的都出自清代江永的《河洛精蘊》，所以先介紹前面兩幅圖。

《河洛卦位合圖》保存在明代來知德的《易經來注圖解》書裡，是把八卦與《河圖》、《洛書》位數配伍，從而解釋兩者之間的關聯。

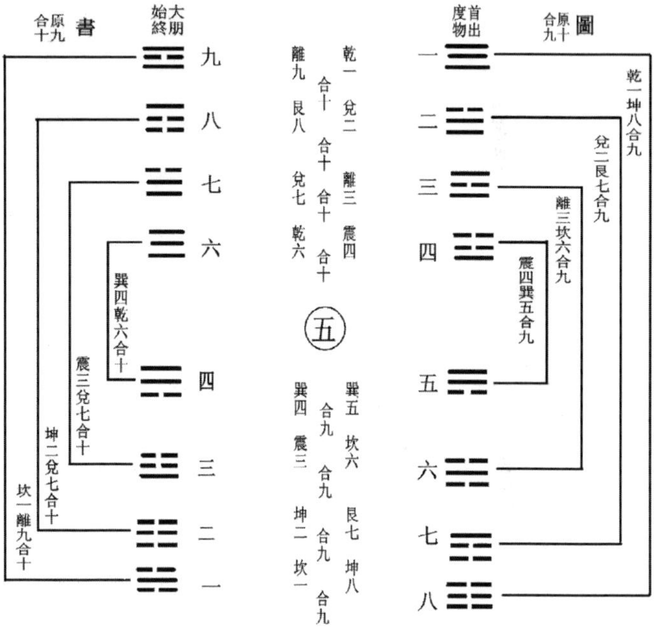

書
原九
合十
大明
始終
九
八
七
六
四
三
二
一
巽四乾六合十
震三兌七合十
坤二兌七合十
坎一離九合十
乾一
兌二
離三
震四
合十
合十
合十
合十
離九
艮八
兌七
乾六
五
巽五
坎六
艮七
坤八
合九
合九
合九
合九
巽四
震三
坤二
坎一
圖
原十
合九
首出
度物
一
二
三
四
五
六
七
八
乾一坤八合九
兌二艮七合九
離三坎六合九
震四巽五合九

圖50《河洛卦位合圖》

這圖是畫圖、數位元素和文字三要素齊備，圖的右邊是關於《河圖》的卦位，採用的先天八卦，卦由乾卦至坤卦，觀察自南而北，數往者順，爲「消」（消歇）；圖的左邊的是《洛書》的卦位，採用的是後天，卦從坎卦起到離卦止，觀察自北而南，知來者逆，爲「息」（生息）；圖的中央是左右卦相合的數，上四卦相合各爲十，下四卦相合各爲九。從而說明《河圖》是原十合九，《洛書》是原九合十。《九卦先天洛書圖》是關於《周易•繫辭》「三陳九卦」說的圖式，是民國時期著名學者蔣維喬先生繪製的，我在下面的《文字義理的形象化》中再具體說明。

餘下的江永的圖式，大致也可以分爲兩組：《聖人則河圖畫卦圖》、《聖人則洛書列卦圖》、《河圖變後天八卦圖》是從八卦產生的角度繪製的；《河圖含卦行干圖》是從吸納的角度繪製的。

第一組中的《河圖變後天八卦圖》是表明後天八卦來源於《河圖》的圖式，江永認爲《河圖》本是先天八卦之本，但是水北、火南、木東、金西的五行佈局，則已經包含了後天八卦的卦位，所以後天八卦就是從《河圖》演變而來的。

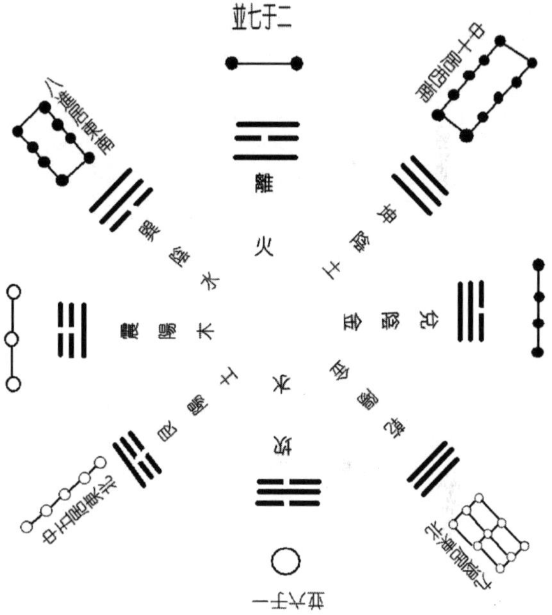

圖51《河圖變後天八卦圖》

圖中所謂「並六于一」是因爲一爲水、爲坎，所以用爲山、爲艮的六併合；所謂「並七U2于二」是因爲二爲火、爲離，所以用爲水、爲坎的七併合。這樣，東方的八進居東南隅位，爲巽陰木；西方的九退居西北隅位，爲乾陽金。五隨三陽位於東北（「中五據東北」），爲艮陽土；十隨三陰位於西南（「中十據西南」），爲坤陰土。再用陰陽家五行原理，以二土爲界，二金與二木相克，水與火對克，後天八卦就會生成了。

《聖人則洛書列卦圖》是通過解析《洛書》與八卦的關係來說明八卦來源的圖式，江永認爲聖人取法《河圖》以畫卦，取法《洛書》以列卦。所以，畫卦的次序，附於《河圖》之下；列卦的位置，見於《洛書》之中。這樣《河》、《洛》、卦、畫，相爲經緯，相爲表裡。合起來觀察，就可以看到《河圖》與《洛書》相通，卦與數相合。圖形是：

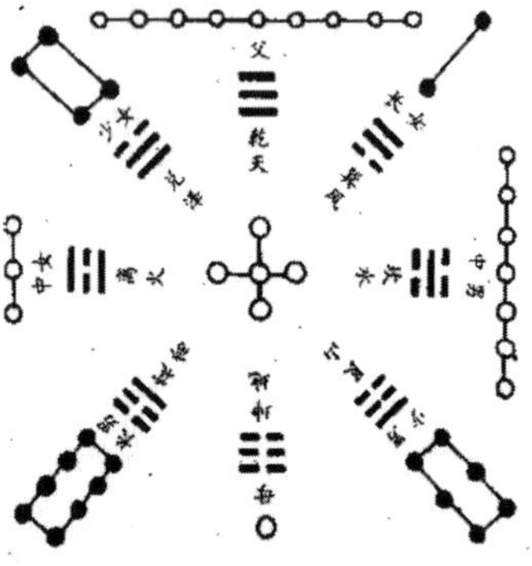

乾为父得九　坤为母得一
震长男得八　巽长女得二
坎中男得七　离中女得三
艮少男得六　兑少女得四

圖52《聖人則洛書列卦圖》

這幅圖與《河圖變後天八卦圖》不同，圖形與解說文字分開，上面是圖形，下面是相應的解說。

《聖人則河圖畫卦圖》雖然也是通過解釋《河圖》與八卦關係來說明八卦來源的圖式。但這個圖式總的構圖方法是：把《河圖》九、四、三、八，分別與乾、兌、離、震卦配合，爲陽儀；把二、七、六、一，分別與巽、坎、艮、坤卦配合，爲陰儀。然後定出畫卦的序列。然而畫卦序列的確定是從三個方面進行的，相對比較複雜，分別簡介於左：

先從《河圖》數的陰陽與八卦的關係來確定初畫。江永認爲《河圖》、《洛書》的陰、陽兩儀既不以奇偶爲准，又不以生成數爲准，而以縱橫排列爲准。所以《河圖》如果是方圖，則從右向左橫列，依次是九、四、三、八；從上到下縱列，依次是二、七、六、一。如果是圓圖，那麼橫列的位數在左邊，縱列橫列的位數在右邊，這樣相對應就形成了兩儀：即乾、兌、離、震卦下面的一畫（「—」）爲陽，巽、坎、艮、坤卦下面的一畫（「- -」）爲陰。因而，初畫的陰、陽兩儀確定了。

再從《河圖》四象與八卦的關係來確定二畫。江永認爲九、八、七、六本來是四象數的實體，但一、二、三、四，也是數的實體。因爲按照易理，一、二、三、四，都是由中宮的五、十而生的，也隱藏于四方八數之中：「太陽居一，藏於西方之九四，九減十爲一，四減五爲一，九爲太陽，而四亦爲太陽。少陰居二，藏於東方之三八，八減十爲二，三減五爲二，八爲少陰，而三亦爲少陰，少陽居三，藏於南方之二七，七減十爲三，二減五爲三，七爲少陽，二亦爲少陽。太陰居四，藏於北方之一六，六減十爲四。一減五爲四，六爲太陰，而一亦爲太陰」。【46】所以，陰、陽兩儀就分出了四象：太陽爲九、四，少陰爲八、三，少陽爲七、二，太陰爲六、一。這樣，陰、陽兩儀各二畫也就形成了。本來《河圖》是以○表示陽，用●表示陰，伏羲畫卦時，改用「—」代表○，用「——」代表●。

最後從《河圖》數與八卦的關係來確定三畫。江永認爲方法是在四象之上各加一奇一偶，這樣就構成了八卦，依次是：太陽之上加一奇，爲純陽，再配上成數最多的九，爲乾卦；太陽之上加一偶，再配上生數之次多的三，爲離卦；少陰之上加一偶，再配上成數之次多的八，爲震卦；少陽之上加一奇，再配上生數之次少的二，爲巽卦；少陽之上加一偶，再配上成數之次少的七，爲坎卦；太陰之上上加一奇，再配上成數之最少的六，爲艮卦；太陽之上加一偶，再配上生數之最少的一，爲坤卦。這樣《河圖》數與八卦的對應關係分別是：乾九、兌四、離三、震八、巽二、坎七、艮六、坤一。乾、坤首尾，以九、一對；兌、艮以四、六對；離、坎爲三、七對；震、巽以八、二對。圖形如左：

【46】（清）江慎修著、孫國中校理《河洛精蘊》，學苑出版社2007年第10-14頁。

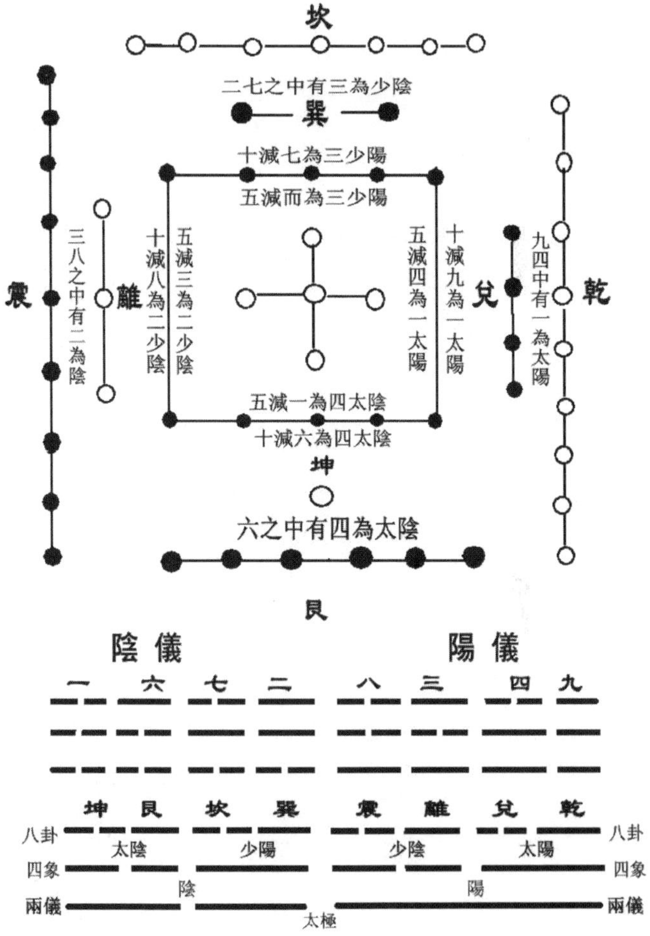

圖53《聖人則河圖畫卦圖》

這圖形也可以分成兩部分：「艮」以上是以《河圖》圖形加文字說明來展示《河圖》與八卦的淵源的，「陰儀」和「陽儀」以下則是以八卦卦象加上《河圖》數來展示《河圖》與八卦的淵源的還可以進一步參閱〈畫數互生的八卦〉一節，因爲兩部分是相互闡發的。

第二組的《河圖含八卦五行天干圖》是《河圖》吸納八卦、五行、天干而成的圖式。圖形如左：

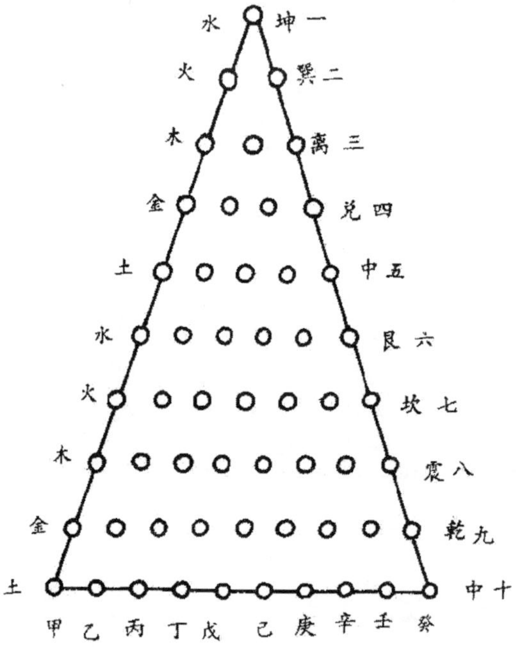

圖54《河圖含八卦五行天干圖》

這幅圖以○（沒有●）累疊而成一個正等腰三角形，三角形右邊從上到下依次列出《河圖》根於天的奇數與根於地的偶數，再自右向左分別次第列出與《河圖》相應的八卦和五行。因爲按照《河圖》五、十居中包含不用，所以八卦從上到下依次是：坤卦、巽卦、離卦、兌卦、艮卦、坎卦、震卦、乾卦；《河圖》一、二、三、四，四個生數屬於陰卦，依次代表了母親、長女、中女和少女，而《河圖》六、七、八、九，四個成數屬於陽卦，依次代表了少男、中男、長男和父親。由於陰以少爲尊而陽以多爲尊，所以母親最上，父親最下。左邊列五行，從上到下依次是水、火、木、金、土、水、火、木、金、土，這樣排列的理由是：水最清而內明，所以列第一；火次清而外明，所以列第二；木柔而體輕，所以列第三；金堅而體重，所以列第四；土則最廣大，所以列第五。五行各自有生有成，屬於生的在先，屬於成的在後，自五以後，一得五爲六，二得五爲七，三得五爲八，四得五爲九，五得五爲十；五行便再按照這樣的次第排列。三角形底部則自左向右依次分別是甲、乙、丙、丁、戊、己、庚、辛、壬、癸十天干。古代以左爲尊，所以需要橫列，這樣才能保證甲爲先。天干與《河圖》的搭配分別是甲爲三、丙爲七、戊爲五、庚爲九、壬爲一，乙爲八、丁爲二、己爲十、辛爲四、癸爲六；天干與陰陽的搭配分別是甲、丙、戊、庚、壬爲陽，乙、丁、己、辛、癸爲陰；天干與五行的搭配分別是甲、乙爲木，丙、丁爲火，戊、己爲土，庚、辛爲金，壬、癸爲水。這幅圖從吸納考察，《河圖》是呈「＞」的形式，從上下、左右包容八卦、五行和天干的，同時還從另一個角度也暗示了這樣的道理：《河圖》是八卦、五行和天干的本源，也是世界萬事的本源。

關於《河圖》和《洛書》自身數理的：

有《河圖奇偶合圖》、《河圖變體合十一數圖》和《張氏九宮圖》。前兩幅圖是爲闡明《河圖》的數理而繪製的，後一幅圖是爲闡明《洛書》的數理而繪製的。《河圖奇偶合圖》保存在明代來知德的《易經來注圖解》書裡。圖形如左：

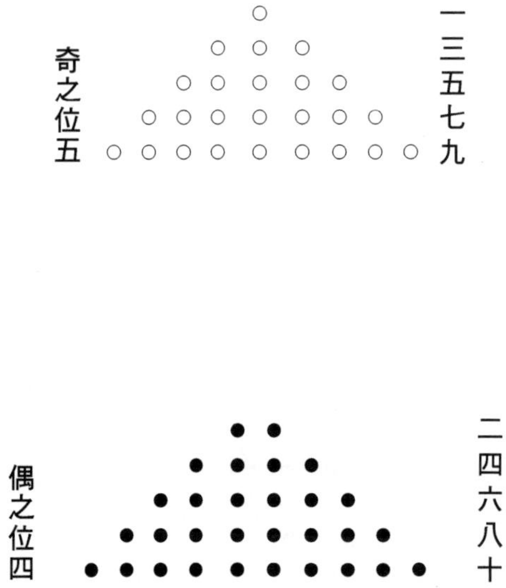

圖55《河圖奇偶合圖》

圖的主體是○和●構成的兩個等腰三角形，右邊從上而下分別列出5個奇數和偶數，左邊從上而下分別兩句說明：「奇之位五」和「偶之位五」。上一個三角形的○數和數正好相應，是一、三、五、七、九，這5個奇數的和爲25，也是奇數，所以稱「奇」，而且是分列成爲5行，所以稱「位五」；上一個三角形的●數和數正好相應，是二、四、六、八、十，這5個偶數的和爲30，也是偶數，所以稱「偶」（或者「偶贏」），而且是分列成爲5行，所以也稱「位五」。「奇」和「偶」都是「位五」，這不是偶然，而是體現了《河圖》「奇偶」的道理，所以命名爲「奇偶合圖」。來知德因而認爲：「然皆位與數之一定不可易也。真悟其生克之理，則《圖》、《書》不同者跡，未始不同者理」。【47】其實這不是絕對的，《河圖》與《洛書》的分別，還有分陰分陽的原理因素，陰陽則是循環變化無端的，因此不能拘泥於一定的位數。

《河圖變體合十一數圖》是變體《河圖》與十一這個數相契合的圖式。清代江永繪製。所謂變體《河圖》是指《河圖》的生數一、二、三、四、五不變，而成數六、七、八、九、十中除了八保持不變以外，其餘3個數卻發生了這樣的變化：把六放在中間，把十退居北邊，

【47】（明）來知德著、張萬彬點校《周易集注・易經來注圖解》，九州出版社，2004年第906頁。

九和七相互交換。這樣的結果是，《河圖》的中央、東、西、南、北五方數目的和，都是「十一」。因爲《河圖》之數本身就是天地之數——「五十五」，也是有五組「十一」的。兩個「十一」完全契合了。這便從一個側面證明瞭《河圖》之數的合理性。

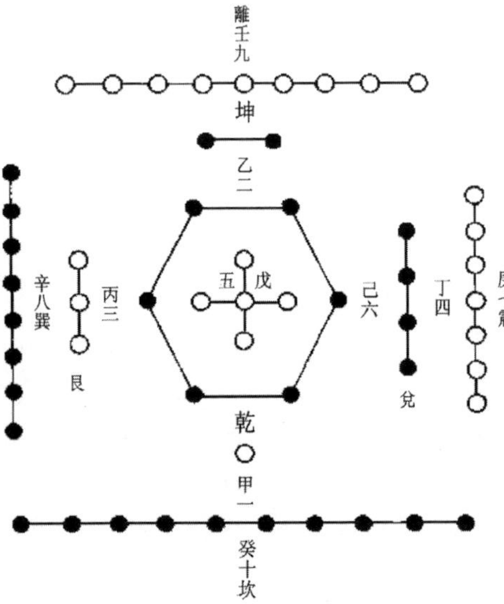

圖56 《河圖變體合十一數圖》

《張氏九宮圖》是運用九宮數來闡述《洛書》數理本源的圖式，所以也稱《九宮洛書圖》。元代張理繪製。張理認爲：「一、三、九、七，天數也。天數奇，奇之象圓，參於三，其數左旋，始於一，居於正北。一三如三，故三次於正東。三三如九，故九次於正南。三九二十七，故七次正西，三七二十一，而複於一。二、四、八、六，地數也。地數偶，偶之象方，兩於二，其數右轉，起於西南，二二如四，故四次於東南。二四如八，故八次於東北。二八十六，故六次於西北。二六十二，而歸於二。此陰陽左右運行自然之妙，而二、七、四、九易位，與《河圖》不同者也」。[48] 這與《龍圖三變圖》的思想是一致的，繼承劉牧的「九圖十書」觀。所以，他的圖就是這樣的：

【48】臺灣商務印書館編《景印文淵閣四庫全書》，臺灣商務印書館1986年第806冊第412頁。

圖57 《張氏九宮圖》

這幅圖總體上比較特別：奇數形成圓形而偶數形成方形、奇數圓形外包圍而偶數方形在內。外圓中的奇數由下向左旋轉從「㊀三如㊂」開始，到「三七廿十㊀」為止而回歸到㊀，這是表示「參天」之義；內方形中的偶數成反方向旋轉，從「二二如㊃」開始，到「二六十㊁」為止而回歸到㊁，這是表示「兩地」之義。九宮數中，蘊含兩儀、四象、八卦。所以形成了陽唱而陰和，陽實而陰虛；儀雖二而實三，象雖兩而實五，卦雖八而實九：這表示天地萬物非陽不生，非陰不成。《洛書》的數位以陽數逆向而乘，就以七乘陽數的積右旋排列；以陰數順向而乘，就以八乘陰數的積左旋排列，接轉四隅的數，以八乘而轉。

一順一逆，無數不合，符合天地之道，爲自然造化之本原。這就與伏羲大圓圖內合外分、內靜外動相同了。再用以九州分配到九宮：二配荊州、九配揚州、四配徐州、三配青州、八配兗州、一配冀州、六配雍州、七配梁州。

關於陰陽五行的：

有《河圖與陰陽五行》和《洛書與陰陽五行》，這兩幅圖都是運用陰陽五行的原理來分析「圖十書九」觀中的《河圖》和《洛書》的，因而繪製的依據是朱熹、蔡元定的河洛學觀點，圖形如左：

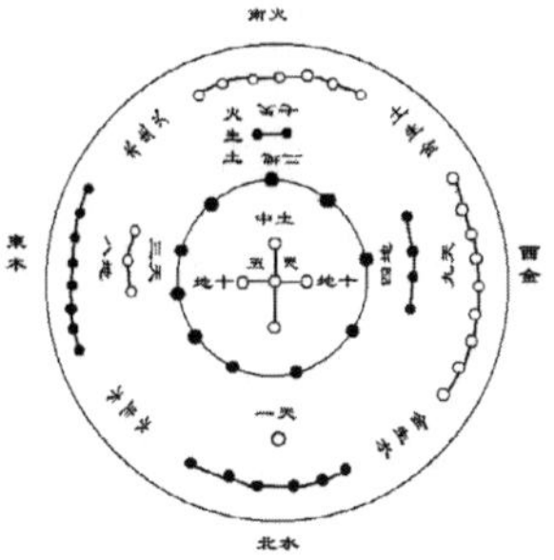

圖58 《河圖與陰陽五行》

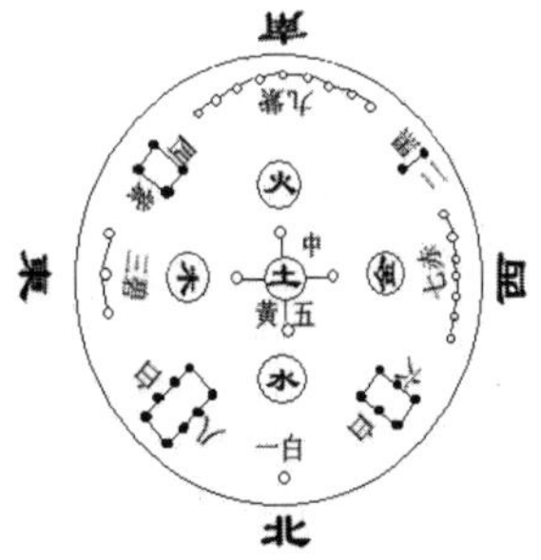

圖59 《洛書與陰陽五行》

這兩幅圖比較明瞭，不需要解說。它們的原理散見於前面相關的說明中，後面的《郢書燕說的哲理》也會進一步闡述，這裡就從略了。

關於術數的是：

《紫白洛書》最早見楊甲《六經圖》，這是術數家把《洛書》與術數結合的一種方技。術數家把《洛書》位數與七色、八門相配，並用來判定吉凶。《洛書》位數與七色的具體配法是：一配白，二配黑，三配碧，四配綠，五配黃，六配白，七配赤，八配白，九配紫；再把位數與七色的配伍與八門的相配則是：一白配休門，八白配生門，三碧配傷門，四綠配杜門，九紫配景門，二黑配死門，七赤配驚門，六白配開門。這樣紫白定局就形成了。然後應用，把年、月、日、時，各以次輪值，把三白與九紫當做吉利，可以行事，餘下都是不吉利。當然，紫白定局及用法比較複雜，這只是簡要說明而已還可以進一步參閱《玄之又玄的占卜》一節。圖形如圖下：

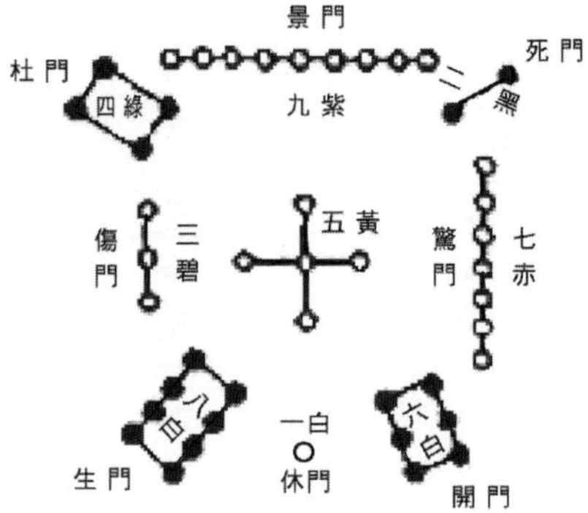

圖60 《紫白洛書》

二、圖文環生：圖的作用

《河圖》和《洛書》本身就是具有圖和文兩種因素，而且它們似乎還有個從物象到意象（以後又可能有平行、交錯和並行的發展）的過程，所以，研究《河圖》和《洛書》的，也就離不開圖和文了。有了圖和文結合的靈動方式，使得《河圖》和《洛書》的表達就產生了「圖文環生」的特殊效果：圖為象，象為圖，象中有數有文，數文中有圖有象，圖像之於數文如同形之於影，形影相隨，構成整體，同時也使研究本身相得益彰。下面，我們專就「圖」的作用，從文字義理的形象化和畫圖形象的義理化兩個方面略作闡述：

(一)、文字義理的形象化

晉代文學家陸機說：「丹青之興，比《雅》、《頌》之述作，美大業之馨香。宣物莫大於言，存形莫善於畫。」[49] 要保持事物的形象，別說是古代，即便今天繪畫也不失為一種經濟而有效的方法了。繪畫是通過一定工具、物質材料和手段，塑造出具有鮮明形式的可視藝術形

---

[49] 北京大學哲學系美學教研室《中國美學史資料選編》（上），中華書局1985年第158頁。

象，不僅如此，繪畫形象的可視性也十分廣泛：這是因爲繪畫塑造形象不同於雕塑、建築等造型藝術，必需佔有三度空間，它只需要佔有一個平面的二度空間，但通過運用各種繪畫語言、線條、明亮、透視、色彩等，可以在平面上造成人們感官上的幻覺，使二度空間產生三度空間感。繪畫形象的可視性因而可以高於現實生活所見到的事物形象。

《河圖》和《洛書》的義理內涵本身十分抽象，即便運用文字作了說明甚至論述，還是難以通曉的，所以學習和研究《河圖》和《洛書》的，就通過上述大量的畫圖，使《河圖》和《洛書》的文字義理，變得相當直觀而且十分生動。如前一節《畫圖》中列出的佚名純線條圖畫、黑白圓點爲符號畫成的圖案、黑白圓點和八卦爲符號畫成的圖案等類別，幾乎是用圖畫代替了義理，即便不是已經學過《河圖》和《洛書》的，只要略加點明，就會知道個大概了。

再看清末民初學者蔣維喬先生《周易三陳九卦釋義》中的《九卦先天洛書圖》。《九卦先天洛書圖》就是根據從宋代起到民國時期的學者對《周易・繫辭》中「三陳九卦」的各種解釋而繪製的圖式。「三陳九卦」是《周易・繫辭》以孔子的易學觀爲指導，同時又吸取了《論語》、《孟子》、《左傳》、《國語》中的倫理道德觀念及其言說方式，而提出來的一個易學觀、河洛學觀和哲學觀。它具體是指《易傳》在〈繫辭下傳〉中三次陳述並論說了履卦、乾卦、複卦、恒卦、損卦、益卦、困卦、井卦以及巽卦這九卦：

第一次陳述是：「《易》之興也，其於中古乎？作《易》者，其有憂患乎？是故《履》，德之基也；《謙》，德之柄也；《復》，德之本也；《恒》，德之固也；《損》，德之修也；《益》，德之裕也；《困》，德之辨也；《井》，德之地也；《巽》，德之制也。」

第二次陳述是：「《履》，和而至；《謙》，尊而光；《復》，小而辨於物；《恒》，雜而不厭；《損》，先難而後易；《益》，長裕而不設；《困》，窮而通；《井》，居其所而遷；《巽》，稱而隱。」

第三次陳述是：「《履》以和行，《謙》以制禮，《復》以自知，《恒》以一德，《損》以遠害，《益》以興利，《困》以寡怨，《井》以辨義，《巽》以行權」。

這「三陳」的背景是「中古」——商周王朝交替之際，這不僅是朝代的更替，也是思想文化的轉變，所以「三陳」陳述的角度和基礎是「德」：按照《說文解字》，從彳（chì），悳（dé）聲。但是，甲骨文中「彳」是形符，本來表示道路，也泛指與行走有關的事物了；「悳」既是聲符，也是形符，表示用眼睛直視前方，「一心」（西周金文才加上去的）朝著前面的目標走下去。因此，周初的「德」就含有正直、公開以及去行、去想四層意義，把「德」作爲西周文化的重要內涵的「禮樂文明」中的核心時，就是「勤朴古健、果義敢爲、居安思危、善始善終」等內涵了。孔子尊周隆禮，在《易・乾卦》中解釋九三爻說：「君子進德修業。」唐代孔穎達再解釋說：「德，謂德行；業，謂功業。」古人認爲，「德行」是從內外兩個方面說的，在「內」心稱爲「德」，「內」心轉化爲「外」部的行爲稱爲「行」。這就是通常所說的一個人的「操守」和「品行」了。

在這樣的前提下，「三陳九卦」都是從「德」出發，一陳九卦的表徵：初基，柄把，根本，堅固，補修，增裕，明辨也，居處，體制；二陳九卦蘊示的內涵：和諧便可以到達目標，謙恭有禮便增光，待人接物要在細微之處審愼，不回避雜碎又能夠堅持操守，自己多低調些就可以避免後患（「先難而後易」），長養而寬裕但不要妄自虛設障礙，處於困窘的境地卻能夠通大道，居處鄉梓而德行遠播他鄉，有稱譽而不自誇；三陳九卦的作用：《履》能夠使人調和性情行世，《謙》能夠使人謙順而受制於禮，《複》能夠使人返複求自身而自知得失，《恒》能夠使人終始不移地保持德行，《損》能夠使人自貶修身而遠離禍害，《益》能夠使人因爲有益他人他物而最終自益，《困》能夠使人守節不移而不怨天尤人，《井》能夠使人辨明義利而無私奉獻，《巽》能夠使人權衡利弊而順合時宜。

「三陳九卦」是〈繫辭下傳〉的第七章，應該是專門闡述《易》書「體」和「用」的，顯然還沒有與《河圖》和《洛書》關聯起來。「三陳九卦」與《河圖》和《洛書》的關聯，也始于五代與宋代之際的陳摶。據宋佚名《周易圖》所列的《陳氏三陳九卦圖》圖說轉載，陳摶說過這樣的話：「《龍圖》天散而示之，伏羲合而用之，仲尼默而形之。三陳九卦探其旨，所以知之也。故履德之基明用十，謙德之柄明用十五，複德之本明用二十四也。故三卦屬上經，明乾之用統於坤，六卦屬下經，明坤之用兼於乾也。斯則天三三、地二二之義耳。」【50】這是說，《龍圖》是上天散落到人間而給聖人看的，所以伏羲加以整合並運用它畫八卦，孔子默默體會出來後並作了形容描述。「三陳九卦」就是探討這個旨意的，通過這個就可以知曉了。所以，「《履》，德之基」這句表明是運用了卦序「十」，「《謙》，德之柄」這句表明是運用了卦序「十五」，「《複》，德之本」這句表明是運用了卦序「二十四」：因此這三卦都在《易》的上經（西漢易學家把《乾》到《離》這30卦作「上經」，餘下的從《鹹》到《未濟》這34卦作「下經」），這證明乾卦是用來統攝坤卦的；餘下的六卦都在下經，這證明坤卦是用來兼顧乾卦的。這就是「天三三、地二二」（天陽、地陰）的旨意了。因爲陳摶是道家和道教中人物，所以，他的《龍圖》可能受了老子這話的影響：「道生一，一生二，二生三，三生萬物：萬物負陰而抱陽，沖氣以爲和。」【51】有人認爲，老子這話與《伏羲八卦方位太極圖》（或《古太極圖》）相應：一是指圖中間的雙魚圖，二是黑白雙魚所代表的陰、陽二儀（或者二氣），三是指最外的八卦陰陽廿四爻。這也算是一說吧。不過三有點說是太極和陰、陽或者

【50】轉引自施維、邱小波主編《周易圖釋大典》，中國工人出版社1995年第119頁。

【51】何新《古本老子道德經新解》，時事出版社2002年第152頁。

陰、陽和氣，從道家老子「負陰而抱陽，沖氣以爲和」的本意看，陰、陽和氣的說法似乎更好。

陳摶以後，「三陳九卦」便正式與《河圖》和《洛書》關聯起來了。元代雷思齊的《河圖》直接引述了陳摶的原話、稍後的張理在《易象圖說》說得最爲直接：「《履》，德之基」，序卦次爲「十」，表明用「十」（土之成數），是告訴人需要辨別天地的上、下的分別；「《謙》，德之柄」，卦次爲「十五」，表明用「十五」（這裡是十與五，指土的成數與生數），告訴人需要注意天數之陽與地數之陰的減有餘以補不足；「《複》，德之本」，卦次爲「二十四」（移指二十四節氣），告訴人陰、陽氣的變化（陰、陽氣化生成萬物）開始了；「《恒》，德之固」，是下經的第二卦，告訴人天地萬物依次成形了。「《損》，德之修」、「《益》，德之裕」，這二卦告訴人萬物和人都有盛、衰兩端，「《困》，德之辨」、「《井》，德之地」，這二卦告訴人「窮則變，變則通」的道理；「《巽》，德之制」、「《巽》以行權」，「權」就是因事制宜、隨時變易的道理，這是「聖人」最大的應用。【52】

張理這些話要點是三個：一、《河圖》和《洛書》是聖人作《易》的根本。「五與十」

【52】臺灣商務印書館編《景印文淵閣四庫全書》，臺灣商務印書館1986年第806冊第396頁。

是《河圖》和《洛書》的樞紐，合「五」重「十」成「雙十字」，這是《河圖》四正之體；合「五」交「十」成「米」字，成四正、四隅八方之位，加上中央，這就九宮之文——《洛書》之體。二、運用「三陳九卦」的易理闡明《龍圖》從天地未合之數到天地已合之位，再到《龍圖》天地生成之數、《洛書》天地交午之數、《洛書》縱橫十五之象的演變的過程。三、闡明《易》與《河圖》和《洛書》的圖式的關係。

從張理以後，從事易學和河洛學的，進而認爲九卦取自《洛書》的九數，暗示先天之理：《河圖》數十，表正數；《洛書》數九，表變數。聖人畫卦作《易》，就是要闡明處憂患之道則必需明變化之理，所以孔子在六十四卦中提取《履》等九卦。

從先天八卦的分佈看：八卦東南角落的《兌》經過顛倒後成爲西南角落的《巽》，一卦作兩用，這如《洛書》東南角落的四，可以平分爲二、二；八卦西南的《巽》經過顛倒後成爲東南角落的《兌》，一卦作兩用，這如《洛書》西南角落的二，可以平分爲一、一；八卦西北角落的《艮》經過顛倒後成爲東北角落的《震》，一卦作兩用，這如《洛書》西北角落的六，可以平分爲三、三；八卦東北角落的《震》經過顛倒後成爲西北角落的《艮》，一卦作兩用，這如《洛書》東北角落的八，可以平分爲四、四。這就是《洛書》之數之所以成爲先天之數的原因。

天地之間的變化現象，只有風最爲顯著。《洛書》既是先天之數，所以乾天把《巽》風放在中央，又借重《巽》來申命。「三陳九卦」之中的《巽》在中央控制，在中央隱而稱，在中央行權衡之責；又重用《巽》卦的內卦與《兌》、二相鄰居，《巽》的外卦與《離》、三相鄰居，內、外卦都是《巽》五：這就是《洛書》中央之五數；然後取《履》的內卦與《離》相鄰居，位於東，即先天的《離》卦，合《洛書》之三數；取《謙》的內卦與《坎》相鄰居，位於西，即先天之《坎》卦，合《洛書》之七數；取《複》的內卦與《坤》相鄰居，位於北，即先天之坤卦，合《洛書》於一數；取《恒》的內卦與《乾》相鄰居，位於南，即先天之乾卦，合《洛書》之九數。三、七、一、九，先天四正之數。取《損》的外卦《艮》位於西北，即先天之《艮》卦，合《洛書》之六數；取《益》的內卦《震》位於東北，即先天之《震》卦，合《洛書》之八數；取《困》的外卦《兌》位於東南，即先天之《兌》卦，合《洛書》之四數；取《井》的內卦《巽》位於東南，即先天之《巽》卦，合《洛書》之二數。六、八、四、二，先天四方的數。

最後總結性的認爲：孔子「三陳九卦」是從《洛書》的九數中取數，從先天八卦的卦象中取象，秩序井然不紊。又在上經取三卦而三次陳述，三三如九，表明他的用意爲一、九；在下經取六卦而三次陳述，三六十八，表明他的用意爲三、九，合起來就是三九二十七次陳述了，再加上原來九卦的九次陳述，一共是三十六陳，這正好攝取《序卦》全象的三十六宮，有關社會變化的精義也全都具備了。

上述有關「三陳九卦」與《河圖》和《洛書》這麼豐富繁複的義理，如果用一副圖形來表述，就很精簡而形象了，蔣維喬先生繪製的《九卦先天洛書圖》如下：

這個圖像的陽數是戴九○履一○，左邊是二●、七○、六●，右邊是四●、三○、八●，這是典型的南宋蔡元定所定的《洛書》模式。不過有兩點改變：一變蔡氏方式的《洛書》圖形為圓式的《洛書》圖形，這表明了《洛書》對八卦的包容和孕育；二是變清代李光地在《周易折中‧啓蒙附論》中繪製的《先天八卦配洛書圖》的單卦為複卦，而且全部進行了整合，形成了鮮明的「米」字形，與元代張理「三陳九卦」與《洛書》的論述完全契合。

《河圖》和《洛書》因為有「圖」，也充

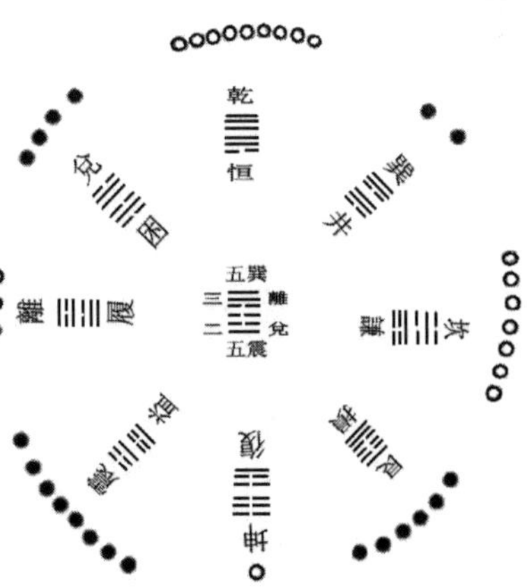

圖61 《九卦先天洛書圖》

分發揮了這樣優勢，所以大大加強了自身的形象性，因爲這些「圖」能夠在平面上能塑造出各種可見的形象，使得它的可視性十分廣泛，從而也促進和拓寬了《河圖》和《洛書》的傳播速度和廣度。

(二)、畫圖形象的義理化

畫圖形象的可視性還不僅僅局限於畫面上表現的那些可見事物。無論什麼圖像，都是客觀事物在畫家頭腦中反映的產物，都不是對客觀事物單純的摹仿，必定參與了畫家主觀的感受與評價，經過藝術加工的藝術形象，就會比現實生活更集中、更概括、更典型、更有審美價值。

畫圖形象本身也有義理，可是人們往往沒有足夠的注意；畫圖還使義理在某種程度上不斷深化，則似乎一直被人們忽略了。其實，在《字畫並茂：圖的形態》中，圖的形態從畫圖到文字圖，再到數位圖，最後是綜合圖，這就是一個由具象到抽象、由畫圖到義理的過程；還有即便是畫圖也有義理化的印記，從龍馬負圖寺無○、●的《龍馬圖》到通行的有○、●的《龍馬圖》，從  號形的《龜書圖》到○、●的《龜書圖》，也是由具象到抽象的。

畫圖形象的義理化主要是圖形內涵的生髮和豐富。我們可以用蕭雲從的《日月三合九重八柱十二分圖》爲個案略加說明。請先看下頁圖：

圖62 《日月三合九重八柱十二分圖》

蕭雲從（西元1596—1673年）是明末清初著名畫家，姑熟畫派創始人，也是複社名士。他幼而好學，篤志繪畫，而且寒暑不廢。入清後則閉門讀書、賦詩、作畫，或遨遊名山大川。代表性的畫作有《秋山行旅圖卷》、《太平山水圖》、《閉門拒額圖》、《西門慟器圖》、《秋山訪友圖》、《江山覽勝圖卷》、《歸寓一元圖卷》等，也偶爾爲古詩詞配插圖，如《崔蕭詩意卷》等，《日月三合九重八柱十二分圖》就是他爲屈原《天問》所配的一幅版畫，這幅圖後來收入了《中國版畫精品系列叢書·離騷圖》中。【53】

〈天問〉是屈原的一篇「奇」文，是中國詩歌史上的一篇「奇」文，也是世界文化史上的一篇「奇」文。屈原以他非凡的學識和超卓的想像力，在〈天問〉中一口氣向天問了170餘個（由於問題的歸納不同，也有說是150多個）問題，除了質問天地、日月、山川、靈異等自然奧秘外，還對上古三代史實和楚國的歷代君主作了疑問、反問等，如果說前一部分的主題是「天道」，那麼後一部分的主題顯然是問「人道」（人的賢愚、社會的興衰）。

《日月三合九重八柱十二分圖》就是運用圖畫對〈天問〉「天道」中的宇宙、天體等形成疑問的回答。先看屈原的疑問：「遂古之初，誰傳道之？上下未形，何由考之？冥昭瞢暗，誰

【53】臺灣商務印書館編《景印文淵閣四庫全書》，臺灣商務印書館1986年第1062冊第526頁。

能極之？馮翼惟像，何以識之？明明暗暗，惟時何為？陰陽三合，何本何化？」這12句的大意是：遠古開始的時候，是誰將開天闢地的傳說是怎麼產生並流傳的？天地還沒有形成之前，宇宙的產生是從哪裡得以考定的？既然是渾沌一片、明暗不分，有誰能探究出根本原因？大氣迷迷濛濛的運動著，怎麼能夠認識並辨別楚清？白天光明、夜晚黑暗，它為什麼會是這個樣子？陰、陽二氣錯綜變化而生宇宙，它們誰是本體、誰是變體，又是如何具體演變的？

這12句最根本的是問宇宙的本原是什麼？《日月三合九重八柱十二分圖》則是用八卦區分了的太極陰陽魚圖形做出回答：白的陽魚在上表示天，黑的陰魚在下表示地，四條直線把太極圖分成了八塊，既是表明了八方，也的八卦坎、艮、震、巽、離、坤、兌、乾所在的位置。這樣的一個太極，就是宇宙萬物的本原。

屈原接下來12句疑問是：「圜則九重，孰營度之？惟茲何功，孰初作之？斡維焉系，天極焉加？八柱何當，東南何虧？九天之際，安放安屬？隅隈多有，誰知其數？」大意是：上天的體制傳說有「九重」（九層），是誰上去量度並加以區分的？用「九重」這麼大的工程做什麼用，又是誰開始把它建築的？天體的軸繩系在哪裡？上天的兩極的固定點又設在哪裡？八根撐天柱既然分佈在宇宙八方，為什麼東南方會缺陷傾塌？「九重」上天的邊際究竟延伸到了什麼方向，它又依託連接在什麼東西上？與「九重」上天相應的九野有多少彎曲和角落，又有誰能夠知道它的數量？

這12句追問的是天地形成傳說中的「九重」、「天極」、「八柱」等懸案。「九重」有兩個意思：一是指九重天，古人認爲天有九層，因而泛言天爲「九重」或者「九重天」：《淮南子・天文訓》：「天有九重。」二是借指九野，是古人對天空劃分的九個區域，有兩種說法，《呂氏春秋・有始覽・有始》是中央曰鈞天，東方曰蒼天，東北曰變天，北方曰玄天，西北曰幽天，西方曰顥天，西南曰朱天，南方曰炎天，東南曰陽天這「九天」，而西漢揚雄在《太玄・太玄數》篇中說的「九天」則是一爲中天，二爲羨天，三爲從天，四爲更天，五爲睟天，六爲廓天，七爲減天，八爲沉天，九爲成天。屈原〈天問〉是指《呂氏春秋・有始覽・有始》篇中的那個「九天」。關於「九重」、「天極」、「八柱」等，《日月三合九重八柱十二分圖》是結合下面的質問，又結合上面的回答，從綜合的角度回答的。

關於「天道」追問的最後20句是：「天何所遝？十二焉分？日月安屬？列星安陳？出自湯谷，次於蒙汜。自明及晦，所行幾裡？夜光何德，死則又育？厥利維何，而顧菟在腹？女歧無合，夫焉取九子？伯強何處？惠氣安在？何闔而晦？何開而明？角宿未旦，曜靈安藏？」[54]大意是：天地運行周而復始，究竟在什麼地方開始重合呢？爲什麼要把天分成十二等分？日、月會依託在什麼東西上面？星星在天空是如何懸掛並陳列的？太陽從暘穀出來而西行到蒙穀住

【54】袁梅《屈原賦譯注》，齊魯書社1983年第248-250頁。

宿，這樣打從天亮直到天黑，它一天走了多少裡路程？月亮有什麼德行，竟能死了又會重生？月亮因爲眷顧兔子並且懷抱它，這有什麼好處和作用？神女女岐沒有丈夫，爲何能夠懷孕並生下九個兒子？不周風伯強究竟居住在哪裡？天地間的瑞氣又停留在哪裡？爲什麼天門關閉就是天黑而天門開啓就是天亮？東方角宿還沒放光時，太陽又躲在哪裡？

《日月三合九重八柱十二分圖》是如何回答屈原的這兩次的數十個質疑和懸案的呢？蕭雲從主要抓住「日月」、「三合」、「九重」、「八柱」和「十二分」來用圖形論述的：圖中分別畫日在左（即東方），畫月在右（即西方），這也與上面的太極圖中的黑白、陰陽迎合；「三合」就是太極與日、月的這種契合以及「品」字形的佈局；這就把「天道」產生的本質和格局「畫」得差不多了！下面就「畫」所謂「地道」了。

如果說「天道」是乙太極爲中心，那麼「地道」就是以中間的《洛書符》爲中心的。《洛書符》出自《陰符遁甲洛書》，圖符旁邊的注解說：「皇極老人圖，即洛書符也。縱橫皆十九行，應一至九之數。」皇極老人可能是指北宋理學家、象數之學的代表人物邵雍，因爲他依據《周易》和世傳的《河圖》、《洛書》，撰寫了一部曠世奇書《皇極經世書》，這部書運用了《河圖》和《洛書》的數理、《周易》的陰陽和物理人文，創立了「元、會、運、世」一套有規律的預測方法。《洛書符》就是按照《洛書》中「一至九之數」的順序和理路，從下方的「一」宮即八卦中的坎卦開始，到上方的「九」宮即八卦中的離卦結束，形成了一幅奇妙的

「一筆劃」。而這正是鄭玄所說的太一神下九宮的路線。《洛書符》一層的八卦表示地上的四面八方，再外一層的鼠、牛、虎、兔、龍、蛇、馬、羊、猴、雞、狗、豬這12種動物，就是著名的十二生肖。不過這十二生肖的觀念究竟形成於什麼時候，是因爲什麼而產生的，只有弄清這些才能夠判斷這些圖像表示了什麼？

十二個生肖世界大部分地區或者國家都有，但是由於印度和中國只有「虎」與「獅」的差別，再因爲《大集經》中記述了十二生肖輪流遊行的故事，還有十二獸「並是菩薩慈悲化導，故作種種人畜等形。住持世界令不斷絕。故人道初生，當此菩薩住窟，即屬此獸護持、得益。是故漢地十二辰獸依此而行。」【55】的說法，所以認爲十二生肖是從印度傳入中國。這可能是個誤會，因爲《大集經》是西元400年左右產生，儘管十二生肖可能還會早一些，也早不過佛教東傳，因爲《大集經》最早的源頭也只在西元200年左右。可是中國有關十二生肖的記載，目前可知最早是《詩經·小雅·車攻》中的「吉日庚午，既差我馬」詩句，雖然只有「午馬」其餘沒有全部列出來，不是說周朝沒有十二生肖的觀念，而是由於吟詠狩獵戰車的〈車攻〉只涉及到馬，這首詩記述的是周宣王東巡到洛陽時，用田獵的方式會諸侯來展示國威的宏大場面的，而時間則遠在西元前九八世紀之際，而且湖北雲夢睡虎地竹簡《日出·盜者》篇，清楚地

【55】轉引自（唐）釋道世《法苑珠林》第30卷《菩薩部第五》，大正藏本。

記載著用生肖占卜盜賊相貌特徵的文字，證明了在春秋戰國時代就廣泛地使用十二生肖了，所以說中國十二生肖「始于夏，流傳于商周」，應該沒有錯的。至於說中國沒有獅子就換成老虎，也比較可笑的：越南也只有「兔」和「貓」這一種動物的差別，「兔」和「貓」兩個國家都有，希臘人與埃及人的生肖也只是「鼠」和「貓」的差別，「鼠」和「貓」兩個國家也都有的。那麼十二生肖是根據什麼來取捨的呢？

從世界現存的各種十二生肖的情況看，人們取捨並確立十二生肖的標準大概有這麼幾個方面：最初可能與圖騰有關，古代各部落都選一種特別懼怕或特別喜愛的動物，以其圖案作爲本部落標誌，如中國的龍，印度的牛，埃及的蛇和鱷魚……；然後朝兩個方向發展，一是順著圖騰向宗教發展，於是乎有了佛教的菩薩護持、得益的神獸；二是從生產、生活的實際發展，那就是用十二生肖來計時，中國就很典型的。所以中國選擇十二生肖的動物，也就是從這個「計時」要求出發的，別說中國原本沒有獅子，即便有，獅子也很難入選的：獅子的習性是一次活動捕得食物吃飽了，要過五六天才會再來一次的，而且每一次活動沒有固定的時間和地點，是很難准「時」的！

《日月三合九重八柱十二分圖》中那12種動物就是用來計時的。中國古代爲什麼要12種動物呢？古代天文學家把晝夜分爲十二個時辰。同時他們在觀天象時，依照12種動物的生活習慣和活動的時辰，確定十二生肖：夜間11點至次日淩晨1點爲子時，這個時辰是老鼠趁夜深人靜、頻繁活動的時候，所以稱「子鼠」；淩晨1點至3點爲丑時，牛習慣夜間吃草，農家常在這個時辰起來喂牛，所以稱「丑牛」；淩晨3點至5點爲寅時，這個時辰是晝伏夜行、最兇猛的老虎頻繁活動的時候，所以稱「寅虎」；清晨5點至7點爲卯時，這個時辰兔子出窩，喜歡吃帶有晨露的青草，所以稱「卯兔」；早晨7點至9點爲辰時，這個時辰一般容易起霧，傳說龍喜騰雲駕霧，有時則是旭日東昇，蒸蒸日上，所以稱「辰龍」；上午9點至11點位巳時，這個時辰大霧散去，豔陽高照，蛇類開始出洞覓食，所以稱「巳蛇」；中午11點至1點爲午時，古時野馬未被人類馴服，每當午時，四處奔跑嘶鳴，所以稱「午馬」；午後1點至3點爲未時，有的地方管這個時辰叫「羊出坡」，意思是放羊的好時候，所以稱「未羊」；下午3點至5點爲申時，這個時辰太陽偏西了，猴子喜在此時啼叫，所以稱「申猴」；下午5點至7點爲酉時，這個時辰太陽落山了，雞在窩前打轉，所以稱「酉雞」；傍晚7點至9點爲戌時，這個時辰勞碌一天的人們，都閂門準備休息了，只有狗臥門前守護，一有動靜，就汪汪大叫，所以稱「戌狗」；夜間9點至11點爲亥時，這個時辰已經入夜，能聽見豬拱槽的聲音，所以稱作「亥豬」。當然對12種動物配12時辰，還有其他的說法，但是沒有這一說令人信服。

但是，這只是說明瞭12種動物爲什麼可以代表這十二時辰，而《日月三合九重八柱十二分圖》的本意卻在十二時辰。那這十二時辰又是怎樣產生的呢？從現存的文獻記載來看，黃帝時代就有了十二時辰（十二地支），同時也有了星紀、娵訾、玄枵、降婁、大樑、實沈、鶉首、鶉火、鶉尾、壽星、大火、析木這十二星次，最早的十二時辰和十二星次，都是代表著天空十二個不同的區域。後來才有了一點區別：通常用十二時辰的十二生肖指陰曆的年份和每年十二個不同的月令、節令，而運用十二星次則指自西向東沿著黃道（赤道）而劃分的區域。國外雖然沒有十二星次，但有白羊座、金牛座、雙子座、巨蟹座、獅子座、處女座、天秤座、天蠍座、射手座、摩羯座、水瓶座、雙魚座這十二星座，於是也有了相似的情況，法國人便是以寶瓶、雙魚、摩羯、金牛、白羊、巨蟹、雙子、獅子、室女、天蠍、人馬等組成十二生肖，也就是十二特定的月份了，歐洲各國人也基本相同，另外緬甸人也採用太陽、水星等星球來計星期的。中國到了殷商時期，發明了甲、乙、丙、丁等十個計算與記載數目的文字，後來研究命理的人與地支對應，把它稱爲天干，並結合成爲甲子、乙丑、丙寅、丁卯等60個干支，在古代這些干支詞語，既可以用來計算年、月、日，也可以用來計算時辰。

與代表十二時辰的12種動物錯雜相成的是二十八宿。二十八宿是我國古代天文學家把天空中可見的星分成二十八組的一個合稱，所以也叫二十八舍或二十八星。二十八宿按照東、西、南、北四方分成四組，每一組也分別配有一個主管的神獸，所以叫四象、四獸、四維或四方神，每組各轄七個星宿（也包括相應的動物）。二十八宿的分佈是從角宿開始，自西向東排列，與日、月運動的方向相同，具體分佈的情況如左：

東方稱青龍：角木蛟，亢金龍，氐土貉，房日兔，心月狐，尾火虎，箕水豹；

南方稱朱雀：井木犴，鬼金羊，柳土獐，星日馬，張月鹿，翼火蛇，軫水蚓；西方稱白虎：奎木狼，婁金狗，胃土雉，昴日雞，畢月烏，觜火猴，參水猿；北方稱玄武（龜與蛇合一）：斗木獬，牛金牛，女土蝠，虛日鼠，危月燕，室火豬，壁水貐。

十二時辰與十二星次、二十八宿是如何對應的呢？爲了簡明，製成表格於左：

十二時辰與十二星次、二十八宿對應表

十二時辰	十二星次	二十八宿
子	玄枵	女、虛、危
丑	星紀	斗、牛
寅	析木	尾、箕
卯	大火	氐、房、心
辰	壽星	角、亢
巳	鶉尾	翼、軫
午	鶉火	柳、星、張
未	鶉首	井、鬼
申	實沈	觜、參
酉	大樑	胃、昴、畢
戌	降婁	奎、婁
亥	娵訾	室、壁

這說明，地上的時辰、赤道運轉與天上的星宿區域有相應性，當然這種相應主要是從古代的理念和科學性而言的，所以不是絕對的，而是相對的。

前面已經說過，《日月三合九重八柱十二分圖》是以「日月」、「三合」、「九重」、「八柱」和「十二分」爲次第來回答屈原《天問》關於「天道」的種種質疑的，畫面的解答順序是由上而下、從中間向四周進行的，這幅畫中的具體個體形象也分別作了敘述，那麼《日月三合九重八柱十二分圖》的圖形形象生發和豐富了些什麼義理呢?大概是這樣的：

首先生發和豐富了文學的形象性原理。《天問》本來是以文學的形式來追問宇宙、人生的，所以《日月三合九重八柱十二分圖》整個圖全部是圖畫形象，沒有任何文字，這不僅把文學的形象性完全具象化了，同時又拓展原來文學形象的內涵。最突出的金烏、玉兔、十二生肖動物。特意在日月中依次加進了金烏、玉兔的形象，本身是有使原本都是圓圈的簡單幾何日月形象生動了，美麗了，更重要的是把看到圖的觀眾引向了金烏、玉兔圖像後面那神話傳說（大家非常熟悉，就不必複述了），也由此進而體會到它們相應的文化內涵。十二生肖動物本意不在這12種動物，而是生肖動物所代表的十二時辰，這完全可以直接用子、丑這十二地支的文字就行了，不必畫這些動物了。蕭雲從之所以用動物圖像而不用地支文字，也是爲了增加形象內涵，增加有關十二生肖的傳說及其相應的文化義理。

其次生發和豐富了天文地理。當然《天問》追問的就是宇宙以及天文地理，但是屈原追問的是在整體上雖然有次第，然而由於詩歌的跳躍性特性使每一個具體追問之間並不是非常的緊密的，而且因爲是針對一些問題的質疑，不可能對這些有完整並且比較完善的體系。蕭雲從則重點從天文與地理之間的相關性下了功夫。如前面的十二時辰與十二星次、二十八宿對應關係，還有九州、九野、二十八宿之間的對應關係，這些作畫意圖以及圖像，不僅有了形象的生動性，也有了天文與地理各自相互之間、天文與地理之間都具有相關的屬性，而且共同相輔相成這些義理。

最後也是最主要的，那就是生發和豐富了河洛學的義理。從《日月三合九重八柱十二分圖》上下兩大部分的構圖很明顯地反映了河洛學中北宋邵雍及南宋朱熹、蔡元定的「河圓洛方」觀點：《河圖》象天，爲圓形；《洛書》象地，爲方形。所以這幅畫的上部分以圓形的太極圖爲中心，再加上兩個圓形的日、月，這就是「天」，也體現了「天道」的義理；下部分是以中間的《洛書符》爲中心的，再加上八方、十二時辰和二十八宿，從而形成了「地」，也體現了「地道」。細心的讀者讀到這兒可能會心生疑問：二十八宿怎麼會是「地道」呢？當然，如果就二十八宿本身直接說是「地道」，肯定是不對的。古人是通過與九州相對應的九野（九天），把二十八宿與「地道」關聯起來，但是這種關聯的基礎和原理，就是以《洛書符》代表的《洛書》。我把《淮南子・天文訓》中九野與二十八宿相對應的關係與《洛書》再關聯起來，特製作出下面的這個表格：

洛書（九宮）與九州、九野、二十八宿對應表

洛書（九宮）	九州	九野	二十八宿
五	豫州	中央鈞天	角宿 亢宿 氐宿
一	冀州	北方玄天	女宿 虛宿 危宿 室宿
八	兗州	東北變天	箕宿 斗宿 牛宿
三	青州	東方蒼天	房宿 心宿 尾宿
四	徐州	東南陽天	張宿 翼宿 軫宿
九	揚州	南方炎天	鬼宿 柳宿 星宿
二	荊州	西南朱天	觜宿 參宿 井宿
七	梁州	西方顥天	胃宿 昴宿 畢宿
六	雍州	西北幽天	壁宿 奎宿 婁宿

所以《日月三合九重八柱十二分圖》的二十八宿實際暗示了「地道」中的九州。後來，唐代房玄齡等在《晉書・天文志》中，把二十八宿與古代的12國和12洲對應，我也把它們的對應關係製成表格於左：

二十八宿與國、州對應表

二十八宿	國	州
角亢氐	鄭	兗州
房心	宋	豫州
尾箕	燕	幽州
斗牛女	吳越	揚州
虛危	齊	青州
室壁	衛	並州
奎婁胃	魯	徐州
昴畢	趙	冀州
觜參	魏	益州
井鬼	秦	雍州
柳星張	周	三河
翼軫	楚	荊州

這裡《洛書（九宮）與九州、九野、二十八宿對應表》的九州與二十八宿的對關係有所變化，這是隨新的州區分而變化的，並不矛盾。另外，十二時辰中十二生肖動物也暗示了河洛學原理。根據宋代洪巽的《暘穀漫錄》記載：12種生肖動物按足趾奇偶排列就是這樣：牛四趾，爲偶；虎五趾，爲奇；兔四趾，爲偶；龍五趾，爲奇；蛇無趾卻兩舌，爲偶；馬一趾（單蹄），爲奇；羊四趾，爲偶；猴五趾，爲奇；雞四趾，爲偶；狗五趾，爲奇；豬四趾，爲偶；只有鼠最特殊，前足爲四趾，爲偶；後足五趾，爲奇。這是基於《河圖》和《洛書》的陰陽之分的原理的：子、寅、辰、午、申、戌都是陽，屬於《河圖》；丑、卯、巳、未、酉、亥都是陰，屬於《洛書》。而奇數和偶數參互排列，是《河圖》和《洛書》奇數與偶數相參的原理。【56】

蕭雲從的《日月三合九重八柱十二分圖》，就這樣生發和豐富了《河圖》和《洛書》的義理的。

宋代以後，《河圖》和《洛書》作爲一種文化圖式，它們也就形成了「字畫並茂」圖像系列，從而產生了「圖文環生」的河洛學圖像與義理相得益彰的效果。

【56】（元）陶宗儀《說郛》第10冊，中國書店1988年第73卷第7-8頁。

內解：

河圖洛書理蘊解讀

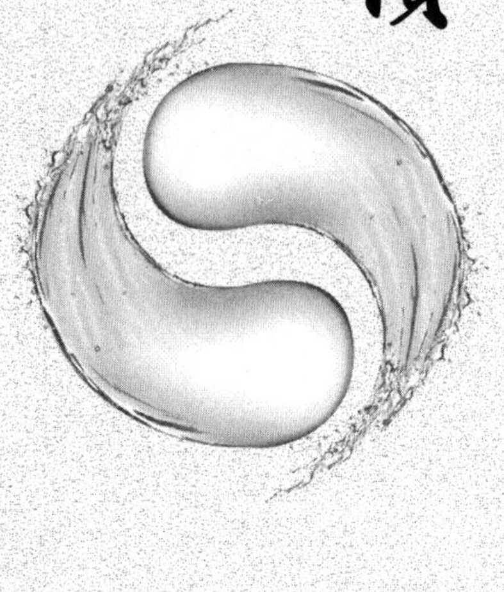

當《河圖》和《洛書》是最初的寶物及其瑞象的時候，它們的內涵還談不上有什麼「奧蘊」的。但是，到了漢代，由於《河圖》和《洛書》是帝王權威憑證的寶物，同時還具有「帝王之氣」和太平盛世出現那「東來」的「紫氣」，於是乎當時儒家、道家、史家、縱橫家、陰陽家、謀略家、術數家以及道教等人物，都對它們作了屬於自家風範的闡述，內涵便越來越豐富，其中儒家、陰陽家、術數家的讖緯，道家、道教的圖籙，又使得《河圖》和《洛書》充滿了神秘甚至於怪誕的色彩。

這種狀況和格調一直延伸到唐代，到了宋代發生了劃時代的變化：首先是陳摶的《龍圖》、周敦頤的《太極圖》，然後是朱熹和蔡元定的●○《河圖》和《洛書》，這是圖形形象的建立和性質的改變；其次是宋代把正史中的《天文志》、《五行志》、《符瑞志》以及某些《方術傳》、《人物傳》等志傳的篇章中，相關《河圖》和《洛書》的記載，把以前天文學家、數學家、醫學家等涉及到《河圖》和《洛書》的論述，把以前易學家、陰陽家有關《河圖》和《洛書》的記載，還有術數家相關的言論和技術行爲，加以系統整合，分別給予史學化，科學化，術數化的。

宋代開創的這種河洛學局面，基本上爲後來的河洛學所效法並繼承下來，明清時期還增加了中國古代文化的許多分支學科的內容，這使得《河圖》和《洛書》的內涵非常豐厚了。這爲我們今天研究《河圖》和《洛書》提供了豐富的素材，提供了一些法門。

正因爲有了歷代這些繁複、龐雜的《河圖》和《洛書》以及相關材料，這給《河圖》和《洛書》的內涵和意蘊得到相應的、大大的拓展和豐富，幾乎到了「《河》《洛》理蘊無處不在」的程度。不過，如果加以精簡，主要有六種理：星象交輝的天理，淵源有自的數理，音數和諧的樂理，玄妙莫名的易理，全息協調的醫理，郢書燕說的哲理。

壹、星象交輝的天理

中國是世界上最早進入農耕生活的國家之一，農業生產必然要求有準確的農時季節，自然需要十分精勤地觀測天象，因而天文學也是我國古代最發達的四門自然科學之一，卓有見識的宇宙觀，令人驚羨的天象觀察記述，與時俱進的優良曆法，在世界天文學發展史上，無不佔據重要的地位。

中國古代的有關天象以及原理的「天理」，主要集中在一元、兩儀、三光、四象、五星、六合、七曜、八干、九宮、十二星次和二十八宿，這些用數位與天文術語構成的「天理」概稱，又與《河圖》和《洛書》有著千絲萬縷的關聯：從一到九這九個數字，雖然有自然數的本來意義，但是在這些「天理」概稱裡，它的本質則是《河圖》和《洛書》的「理」數了；與此相關，這些自然天象的本性以及它們的組構和運行，也是在《河圖》和《洛書》外在和內在規律的調控之下的。

「天理」與《河圖》和《洛書》的這種緊密關係，淵源很深。如果據《尚書·顧命》孔安國對「河圖」傳解時提出的「伏羲受《河圖》而畫八卦」並進一步作《易》說，那麼至少在伏羲時代就已經開始了。「易」據漢代的讖緯書《秘書》的解釋是：「日月爲易，象陰陽也。」南宋朱熹把這個意思進一步闡發：「此以造字之法，明坎月離日之合而爲「易」也。蓋坎戊離己，皆居中宮土位；而四方四行，皆秉其氣。」[57]他從造字法、卦象和卦位，闡述了「易」就是日與月的會意字，所以「易」就是關於日月、四方、氣候等「天理」的學問。這個問題，1987年河南濮陽西水坡出土的、距今約6500多年的形意墓，安徽含山出土的距今約5000多年的龜腹玉片，都可以印證的。

經過分辨篩選，「天理」與《河圖》和《洛書》的關聯及其內涵主要體現在三個方面，即宇宙模式：圓和方，天象分野：斗和宿，氣候時節：陰和陽。

【57】朱謀人、嚴佐之、劉永翔主編《朱子全書》（13），上海古籍出版社、安徽教育出版社2002年第530頁。

一、宇宙模式：圓和方

從遠古時代起，古代的先民們就對宇宙結構模式等相關的問題就進行了努力的探索，也作出了種種推測，主要有蓋天說、渾天說、宣夜說、斷天論、安天論和穹天論等。

蓋天說是最早而且是影響很大的一種宙結構模式。大約在西周時期已經出現，當時認爲天尊地卑，天圓地方，認爲「天圓如張蓋，地方如棋局」，穹隆狀的天覆蓋在呈正方形的平直大地上。這是蓋天說的雛形。但是由於圓蓋形的天與正方形的大地邊緣無法吻合。於是又有人提出，天並不與地相接，而是像一把大傘一樣高高懸在大地之上，地的周邊有八根柱子支撐著，天和地的形狀猶如一座頂部爲圓穹形的涼亭。於是產生了共工怒觸不周山和女媧補天的這樣的神話。到戰國時期，對上述的蓋天說開始發生懷疑，戰國時期又修改成爲「天似蓋笠，地法覆槃」（西漢《周髀算經》），認爲大地不是方形而是中央隆起的覆盤似的穹狀的，而在它上面籠罩著猶如斗笠一般的天空。還認爲北極位於天穹的中央，日月、星辰等圍繞它不停的旋轉，而且日與月、星辰之間相互隱匿而映射，於是有了晝夜的分別（《晉書・天文志》）。這就是第二次蓋天說。但是，蓋天說認爲日月、星辰的出沒是因爲它們運行時遠近距離變化造成的：離遠了就看不見，離近了就看見它們照耀。這種解釋比較牽強。西漢的揚雄和桓譚都否定了蓋天說。揚雄提出了「難蓋天八事」：日循黃道（赤道）東行不是540度而是360度，春、秋分這兩天的晝夜是相等，北斗不只有半年可以看到的，銀河是如準繩一樣直的，白天的長與短爲什麼不會看天上星星的多與少，從高山上觀日出爲什麼日出水下而影上行，望北斗爲什麼近處小而遠處大，二十八宿爲什麼密度會差不多。桓譚在主管刻漏時，發現刻漏的度數隨著環境的燥、濕、寒、溫的變化而不同，因而在昏、明、晝、夜的各個時候，刻漏的度數是不同的。所以，他在白天還參照了晷影，在晚上還參照了星宿，從而得到了正確的時間。於是，他也反對蓋天說。但是，蓋天說在中國古代仍然有一定影響力，東晉的虞聳就是沿襲和發展蓋天說而提出穹天論的。南北朝時還出現了渾蓋合一說。斷天論是三國時東吳太常卿姚信所創的，斷天論也受到了蓋天說的啓迪。

渾天說最晚在戰國時期就產生了。前面提到的屈原〈天問〉中「圜則九重，孰營度之」的「圜」，就是天球的意思。最早提到「渾天」這個詞的是揚雄，他在《法言‧重黎》篇裡說：「或問渾天，曰：『落下閎營之，鮮於妄人度之，耿中丞象之。』」【58】這裡的「渾天」是渾天儀。揚雄是在和「蓋天」對照的情況下來說這段話的，應該包涵了渾天說的意思。渾天說也有一個發展的過程：鄧析、慎到、惠施和〈素問‧五運行大論〉等大致認爲：地球不是孤零零地懸在空中的，而是浮在水上：所謂「天體如彈丸，其勢斜倚」，這就是渾天說。東漢張衡在

【58】程榮《漢魏叢書》，吉林大學出版社1992年第512頁。

《渾天圖注》中對渾天說作了新的闡述：「渾天如雞子，天體圓如彈丸，地如雞中黃，孤居於內，天大而地小。天表裡有水，天之包地，猶殼之裹黃。天地各乘氣而立，載水而浮。……天轉如車轂之運也，周旋無端，其形渾渾，故曰『渾天』。」[59]張衡最重要的發展是關於天是球形的論述和大地是球形的比喻，認爲天空中的恒星都布於一個「天球」上，而日月、五星也是依附在這個「天球」上運行，因而採用球面坐標系，如赤道坐標系等，來量度天體的位置，計量天體的運動。張衡並不認爲「天球」就是宇宙的界限，「天球」之外還有別的世界：「過此而往者，未之或知也。未之或知者，宇宙之謂也。宇之表無極，宙之端無窮。」[60]但渾天說是很不完備的，而關於「天表裡有水」、天地「載水而浮」等觀念，是它的嚴重缺欠。東漢以後，這一觀念漸被地在氣中、因氣的運動而懸於空間等思想所替代，使渾天說趨於成熟。總的說來，渾天說比蓋天說進了一步，它認爲天不是一個半球形而是一整個圓球，地球在其中，就如雞蛋黃在雞蛋內部一樣。這同古希臘歐多克斯、亞理斯多德、托勒密的地心說有不少相似之處。它是以對天象的直觀觀察作爲基礎的，能比較好地解釋恒星的昏旦中天、日月五星的順

[59]（清）嚴可均輯、許振生審訂《全後漢文》下冊，商務印書館1999年第567頁。

[60]同右書第565頁。

逆去留等一些天體的運動現象，在曆法中有比較大的實用意義。

宣夜說的「宣夜」，就是「宣勞午夜」之意，講古代觀星者們在夜間進行辛勞的天文觀測。這個宇宙結構模式在戰國時期也已經有了初步的認識，如《列子・天瑞篇》所說：「日月星宿亦積氣中之有光耀者。」[61]認爲所謂「天」，並沒有一個固體的「天穹」，而只不過是無邊無涯的氣體，日月星辰就在氣體中飄浮遊動。到了東漢，秘書郎郗萌才明確提出並有了進一步發展，認爲日月星辰也是由氣組成的，只不過是發光的氣，依靠氣的作用，則在物質的無限的空間運動。東晉虞喜又根據宣夜說而創安天論，認爲天高地深皆無窮，星辰運行，猶江海之有潮汐。作爲一個宇宙結構模式，宣夜說（包括安天論）沒有提出自己獨立的對於天體座標及其運動的量度方法，屬於一種思辨性論述，它的資料借自渾天說，自身沒有把行星與其它行星區別開來，也沒有說明行星運動的複雜性。因此宣夜說在古代沒有得到廣泛的發展。但它的「天無形質」的思想，打破了蓋天說和渾天說等認爲存在一個有形質的天球的認識，三國時的楊泉、東晉的張湛、北宋的張載等思想家都有所繼承。

---

[61] 浙江古籍出版社編《百子全書》下冊，浙江古籍出版社1998年第1408頁。

蓋天、渾天和宣夜說這「論天三家」，宣夜說由於自身的缺陷在蓋天說和渾天說的衝擊下，幾乎沒有多少影響了，渾天說在與蓋天說的辨難中逐漸占了上風。但是進入三國後，一直到西方現代天文學說傳入以前，我國在宇宙理論上再沒有大的突破。

上述這六種宇宙結構模式，除了三國兩晉的宣夜說、斷天論、安天論外，從外形的輪廓上，就是「圓」（球體、盤）和「方」（棋盤）。而這「圓」和「方」則是淵源於《河圖》和《洛書》的，無論是北宋邵雍及南宋朱熹、蔡元定的「河圓洛方」，還是南宋蔡沈的「河方洛圓」，只有存在對體與用理解的分歧，沒有本質上的區別。

《河圖》和《洛書》對古代的宇宙結構模式的影響不僅是在外形的輪廓上的「圓」和「方」的規定上，更爲重要的是對「圓」和「方」的進一步建構和原理的探索以及論述。

如前面所說的，「河圓洛方」觀的核心是認爲《河圖》象天，爲圓形；《洛書》象地，爲方形。蓋天說、渾天說和穹天論的宇宙結構模式，都體現了「天圓地方」的形體特徵。「天圓地方」的本性，就是基於《河圖》和《洛書》的數理和陰陽五行的應用：《河圖》的數到十就全整而且完善了，所以《河圖》數是數的常數，是數的本體；《洛書》的數到九，表明數的變化是從一開始而到九結束，所以《洛書》的數是變數，是數的運用。從陰陽五行的運用來看《河圖》和《洛書》，那麼《河圖》體現了五行相生次序，而《洛書》體現了五行相勝次序。這樣《河圖》和《洛書》兩種圖形中的生數一、三所處方位是相同的，而二、四所處方位卻是不同的。因而《河圖》和《洛書》的成數七、九所處方位也就不相同了。《洛書》生數二居西南，四居東南；《洛書》二居南，四居東。這種變異，是因爲陽數不能變易，成數七、九雖然是陽數，但卻是由陰數生出來的。

這些關於「圓」和「方」的道理，我們今天看了之後，覺得很可笑，但是古人確實是根據這個理，來建構宇宙結構模式的。清代江永在《河圖含干支維向圖》圖說中，把朱熹等的「圓」和「方」本性的「天理」，進一步應用到宇宙模式的具體建構的闡述中。江永認爲，《河圖》本身就蘊含八干（天干）、四維（四方正位）、十二支（地支）、二十四向的，可以繪製成方圖和圓圖，這兩幅圖都是用《河圖》四象之數，應八干的陰陽，然後推出四維、十二支、二十四向的，表明《河圖》是以先天爲體、後天爲用、體中藏用的妙義。具體解釋如左：

表面上看《河圖》，似乎沒有八天干，可是它卻包含了八天干的原理：一就是壬水，六就是癸水，位居北方；三就是甲木，八就是乙木，位居東方；七就是丙火，二就是丁火，位居南方；九就是庚金，四就是辛金，位居西方。陽天干配得奇數，陰天幹配得偶數，分位居四方。這裡雖然是從八卦、五行對八天干所做的說明，但也就暗示宇宙的四面八方，還隱含了神話傳說中的六巨鼇、八根撐天大柱的因素。

表面上看《河圖》，似乎沒有四維，可是它卻包含了四維的原理：四個正卦處於四方的正位，壬癸都是兌金；而四正相就必須有四個角落與之匹配，這就是對應相處的乾、巽、坤、艮四個副卦。這裡談的是八卦的正副位置，也在說明宇宙中存在的方隅關係。

表面上看《河圖》，似乎沒有十二地支，卻有十二地支的原理：是把八干四維的「八」和「四」相加得「十二」位，「十二」位就包含了十二地支，還有十二律、十二月也隱含在其中的。由這裡再回頭看「四維」，那「四維」似乎代表了四象。四象除了從四方象曰青龍、白虎、朱雀、玄武推出東西南北四方位之外，還只可以指代春夏秋冬四時令，子午卯酉四正時，風水中的四大水口、四黃泉，抽象也就是構成萬物的象、數、理、氣四大要素。

表面上看《河圖》，似乎沒有二十四向，卻也有二十四向的原理：也是把八干、四維、十二地支的數目相加而分配，這樣便有了二十四向。具體的分配是，分其位子、午、卯、酉，爲坎、離、震、兌；壬癸夾子，因而壬之前有亥，癸之後有丑；甲乙夾卯，因而甲之前有寅，乙之後有辰；丙丁夾午，因而丙之前有巳，丁之後有未；庚辛夾酉，因而庚之前有申，辛之後有戌。戌亥夾乾，丑寅夾艮，辰巳夾巽，未申夾坤。十二支、八干（戊己爲中所以不用）、四隅卦爲二十四向。這二十四向除了方向之外，它也包含了天有二十四氣、人有二十四經脈、風水有二十四山、詩學有二十四詩品、武術有二十四式太極拳等二十四宇宙事物。

江永後面則專就羅盤而談風水，我們就不述說了。從江永的這個圖說，可以看到《河圖》和《洛書》的「圓」和「方」對古代宇宙模式的影響了。

現代學者徐子評或許受到了江永的影響，在他的《中醫天文醫學概論》中認爲：《河圖》就是根據天地、四時、五象的模式而來的。赤道一分爲二件隨戊己中分數即象數三；赤道二分爲四件隨兩條戊己線交點即象數五。依照赤道二十八宿排列順序右行，以赤道視運動左旋分天地，生四時，就得出固定的《天地四時五象圖》。首分天地，天分一、三，天一陰陽比數爲（0：3），天三陰陽比數爲（－1：2）；地分二、四，地陰陽比數爲（－3：0），地四陰陽比數爲（－2：0）。次生四時，天一爲夏，地二爲冬，天三爲秋，地四爲春。五居中央，不主四時又主四時，不占四方又占四方。其數均有化生其對待象數的作用。如天一火，可化生其對待的地二水，即「天一生水」，餘類推，構成河圖五行生數。由生化到成熟，經過180天或180度的過程。180天/360天或180度/360度＝0.5，即象數五，爲圓的一半。如天一夏火生冬水，經過五的過程，形成冬水象六（一加五的形象），故一六居北下。餘類推，可得河圖像數[62]。徐先生的分析，或認爲屬一家之言，或認爲比數以及推算度有待商榷，我們先姑且不論。但是有一點可以肯定，這是受河洛學宇宙模式影響的一個現代產物，不是完全的臆想和胡亂猜測。爲方便辨析，特複製圖如下頁：

【62】徐子評《中醫天文醫學概論》，湖北科技出版社1996年第319-324頁。

圖63 《天地四時五象圖》

在《河圖》和《洛書》指導下，這「圓」和「方」爲外形特徵的古代宇宙模式，是一種在今天看來確實還很不成熟的，但是它確實是一種事實存在：1987年河南濮陽西水坡出土了一座距今約6500多年的形意墓，這墓中有用貝殼擺繪的形意圖，圖中《河圖》四象、二十八宿俱全，上合「天理」，下合地理。無獨有偶，同年在安徽含山出土的距今約5000多年龜腹玉片上，有非常清晰準確的《洛書》圖形！四五千年以後，到宋代，沒有見過形意圖和含山玉圖的邵雍、朱熹先哲等，再次申述而兩者完全吻合，說明「圓」和「方」爲外形特徵的宇宙模式思想，已經滲透到傳統文化的深處，其中必然有合理的、可以借鑒的內核在的。

二、天象分野：斗和宿

在「圓」和「方」爲外形特徵的宇宙模式中，已經包含了「天象分野」的內涵了。天象就是天空中日月星辰及其運行的景象，因爲這種景象會影響到地上的氣候，所以也包括了氣象、天氣等。

分野包括分星和分野，司馬遷在《史記・天官書》中說：「天則有日月，地則有陰陽；天有五星，地有五行；天則有列宿，地則有州域。」[63] 因爲這兩分不能分開，是連在一起的。分星就是對天球做適當的區分，使日月星辰等在星空中有一個確定的區域（叫星區），既是爲了認識天象本身，也是爲了對地象有更清楚的認識。分野就是對地球作出與星區相應的的區域，古代通常是州、國等。這種認識，《周禮・春官・保章氏》就有很明確的說明：「掌天星，以志星辰日月之變動，以觀天下之遷，辨其凶吉；以星土辨九州之地所封，封域皆有分星，以觀妖祥。」[64] 保章氏的職責就是記錄天象的變化，掌握地區的變更；區分出星次，就是爲了辨別九州的封疆；反過來，就是從封疆也可以辨別出天空上的星次。至於所謂的「辨

[63] 韓兆琦編著《史記箋證》，江西人民出版社2004年第4冊第1913頁。

[64] 李學勤主編《十三經注疏・周禮注疏》，北京大學出版社1999年第704頁。

其凶吉」和「觀妖祥」，就是通過天象的變化來推測人間社會的禍福吉凶，這在古代叫「星緯」，但是這在今天，當然是不足爲訓的。

「斗」和「宿」是古代天象最突出的代表。「斗」本來是指宮斗，即天樞星，是北斗七星中的第一星，也叫宮星，後來泛指北斗七星。古人對北斗七星的觀察早有記錄，但七星之名最完整的記載，始見於漢代緯書。最初有兩種名稱，通常是以《春秋運斗樞》所記的名稱、次第爲准，這就是：「第一天樞，第二旋，第三璣，第四權，第五衡，第六開陽，第七搖光。第一至第四爲魁，第五至第七爲標，合而爲斗。」【65】道教形成後，把北斗當爲天神而加以崇拜，並作了種種宗教神學的解釋。其實，北斗七星屬大熊星座的一部分，從圖形上看，北斗七星位於大熊的尾巴。這七顆星中有5顆是2等星，2顆是3等星。通過斗口的兩顆星連線，朝斗口方向延長約5倍遠，就找到了北極星。認星歌有：「認星先從北斗來，由北往西再展開。」具體介紹：

【65】日本安居香山、中村璋八輯《緯書集成》（中），河北人民出版社1994年第713頁。

古代天文名稱	黃老經注解	道教稱呼	天文專名	國際通用名
天樞星	陽明星之魂神	貪狼星	Dubhe	α Uma
天璿星	陰精星之魂神	巨門星	Merak	β Uma
天璣星	真人星之魄精	祿存星	Phecda	γ Uma
天權星	玄冥星之魄精	文曲星	Megrez	δ Uma
玉衡星	丹元星之魄靈	廉貞星	Alioth	ε Uma
開陽星	北極星之魄靈	武曲星	Mizar	ξ Uma
搖光星	天關星之魂明	破軍星	Alkaid	η Uma

「宿」就是星宿，本來是星官名，是朱雀七宿的第四宿；後來也泛稱二十八宿。二十八宿具體的四象和二十八宿在〈畫圖形象的義理化〉一節中已經詳細列出，這裡不再介紹了。當然星宿還有星象、列星和星相家指與人相應的星官、星神等特殊涵義，因爲不是專門探討星占學也不必多說了。

「斗」和「宿」在古人看來是非常重要的，認爲北極星、北斗七星與二十八宿共同形成了「宇宙大鐘」。其奧秘皆在「七」中。所以司馬遷在《史記·天官書》中說：「北斗七星，所謂「旋、璣、玉衡，以齊七政」。……斗爲帝車，運於中央，臨制四鄉。分陰陽，建四時，均五行，移節度，定諸紀，皆系於斗。」【66】漢代的《尚書緯》也說：「七星在人爲七瑞。北斗居天之中，當昆侖之上，運轉所指，隨二十四氣，正十二辰，建十二月，又州國分野、年命，莫不政之，故爲七政。」【67】其中「建四時」就是四季，《鶡冠子‧環流》篇中認爲：「斗柄東指，天下皆春；斗柄南指，天下皆夏；斗柄西指，天下皆秋；斗柄北指，天下皆冬。斗柄運於上，事立於下；斗柄指一方，四塞俱成。」【68】這是時序之本。「璿、璣、玉衡，以齊七政」出自《尚書‧舜典》，七政據署名伏勝的《尚書大傳‧虞傳》，是指「春、秋、冬、夏、天文、地理、人道」。那麼自然界天地的運轉、四時的變化、五行的分佈，以及人間世事否泰等等，都是由北斗七星決定的。七政就是古代爲政的根本！

同宇宙模式一樣，「斗」和「宿」也與《河圖》和《洛書》關聯的。

在〈圖的形態‧數文並舉型〉中，我們提到了明代來知德繪製的《河圖天地交》和清代江永繪製的《河圖應五星高下圖》。《河圖天地交》認爲《河圖》都是奇數，呈現出陽性，所

【66】韓兆琦編著《史記箋證》，江西人民出版社2004年第4冊第1859頁。
【67】日本安居香山、中村璋八輯《緯書集成》（上），河北人民出版社1994年第393頁。
【68】黃懷信撰《鶡冠子彙校集注》，中華書局2004年第75-76頁。

以屬於「天象」，所以是圓形；《河圖應五星高下圖》認爲從《河圖》的中五、十向右旋轉觀察，那麼日月和土星、木星、火星、金星、水星五星與《河圖》的中五、十，東三、八，南二、七，西四、九，北一、六的五個位數，兩者由高而低（由上而下）的順序是一致的。（詳細闡述請參看這一節後面的部份。）

來知德和江永關於《河圖》與的天象的關聯，也引起了現代河洛學學者的進一步探索。鄒學熹先生在他的〈河圖結構及其天文依據〉一節中認爲，《河圖》就是根據五星出沒的天象以及相應的時節而繪製的。五星是天上五顆行星：木曰歲星、火曰熒惑、土曰鎮星、金曰太白星、水曰辰星，讖緯學應用這五星進行預測，古代也稱五緯。五星運行雖然是以二十八宿爲區劃的，但是由於它的軌道距日道不遠，古人因而用來紀時節。五星出沒也各有節候，一般按木、火、土、金、水的次序，相繼出現在北極天空，每星各行72天，五星運行合計就是周天360度。木、火、土三星軌道大而在外，恰合乾策216之數；金、水二星軌道小而在內，恰合坤策144之數；五星若按時到中天，叫作「勝」，可以測出它們相對不見並用以印證的這顆星辰，叫作「負」；如水星當位，就可以測出它相對位的火星印證，那麼水星爲「勝」，火星爲「負」。其餘的都可以仿照類推的。【69】

【69】鄒學熹主編《易學易經教材六種》，中醫古籍出版社2006年第104頁。

按照五星出沒的這種規律，構成《河圖》圖式的情形是：水星於每天一時（子時）和六時（巳時），在北方出現；每月一、六（初一、初六、十一、十六、二十一、二十六）這6天，日月在北方與水星相會；每年十一月、六月傍晚，在北方出現：這就是「一六合水」，或「天一生水，地六成之」。火星於每天二時（丑時）和七時（午時），在南方出現；每月逢二、七，日月在南方與火星相會；每年二月、七月傍晚，在北方出現：這就是「二七合火」，或「地二生火，天七成之」。木星於每天三時（寅時）和八時（未時），在東方出現；每月逢三、八，日月在東方與木星相會；每年三月、八月傍晚，在東方出現：這就是「三八合木」，或「天三生木，地八成之」。金星於每天四時（卯時）和九時（申時），在西方出現；每月逢四、九，日月在西方與金星相會；每年四、九月傍晚，在西方出現：這就是「四九合金」，或「地四生金，天九成之」。土星於每天五時（辰時）和十時（酉時），在中央出現；每月逢五、十，日月在天中與土星相會；每年五、十月傍晚，在中央出現：這就是「天五生土，地十成之」。【70】

由於宋代河洛學出現了「圖九書十」和「圖十書九」的分歧，後來又出現了「《洛書》九數圖實爲《河圖》」的觀點，所以現代學者變認爲《河圖》和《洛書》就是天河（即銀河系）

【70】鄒學熹主編《易學易經教材六種》，中醫古籍出版社2006年第104-105頁。

圖。常光明先生《河圖洛書解》一文中認爲：《河圖》應當是圓形，爲九數圖，或稱「天球九宮圖」，九數《河圖》的「河」就是天河（即銀河系），也就是銀河圖像了。九數《河圖》四隅位的四組黑色點線，正是宋遼時期天文圖中二十八宿中最重要的四宿。從遼宣化張世卿基壁畫的星圖可以看到：右上角二連珠，即是角宿；左上角四連珠，即是井宿（或鬼宿）；左下角八聯珠，即是奎宿（或婁宿）；右下角六聯珠，即是斗宿（或牛宿），其四正位奇數。從宋代石刻二十八宿星象圖中也可以看到：天球上方翼宿可視星最多，故記爲「九」；下方爲「勾陳一」星，或最亮的女星，故記爲「一」；右方是尾宿七星，故記爲「七」；左方是參宿三星，故記爲「三」。據漢代記載的一、二等星共46顆，與九數《河圖》四十數幾乎相等。[71] 因爲「《洛書》九數圖實爲《河圖》」，基本情形相似，不再複述。

不過鄒學熹先生與常光明先生關於《洛書》九數圖的解說有些不同：認爲《洛書》是從漢代「太一下九宮」說（可以參看前面《洛書符》的敘論）而來，運用四十五之數演星斗之象。古人觀測天象，是以北極星（古稱太乙）爲中心來確定八個方位的。根據北斗斗柄所指，從天體中找出九個方位上最明亮的星辰爲標誌，配合斗柄來辨別方向，確定所在位置，這就發現了九星的方位及數目，正好是《洛書》的方位和數目。因此，繪製了下面的《洛書九星圖》：

---

[71] 文載《周易研究》1989年第2期。

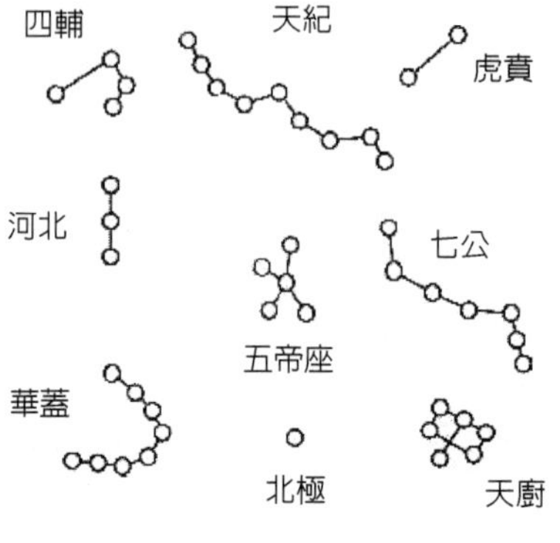

圖64 《洛書九星圖》

圖的中宮是五星，稱「五帝座」，是帝星（北極星）之座；正下方爲「北極一星」，永遠處於北方，所以觀察天象就可以根據它來定方位。正北爲「天紀九星」；正東方爲「河北三星」；正西方爲「七公七星」；天紀的左邊是「四輔四星」；華蓋的右邊是「天廚六星」。[72]

這些關於「斗」和「宿」與《洛書》九數圖的關聯，是有一些科學因素的。已故中國社會科學院學部委員翁文波教授認爲：《易經》的起源有可能和《洛書》有點關係。《易經》的「易」字可能由「日」和「月」二字組成。《洛書》是一種天體圖案，或星圖。如從「月」字出發，就可能推測這片星圖似乎在月球軌道，暫稱之爲白道附近。於是，他繪製了《洛

[72] 鄒學熹主編《易學易經教材六種》，中醫古籍出版社2006年第107頁。

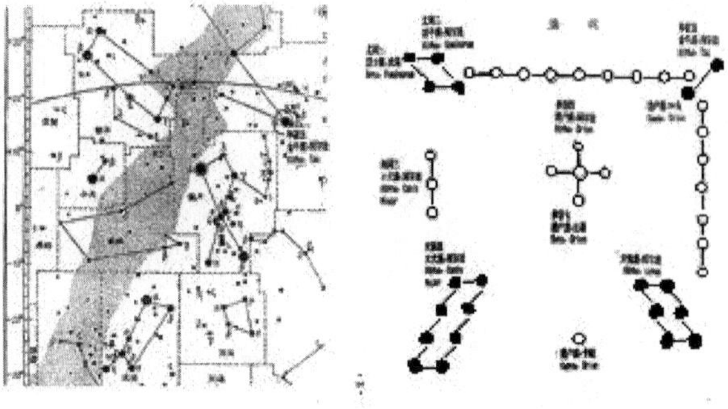

圖65 《洛書和一段白道附近的星圖》

書和一段白道附近的星圖》，應該可以提供參考的，圖如上：

翁文波解釋說，《洛書》起源於黃河流域，這幾顆很亮的星，可能在夏天的上半夜在中天容易看到。在我國古代文獻中提到的恒星約有20餘個，包括這些星和《洛書》的左上、左下、右下3個封閉的斜方形圖案。它們是雙子星座、大犬星座、天兔星座。圖中兩幅圖案的封閉聯線，都是《洛書》和星圖中原來就有的，當然不實際存在，而是哲學家和天文學家想像出來的。[73]

---

[73] 詳見《羑里易學》第1卷第3集《洛書推理》一文，中州古籍出版社1995年。

85歲高齡的民間科學家王介南老先生在《洛書・宇宙模式圖論》一書中，將《尙書・堯典》四仲星及二十八宿精確地落在了《先天八卦配洛書》圖上，並認爲，這種星象不是在堯帝時才有的，只是堯帝進行了校正，統一了全國的授時制度。於是繪製了一個《中國古天文數學模型》圖：

易學學術專家常秉義先生對這幅圖給予了這樣的評價：「通過上圖，我們得出的結論是：「洛書」、伏羲八卦和無形律的一致性可以描述天體運動……按照圖中時空框架，看圖中所示的28顆距星的排列順序，真可說是天造地設，恰到好處了……。由於時空座標有其嚴格的數量結構關係，距宿的排定有其與實際相符合的規定性，所以觀測人員對於這一「網狀組織」中的任何一個恒星，不管星群距星的赤緯距離赤道遠近如

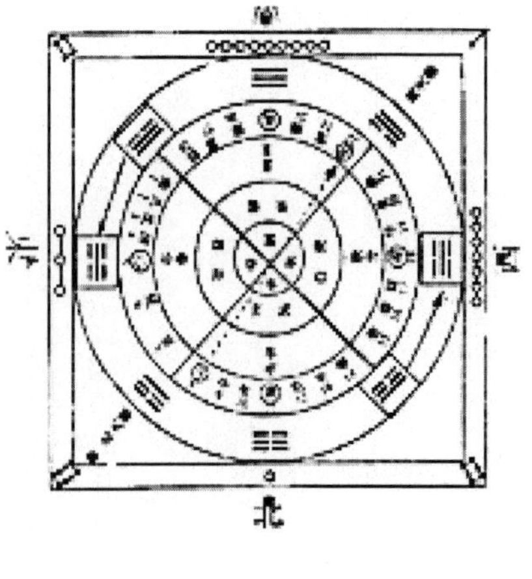

圖66 《中國古天文數學模型》

何，都能知道它們的準確位置，甚至當它們在地平線以下看不到的時候，只要觀察和它們栓在一起的極星的上中天，也可知道它們的位置。」【74】

至於「斗」和「宿」中「宿」——二十八宿（舍、星）與《河圖》和《洛書》的關聯，更爲典型，在〈畫圖形象的義理化〉中，我們已經繪製了《十二時辰與十二星次、二十八宿對應表》、《洛書（九宮）與九州、九野、二十八宿對應表》和《二十八宿與國、州對應表》，部分關聯基本清楚了，不再贅述。它們的關聯非常廣泛，我們可以從古代詩文中窺見一斑：

《詩經・唐風・綢繆》中「綢繆束薪，三星在天」，疊章又有「三星在隅」、「三星在戶。」《毛傳》：「三星，參也。三星在天，可以嫁娶矣。」參宿是申時（下午3點至5點），太陽偏西了，就是黃昏，是古人舉行婚禮的時候。《鄭箋》：「三星，謂心星也。」【75】西漢毛亨和東漢鄭玄參宿和心宿怎麼會出現的矛盾呢？現代學者進一步研究發現：詩中三章所說的「三星」，是指一夜之間，時間不同，三個星座順次出現。首章「三星在天」的「三星」是指

【74】此書由浙江科學技術出版社出版，2008年修訂改名為《洛書：一個單獨的公式》，2011年再版。

【75】李學勤主編《十三經注疏・毛詩正義》上冊，北京大學出版社1999年第388頁。

參宿三星，二、三章「三星在隅」的「三星」是指心宿三星，最後一章「三星在戶」的「三星」是指河鼓三星。它們是夏季天空中最明亮而且接近的三顆星。

《左傳・僖公五年》有童謠「丙之晨，龍尾伏辰，均服振振，取虢之旂」，昭公四年又說「日在北陸而藏冰，西陸朝睹而出之。」[76]龍尾是東方蒼龍七宿最末的箕宿；北陸是虛宿，西陸是昴宿，昴宿與畢宿之間爲天街，主國界，街南爲華夏之國，街北爲夷狄之國。所以古人又常用昴、畢星宿來暗指戰爭，昴宿別名旄頭，與童謠「龍尾伏辰」以及「旂」相應，指晉國借道虞國去伐虢國後，回來順便把虞國滅了，這就是著名的「唇寒齒亡」的故事。

王勃的〈滕王閣序〉中有「星分翼軫，地接衡廬」之句，翼、軫二宿是南郡、汝南和淮陽、廬江、豫章、長沙的分野。

張說的〈恩敕麗正殿書院宴應制〉詩有「東壁圖書府，西園翰墨林」之句，東壁是壁宿，東壁二星主文章，是天下圖書之秘府也。

以「斗」和「宿」爲主體的河洛學天象，在中國古代是舉足輕重的。

【76】李學勤主編《十三經注疏・春秋左傳正義》上冊，北京大學出版社1999年第345，1194-1195頁。

三、氣候時節：陰和陽

在古人看來，宇宙包涵了天象和地象兩大部分，天象和地象就勢必少不了氣候和時節了。《河圖》和《洛書》的宇宙模式和天象主體中，都蘊含了氣候時節。所以，七政以四時為先。

陰和陽本來是萬事萬物之本，也是萬事萬物變化之源。但是，如果只把它放在「天理」來看的話，相對於宇宙模式和天象而言，氣候和時節是最能夠體現陰和陽的變化特性的。

南宋蔡沈在他的《洪範皇極•內篇》中繪製了一幅《九九圓數圖》，是專門說明一年節氣變化的圖式。他認為《洛書》為〈洪範〉系統，而〈洪範〉之數的變化，是由一而三，由三而九，由九而八十一的。於是，他效法邵雍後天方位圖式，運用《洛書》之數的主動特性，按照九宮圖橫式推衍出這幅圖。具體是，他按《九九歌》順序，將一年中的二至、二分、四立分別納入圖中。冬至為一一，立春為二二，春分為三三，秋分為七七，立冬為八八。他解釋說：「一數之周，一歲之運也。九數之重，八節之分也。一一陽之始也，五五陰之萌也，三三陽之中也，七七陰之中也。二二者陽之長，八八者陰之壯，九則陰極矣」。從圖式看，圖的左半圈為陽氣上升過程，右半圈為陰氣上升過程：這樣兩相對照，既體現五行相生次序，即冬至春為水生木，春至夏為木生火，夏至秋為火生土，土生金（處於四時之中），秋至冬為金生水；又體現五行相克次序，即奏爲金克木、木克土，夏天爲火克金，秋天爲水克火，冬天爲土克水。所以他最後直接說：「相生則水木火土金，相克則水火金木土。出明入幽，千變萬化，四時之運，生克著焉」。[77]

蔡沈這種以「九九圓數」的陰和陽來論說氣候和時節，是中國古代的主導。比如我國陰曆有把「九九」用來計算時令的，南北朝時期梁朝宗懍的《荊楚歲時記》中就明確記載，然後民間《夏日數九歌》、《夏至九九歌》和《冬日數九歌》、《冬至九九歌》不同的版本，廣泛流傳。明代謝肇淛《五雜俎・天部二》記錄了夏至和冬

【77】臺灣商務印書館編《景印文淵閣四庫全書》，臺灣商務印書館1986年第805冊第703-705頁。

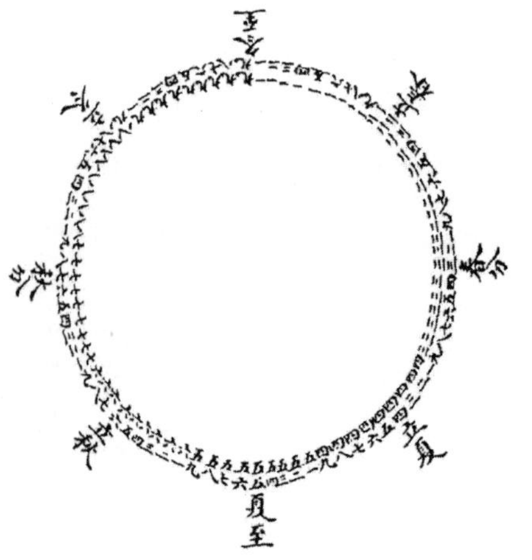

圖67 《九九圓數圖》

至後兩種《九九歌》，《夏至後九九歌》是：

一九二九，扇子不離手；三九二十七，冰水甜如蜜（古代有冰窖，冬天藏冰，夏天取出應用）；四九三十六，汗出如洗浴；五九四十五，難戴秋葉舞；六九五十四，乘涼人佛寺；七九六十三，床頭尋被單；八九七十二，思量蓋夾被；九九八十一，階前鳴促織（促織指蛐蛐）。

《冬至後九九歌》：

一九二九，相逢不出手；三九二十七，籬頭吹觱篥（觱篥，讀bìlì，又名「篳篥」、「悲栗」、「笳管」，一種簧管樂器。管身木質，七音孔，上插葦哨，有單管，雙管兩種，音色渾厚、音量宏亮，但是吹出的聲音多悲戚。這裡指西北風吹籬笆發出了很大的響聲，使人感到淒冷。）；四九三十六，夜眠如露宿（指天冷，在屋內睡覺卻像在露天睡覺一樣冷）；五九四十五，太陽開門戶；六九五十四，貧兒爭意氣；七九六十三，布納擔頭擔（指天熱了，脫掉衣服擔著）八九七十二，貓伏尋陰地；九九八十一，犁耙一齊出。【78】

【78】王鐘翰主編《四庫禁毀書叢刊》（子部第37冊），北京出版社1997年第376頁。

這兩首《九九歌》生動地反映了一年內的氣候時節變化，猶如一部氣候和時節的「春秋」。因爲《九九歌》是把一季按照九天一分的，從一九依次唱到「九九」，於是，我國民間就有「數九」的習慣，也出現了「數九」詩歌，其中比較特別的是山東濰坊口頭流傳（西元2003年）才發現的王之瀚《九九消寒圖詩》。清代道光年間（西元1821年—西元1850年），由於道光帝愛新覺羅旻寧御制了《九九消寒圖》，一時全國風行，王之瀚就是在這種背景下創作了這首「數九」的九絕句聯詩。分別寫在81格的《八卦爻象圖》內，把當地「九九」期間的氣候變化情況及民風民俗刻畫得淋漓盡致：

一九冬至一陽生，萬物自始漸勾萌，莫道隆冬無好景，山川草木玉裝成。

二九七日是小寒，田間休息掩柴關，室家共用盈寧福，預計來年春不閑。

三九嚴寒春結冰，罷鈎歸來蓑笠翁，雖無雙鯉換新酒，且喜床頭樽無空。

四九雪鋪滿地平，朔風凜冽起新晴，朱堤公子休嫌冷，山有樵夫赤腳行。

五九元旦一歲周，茗香椒酒答神庥，太平天子朝元日，萬國衣冠拜冕旒。

六九上苑佳景多，滿城燈火映星河，尋常巷陌皆車馬，到處笙歌表太和。

七九之數六十三，堤邊楊柳俗含煙，紅梅幾點傳春訊，不待東風二月天。

八九風和日遲遲，名花先發向陽枝，即今河畔冰開日，又是漁翁垂釣時。

九九鳥啼上苑東，青青草色含煙蒙【79】，老農教子耕宜早，二月中天起臥龍。

「數九」與滲透著陰和陽《河圖》和《洛書》精神的《八卦爻象圖》緊密結合。中國節慶中的重陽，九月初九日，日、月都是九，是九位陽數。「九九」氣候和時節的變化主要體現在炎暑的夏和嚴寒的冬兩季，所以才有「消暑」和「消寒」。因此便有《九九消暑圖》和《九九消寒圖》等繪畫傳播，還有九九消寒風俗遊戲——九九圈，明代劉侗、于奕正的《帝京景物略》記述，每天依次在《九九消寒圖》畫圈作記號。陰天把圓圈的上半部塗黑，晴天則把圓圈的下半部塗黑，颳風塗左半圓，下雨塗右半圓。即所謂「上陰下晴，右雨左風雪當中」。這樣數九天的陰陽、雨雪一目了然，還可「占來年豐歉」。北方民間還有以涮食火鍋來數九的方法——九九涮，從冬至開始，每個「九」的第一天吃一次涮火鍋，「一九」一涮，「二九」一涮，依次下來，「九九」第一天涮後，還要來個九九八十一天再涮一次，稱為「十全大涮」。

【79】《濰坊晚報》2007年12月23日第11版。

正因爲如此，在中國形成了滲透《河圖》和《洛書》九數陰陽理念的計九、數九、歌九、畫九和戲九等，這是中國獨特的「九九」氣候和時節文化了。

徐子評先生接受了蔡沈這種以「九九圓數」的陰和陽論說氣候和時節的影響，認爲《洛書》就是根據天體氣候陰（暗）陽（光）寒熱比數演化而來。夏至、冬至陰陽比數分別爲（−41：59）與（−59：41），寒熱比數爲（−1：9）與（−9：1）；春分、秋陰陽比數分別爲（−49：51）與（−51：49），寒熱比數爲（−7：3）與（−3：7）；立夏、立冬寒熱比數分別爲（2：−8）與（−2：8）。《洛書》四正位之1、9、3、7說明陰陽之變，爲經；四隅位之2、8、4、6說明寒熱之變，爲緯。認爲洛書之數主要是寒熱之變，而不是陰（暗）陽（光）之變；但因天地之合相差三節，又是三節前陰陽在三節後寒熱平均的反映。【80】

《河圖》的陰（●）和陽（○）也與氣候和時節緊密相關。因爲《河圖》就是由五組白圓圈（總數二十五）和五組黑點（總數三十）組成，共五十五數。其中，黑者象徵陰，稱地數；白者象徵陽，稱天數。現代學者韓永賢在《周易探源》中認爲，《河圖》就是依據北斗斗柄的指向所定之時令、曆法而形成的。古人認爲北極星（北辰）爲體，不動；北斗星爲用，旋動。古時用初昏時北斗的斗柄所指方向來確定季節，以北斗相配來制定十月曆制。一年十月，每月

【80】徐子評著《中醫天文醫學概論》，湖北科技出版社1996年第164頁。

三十六日，全年三百六十日；每月三個節氣，全年三十節氣。從「正」日始，初昏時，北斗的斗柄指向東方，爲春，八個節氣，九十六天；初昏時北斗的斗柄指向南方，爲夏，七個節氣，八十四天；初昏時北斗的斗柄指向西方，爲秋，九個節氣，一百零八天；初昏時北斗的斗柄指向北方，爲冬，六個節氣，七十二天。北斗星在天際繞一周，即完成一年三百六十日。這是從《管子‧幼官》（「幼官」乃「玄宮」之誤）的《幼官圖》的基礎上推衍而來的。

不過，韓先生認爲這是古代遊牧時代的初民在摸索四時流傳規律並制定氣候和時節。徐、韓兩位先生的探索，不少學者認爲有商榷的地方，但是畢竟對《河圖》和《洛書》的研究不無益處。【81】

清代河洛學名家江永在《數學》卷七繪製了一幅《歲周圖》，表現了豐富的天文學知識，也可以是古代天文學及其相關原理的一個集成。圖如下頁：

【81】張其成《易圖探秘》，中國書店1999年第156-160頁。

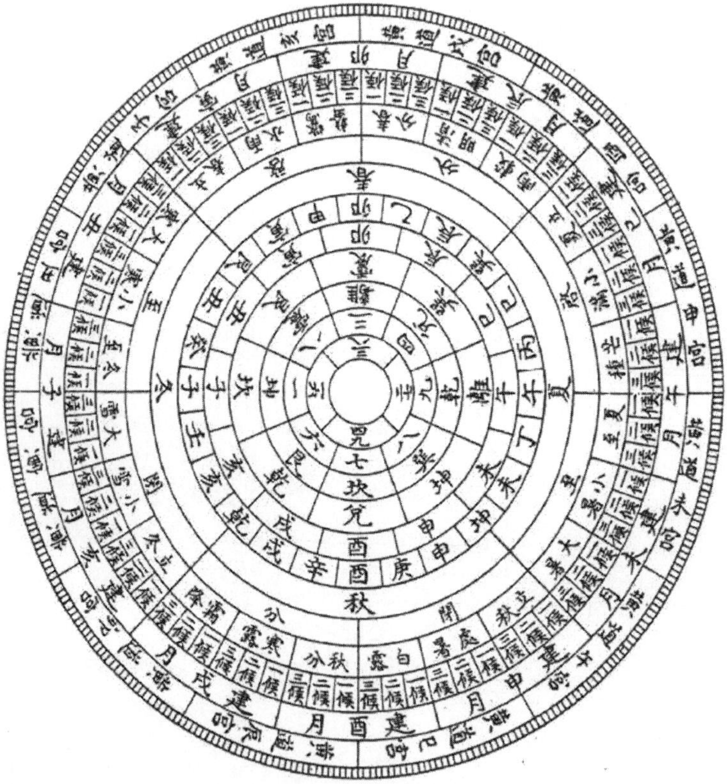

圖68 《歲周圖》

全圖一共十四層，按照由內而外的次第，圖的核心是空白（「虛中」），實際上是《河圖》五與十之位、《洛書》五之位；第二層是《河圖》（是用《河圖》的數位表示的）；第三層是《洛書》（是用《洛書》的數位表示的）；第四層是先天八卦；第五層是後天八卦；第六層是十二支；第七層是二十四位（就是前面的「二十四向」，這是從《河圖》的四象之數，配合八天干的陰陽和《洛書》八方之數推出來的地向，後來被風水家應用於羅盤）；第八層是四時；第九層是八節；第十層是四氣；第十一層是七十二候；第十二層是月建；第十三層是黃道十二宮；第十四層是黃道三百六十整度。

江永還有解釋了這樣建構佈局的一些原理：「應乎《圖》、《書》、卦位、干支，而布黃道宮度于外周，黃道之宮與月建成六宮，恒以中氣時刻入宮。黃道之度皆虛度，不系於列宿。列宿度別載《歲差圖》。由此順布節氣，故黃道宮隨之。黃道當逆布，見《太陽交宮圖》。」這裡要注意兩點，一是說明爲什麼沒有列入二十八宿等星宿，二是說明黃道宮在圖中的分佈的原因和作用。

《歲周圖》很巧妙而且富有創意，每一層有每一層的《圖》、《書》、八卦和天文、地理等不同分別，可是又形成了處處關聯的整體圖意蘊主旨——《河圖》和《洛書》的理念；八卦之外各層都是按照順時針方向左旋，而第十三層則相反，順逆相配。所以，江永自己也很滿

意，說：「此圖備載歲周之理！」【82】

《歲周圖》確實把古代的歲周以及相關原理都囊括進去了，同時又很好地揭示各種歲周現象以及原理間的相互關係，更重要的是強調並突出了《河圖》和《洛書》在「天理」中的核心和理念主導地位。

貳、淵源有自的數理

據西漢《周髀算經》記載，周公姬旦曾經問精通數學天文的商高，遠古伏羲是怎樣測量天地的，而且那些有關天地的資料是怎麼來的，商高說了一句這樣的話：「數之法出於圓方」。如果排除後面與勾股定律相關的意思，從更高的原理來說，這就與「天理」中的「圓和方」宇宙模式是一致的了。商高自己也確實說了「天理」和數理之間的關係：「圓和方」的：「方屬地，圓屬天：天圓地方。方數為典，以方出圓。」宇宙模式就是「天圓地方」，是以「圓」統禦「方」，「天理」天在上；但是數理相反，是以「方」為根本，為準則，從「方」推導出

【82】臺灣商務印書館編《景印文淵閣四庫全書》，臺灣商務印書館1986年第796冊第745頁。

「圓」。如果從「天理」和數理的關聯來看，人類計數天、地，也是從「方」去度量「圓」的。周公聽了，非常讚賞，說：「大哉言數！」【83】

然而這個「大哉」的「數」，卻不是商高的發明，因爲「圓和方」的宇宙模式以及「圓和方」的數理，都在商高以前的《河圖》和《洛書》裡，已經存在了。

從現存的《河圖》和《洛書》本身來看，無論是用馬的旋毛和龜的坼文來表達，還是用黑白圈點來表達，都是一種直觀而且形象的數字表述。由於用來表述的數字是在1—10這10個自然數之內，這些自然數就是數學之本；而且是非常富有規律並藏有豐富的可變性，其中，已經被完全證明的兩個數學定律，一是以圓變方從而形成三角的畢氏定理；一個是有如魔術般奇妙的組合數學定律——幻方。另外，還有一個關於數學運算的規律，那就是有名的和差均。

但是《河圖》和《洛書》的這些數、數術以及數律或者數理，也不是源頭！在中國，考古證明在300萬年以前就出現了結繩記事，而結繩記事需要用數來清點勞動人數和計算勞動工具，要用數來記錄農牧和漁獵的勞動成果，要用數來分配勞動產品，還要用數來交換剩餘勞動產品等「地數」，當抬頭望天時，就有日月星辰的大小、各種天體之間的距離、天到底有多

【83】臺灣商務印書館編《景印文淵閣四庫全書》，臺灣商務印書館1986年第786冊第5頁。

大、有多高等等「天數」也就產生了：《河圖》和《洛書》正是適時地把這些作了最初的總結。所以，《河圖》和《洛書》中各數的表示方法與結繩記數方法比較接近，《河圖》和《洛書》中反映的加減法運演算法則，表達的和差數理關係，是數學史上最初級的數學規律，如果對這些再定性，那麼《河圖》和《洛書》是如實而且形象地反映了中國數與數理產生的原生狀態。

《河圖》和《洛書》運用數以及數理來表達，確實有很深的現實基礎和淵源的。

一、圓方變法：勾股

這是大家最爲熟悉的《河圖》和《洛書》話題。最早發現這秘密的是清代的李光地，他在《周易折中・啓蒙附論》中說：「《河圖》爲《洛書》之原，《洛書》爲勾股之原，勾股爲數學之原。」簡明扼要，說明了《河圖》和《洛書》的關係，《洛書》和畢氏定理的關係，畢氏定理和數學的關係。他還繪製了《老陰數合勾股法》、《洛書勾股圖》，並撰寫了《圖說》【84】。從「《河圖》爲《洛書》之原」的數理來考察，那麼畢氏定理中就有「圓和方」的

【84】（清）李光地等《周易折中》，九州出版社2002年第1105、1121、1122頁。

先天本質基因了。

最早明確表達畢氏定理的則是西漢的《周髀算經》了，但是畢氏定理的事實存在自然要早得多。《周髀算經》第一卷上說，西周初年的商高是這樣闡述畢氏定理的：「數之法出於圓方，圓出於方，方出於矩，矩出於九九八十一。故折矩以爲勾廣三，股修四，徑隅五。既方之外，半其一矩，環而共盤，得成三四五，兩矩共長二十有五：是謂積矩。故禹之所以治天下者，此也。」商高首先是闡述畢氏定理的確立的數學本質原理：數學運算的法則來源於對圓形和方形的測量和計算；而圓形本身是從方形演變出來的，方形則又是從長方形演變出來的；長方形面積的演算法則來自乘法「九九」歌。商高認爲，畢氏定理的形態的本質實際就是「圓和方」之間的演變；畢氏定理的演算法則，就是以乘法爲基礎的長方形面積的演算法。如果簡單概括：畢氏定理的本性就是「圓方變法」。【85】

這個「圓方變法」是怎樣「變」的？商高說，把一個長方形沿著一條對角線對折，就會得到一個直角三角形，那麼這個直角三角形的短邊（勾）邊長爲3，長邊（股）邊長爲4，對角線對折而形成的斜邊（「徑隅」，即弦）邊長爲5。這是第一變。如果再變成一個新的方形，那

【85】臺灣商務印書館編《景印文淵閣四庫全書》，臺灣商務印書館1986年第786冊第5頁。

麼先沿著長方形對角線剪下一半，就可以得到4個同樣大小的新方形了。這是第二變。如果再將這4個新的方形環繞勾連再拼成方形，然後計算它們的面積，就可以發現：勾邊的方形、股邊的方形和絃邊的方形的比率也正好是3：4：5，而且勾邊的方形（3^2）與股邊的方形（4^2）面積面積相加的和（25）等於弦邊的方形的面積（5^2），用算式表示就是：$3^2+4^2=5^2$，左右兩邊的面積是25。這個叫作「積矩」，就是運用乘法計算長方形的面積的方法。

最後，商高說大禹就是運用畢氏定理，治理天下山河，「左準繩，右規矩」，「行山表木，定高山大川」，「載四時，以開九州，通九道，陂九澤，度九山。」【86】這既說明了畢氏定理的作用，歌頌了大禹的功績，同時也告訴我們，畢氏定理是大禹在治水的實踐中發明的，交代了畢氏定理的起源（當然這是神化大禹）。如果按照這個說法，畢氏定理實際產生是夏朝，再到《周髀算經》明確追述，其間相距2000餘年，而距今天則是4000多年了！再放眼世界，比古希臘畢達哥拉斯發現要早1000餘年，由於商高最先提出畢氏定理，所以數學史上也稱畢氏定理爲「商高定理」。不過商高只是作了簡要的說明，並沒有作更多的證明，後來漢代佚名的《九章算術》、唐代劉祐《九章雜算》，宋元時期秦九韶《數書九章》、李冶《測圓海鏡》、楊輝《詳解九章演算法》、朱世傑《算學啓蒙》、韓公廉《九章勾股測驗渾天書》和楊

【86】韓兆琦編著《史記箋證》，江西人民出版社2004年第1冊第68頁。

雲翼《勾股機要》，明代吳敬《九章演算法比類大全》、王文素《通證古今算學寶鑒》、朱載堉《圓方勾股圖解》、程大位《演算法統宗》、唐順之《勾股六論》、顧應祥《勾股算術》和《測圓算術》等，不僅對畢氏定理有了很多證明，而且也大大豐富了畢氏定理，其中最重要的是勾股算術、勾股容方和勾股容圓，達到了「圓和方」變通的境界！。

到了清代，畢氏定理發生了重大變革：不僅對畢氏定理本身有了帶總結性的歸納，還首次發現了畢氏定理與《河圖》和《洛書》的關聯，並進行了具體的論述。最突出的代表就是江永。江永的貢獻主要是三個方面：

一是對畢氏定理作了自己的闡述並鉤玄提要。江永在《勾股名義》中認爲畢氏定理最基本的名詞有13個，它們是：短邊叫勾，長邊叫股，斜邊叫弦；勾和股相減的差叫勾股較，也可以省稱較；勾和股相加的和叫勾股和，也可以省稱和。股和絃的差叫股弦較，勾和絃的差叫勾弦較，勾與股相加的和再與弦相減的差叫弦和較，弦與勾和股的差再相減的差叫弦較較；股與弦相加的和叫股弦和，勾與弦相加的和叫勾弦和，勾和股相減的差再加弦叫弦較和，勾、股與弦依次相加的和叫弦和和。至於由勾、股、弦構成的三角形的名稱，江永根據三角形來由和或縱或橫的變化來確定：如果是由長方形演變而來的三角形，那麼通常是「以橫者爲勾，縱者爲股，不論長短」；如果是由正方形變而來的三角形，那麼勾和股沒有差別，可以任意命名。

江永還對畢氏定理作了鉤玄提要。他根據商高所定的乘法特性，認爲勾、股、弦自己相乘的乘方叫冪，或者叫實，其中如果可以容受的叫積。基於這種乘法規則，他認爲畢氏定理最基本也是重要的演算法有三種：1、由勾數和股數求弦數，是勾數和股數各自相乘，然後把它們的乘積相加，就得到了弦的實際面積，再開方就得到了弦數；2、由勾數和絃數求股數，勾數和絃數各自相乘，然後把它們的乘積相減，就得到了股的實際面積，再開方就得到了股數；3、由股數和絃數求勾數，股數和絃數各自相乘，然後把它們的乘積相減，就得到了勾的實際面積，再開方就得到了勾數。除了這三種演算法以外的其它演算法，都可以根據它們類推。【87】

這些數學運算用文字表達是不容易的，讀者理解起來也比較難，所以我們按照江永的名稱，再把這些論述轉化爲文字等式，可能就要清楚多了，一共是13個，分列於下：

【87】（清）江慎修著、孫國中校理《河洛精蘊》，學苑出版社2007年第222頁。

勾股較 = 勾－股

勾股和 = 勾＋股

股弦較 = 弦－股

勾弦較 = 弦－股

弦和較 =（勾＋股）－弦

弦較較 = 弦－（勾－股）

股弦和 = 股＋弦

勾弦和 = 勾＋弦

弦較和 =（勾－股）＋弦

弦和和 =（勾＋股）＋弦

弦數 = $\sqrt{勾\times勾＋股\times股}$

股數 = $\sqrt{勾\times勾－弦\times弦}$

勾數 = $\sqrt{勾\times勾－股\times股}$

二是闡述了《河圖》中的五種畢氏定理。江永首先闡釋《河圖》和《洛書》與畢氏定理的關聯：《河圖》和《洛書》本身是點數，就包含有線的數理。《河圖》是把兩個數相組合，這就猶如勾、股把兩線組成方形；有了兩線，那麼弦線包含在其中了。線的長短沒有確定，但《河圖》的五方各自都有可以組合的兩線，而且都是以五爲宗的，每組兩個數相減的差也都是五，所以《河圖》就與畢氏定理演算法有相合的，也就有了確立畢氏定理的法則。所以也可以運用《河圖》的數理來概括無窮變化的勾股了。《河圖》中央是五與十組合的勾股，就是西洋人所謂「理分中末線」也沒有超出這個數理，這真是太神奇了！然後，江永就把《河圖》中蘊含的5種畢氏定理列出來了：

一與六：勾一，股六，勾冪一，股冪三十六，弦冪三十七，勾股和七，勾股較五，和冪四十九，較冪二十五。

二與七：勾二，股七，勾冪四，股冪四十九，弦冪五十三，勾股和九，勾股較五，和冪八十一，較冪二十五。

三與八：勾三，股八，勾冪九，股冪六十四，弦冪七十三，勾股和十一，勾股較五，和冪一百二十一，較冪二十五。

四與九：勾四，股九，勾冪十六，股冪八十一，弦冪九十七，勾股和十三，勾股較五，和冪一百六十九，較冪二十五。

五與十：勾五，股十，勾冪二十五，股冪一百，弦冪一百二十五，勾股和十五，勾股較五，和冪二百二十五，較冪二十五。

列的次第是由下而上，從左到右，自外而內，由於中間術語前面都有了解釋，讀者一看就明白，不需要過度闡釋了。最後面江永還做了補充：凡是以弦冪開方求弦的，尾數都有除不盡

的餘數。【88】

三是闡述了《河圖》中的四種畢氏定理。江永也是先從淵源開始的，他說：《河圖》具有五種畢氏定理，它們的弦數都隱藏在勾、股二冪之間，至於《洛書》就只以中五爲弦。所以《洛書》中間五的冪是二十五，而東的三、東南的四，二冪相加也正好是二十五，如果把東和東南勾、股的和的冪開方，就會得到弦五：所以《洛書》的勾、股、弦都是整數。自勾三、股四、弦五開始，數三屬於木，數四屬於金，數五屬於土：這三個數是五行中有形質的三種物體，所以合而構成了勾、股、弦。《河圖》的三和四在東西相對，《洛書》卻是上下相連：《洛書》勾股的機括都出於此！這是由《河圖》的畢氏定理原理推及《洛書》的畢氏定理。其中還特意引進了五行的原理，強調畢氏定理三個數的現實物質性。對這種原理的揭示，江永覺得是他在這方面的創意：「先儒論《圖》、《書》未有及此者，度數之學，未究心也！」【89】無論是河洛學還是數學，都沒有人發現這個訣竅。

【88】郭彧先生在《河洛精蘊注引》中有詳細的注解，請參閱該書第137-145頁，華夏出版社2006年版。

【89】（清）江慎修著、孫國中校理《河洛精蘊》，學苑出版社2007年第231頁。

再具體闡述《洛書》畢氏定理本身的發展以及它自身的發展：李光地在《啓蒙附論》首次繪製了《洛書四勾股圖》，他都是以三倍迭加而成的：三迭加爲九，九迭加爲二十七，二十七迭加爲八十一；四迭加爲十二，十二迭加爲三十六，三十六迭加爲一百零八；五迭加爲十五，十五迭加爲四十五，四十五迭加爲一百十五。江永就是從這個基礎上在推出三種的。

這三種畢氏定理總的原則是：《洛書》不只是從東三、東南四和中央五這三方各自組合成一種勾股關係的，中央五還可以和南九、西南二，與西七、西北六，與北一、東北八組成三種勾股關係，這樣《洛書》四種畢氏定理就形成了，於是，他按照這個法則重新繪製了《洛書四勾股圖》：

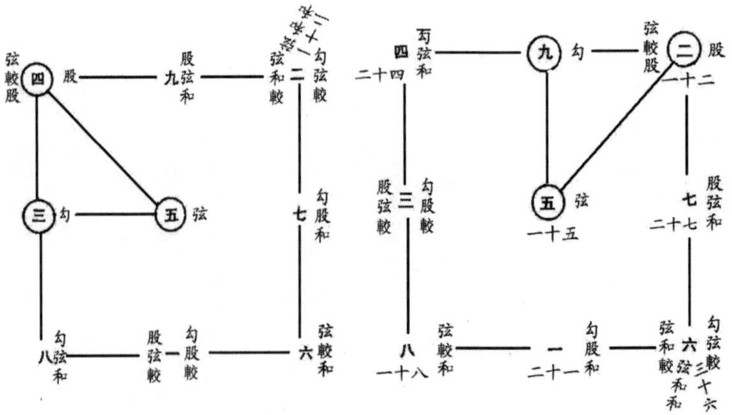

圖69 《洛書四勾股圖》

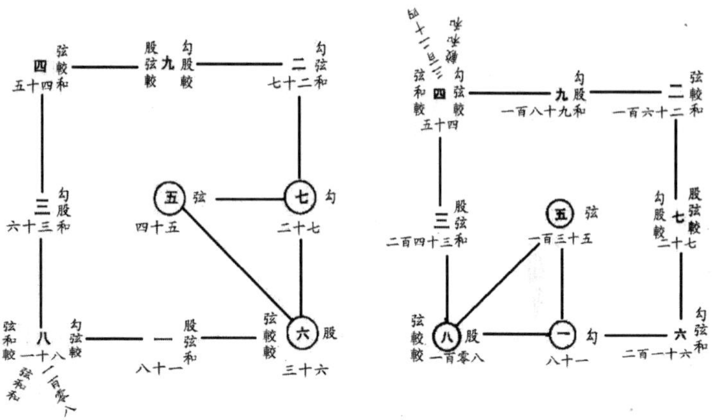

(續)圖69 《洛書四勾股圖》

李光地這四幅圖，把各種勾股名稱、數目、結果，都揭示出來了，使人一目了然。

在這樣的基礎上，江永又闡述了四率比例產生於畢氏定理的原理。《洛書》既然具有了四種勾股弦之數，又有不一定要以中五爲弦的條件，而且他的八位數任意相連，無論左旋右旋，都能夠形成四率比例。所以，四率比例實質是生於畢氏定理。不過，一定要在同一種勾股內或與勾股等勢，才能夠構成比例。如果懂得了這四率比例的原理，那麼或以小勾股弦來求大勾股弦，或以大勾股弦來求小勾股弦……縱橫斜直，都可以求取，其運用是不窮的！

四率比例也有三類：一類相連四率，二類隔一四率，三類隔二四率。這三類每一類都是八率，每一率都設四比例數，這樣總共是九十六數。其實設數也可以任意添加的，如一可爲十爲百爲千，三可爲十三、二十三、三十三等等，如此以類相推，可至無窮。這就是《洛書》憑八位數而具有無窮的比例，也就具有無窮的勾股。但是這四率比例，西洋人稱爲「斷比例」，又有三率連比例，以三率而成四率，這就是勾股和較相求以開方的演算法。而圓內的矢弦，圓外的切割，也由此推出來了，「圓方變法」也才完成了。

當然畢氏定理的「圓方變法」相當豐富，我們只是揀個大概予以闡述。

畢氏定理在古代是十分了得的，江永說：畢氏定理的原理極其精微，他的用途極其廣博：大者可以窺天，可以測地；小則凡是方圓、三角各種形態，都可以按照畢氏定理立式推算。即便是渾圓弧曲，也必須運用勾股直線來計算；虛空中絕元勾股之跡的，也可尋出勾股來計算。然而，畢氏定理的根源卻在《河圖》和《洛書》，然後再與八卦、五行相聯貫。【90】

畢氏定理的「圓方變法」確實奧妙無窮，神通廣大。

【90】（清）江慎修著、孫國中校理《河洛精蘊》，學苑出版社2007年第227-231頁。

二、組合魔術：幻方

與天文學同根而生的古代數學，也是讓人我們後人平添自豪之感的，其中幻方就是突出的成就之一。根據吳鶴齡先生的《幻方與素數：娛樂數學兩大經典名題》介紹，美國當代著名數學大師H.J.賴瑟，他於1962年推出一部譽滿全球的傑作《組合數學引論》（*Combinatorial Mathematics*），在敘述組合數學的淵源時說：

> 組合數學，也稱為組合分析或組合學，是一門起源於古代的數學學科。據傳說，中國的大禹（約西元前2200年）在一隻神龜的背上看到如下幻方：

4	9	2
3	5	7
8	1	6

而大約西元前1100年，排列即已在中國萌芽。【91】

H.J.賴瑟的這一看法，雖然有國內外某些人的質疑，可是中國科技史大師李約瑟在他的代表了歐洲人學術研究的最高成就的《中國科學文明技術史》也認爲幻方源於中國，並說：「在西元九世紀，三階幻方洛書在阿拉伯煉丹術中變得很有名……事實上塔皮特‧伊本‧庫拉（死於901年）是第一個討論它的。」【92】在西方，古希臘西元二世紀的一本著作中出現了一個這樣的數字方陣：

【91】吳鶴齡《幻方與素數：娛樂數學兩大經典名題》，科學出版社2008年第1頁。

【92】李約瑟原著、柯林‧羅南改編、上海交通大學科學史系譯《中華科學文明技術史》，上海人民出版社2002年第2冊第25頁。

1	4	7
2	5	8
3	6	9

所以西方學者因此推斷古希臘人已經給出了「關於幻方的一個最早的暗示」。實際上13世紀時，東羅馬帝國才對幻方產生興趣，但卻沒有什麼成果，14世紀，西方才有關於幻方的資料出現，15世紀時，住在君士坦丁堡的魔索普拉才把我國楊輝的縱橫圖傳給了歐洲人，可是歐洲人認爲幻方可以鎮壓妖魔，所以把它作爲護身符，就把它叫作「Magic Square」（魔方陣），直到16世紀，德國名畫家阿爾佈雷希特・丟勒在他的《梅倫可利亞》（*Melencolia*，意爲「憂鬱」）畫裡，上面有一個四階幻方，而這個幻方的下面兩個數字正好是這幅畫的製作時間——1514。幻方源於中國，是一個不必多辨的事實。

什麼是幻方呢？在數學裡，有廣義和狹義兩種：廣義的幻方就是離散數學，也有人認爲離散數學是狹義的組合數學和圖論、代數結構、數理邏輯等的總稱；而狹義的幻方是指主要研究滿足一定條件的組態（也稱組合模型）的存在、計數以及構造等方面的問題。所以主要有組合計數、組合設計、組合矩陣、組合優化等。在古代出於對數位的關注與敬畏，幻方的這種神奇效果具有濃鬱的神秘性，而且還可以由一般幻方演變成平面幻方、立體幻方、高次幻方等，還有魔鬼幻方、馬步幻方、多重幻方、六角幻方、雙料幻方、幻環、幻圓許多的形式，稱之爲「組合魔術」，是比較貼切的！在現代，幻方也被作爲人類智慧的標誌，1977年美國旅行者1號、2號太空船，就帶上了幻方的資訊。

《河圖》和《洛書》中的幻方就是屬於狹義。用比較通俗的話解釋：幻方就是在一個由若干個排列整齊的陣列成的正方形中，圖中任意一橫行、一縱行及對角線的幾個數之和，都是相等的。

H.J.賴瑟提到的那個數位圖式，就是《洛書》的數位圖形。《洛書》本來是由45個黑、白圓圈構成的，並且按照一定規律排列。如果把這些連在一起的黑、白圓圈的數目用數位表示出來，就有了9個數，這9個數按照黑、白圓圈原來所在的位置不變，就是H.J.賴瑟的那個數位圖式，我們用表格再把它記錄如下：

四	九	二
三	五	七
八	一	六

改H.J.賴瑟圖中的阿拉伯數字爲漢字數字，是遵照古代河洛學和數學表述的原貌，我們略加分析便可以看出：這9個數正好縱橫分成3列、3行，所以南宋數學家楊輝又叫「縱橫圖」。更爲奇特的是：這縱3列的每一列上的3個數的和，都是15；橫3行的每一列

上的3個數的和，也都是15；而且長方形交叉兩條對角線的兩組線上的3個數的和，還都是15！這樣《洛書》的數位圖形中的數位排列組合，就是幻方了。

由於《洛書》的9個數是縱橫各自依次分成3列、3行，所以稱爲3階幻方，這是最簡單的幻方。那麼《洛書》這個3階幻方是怎樣形成的呢？這個答案是由楊輝作出來的。他在他所著的《續古摘奇演算法》這本書中，討論了《河圖》和《洛書》中不少的數學問題，其中就有《洛書》中3階幻方排列組合奇妙規律的揭示，他說：「九子斜排，上下對易，左右相更，四維挺出。」[93]

他的意思是：「九子斜排」就是從一到九這9個數，從左上到右下斜著排下來，這樣數位圖形就是斜3行構成的正菱形：第一行是一二三，第二行是四五六，第三行是七八九。五在中間，與第一行的一和第三行的九，生成《洛書》數位圖形中的第二列；再與第一行的三和第三行的七，生成《洛書》數位圖形中的第二行。「上下對易」和「左右相更」就是：先把上一圖行中第一行的一和第三行的九的「上下」位置對調，再把第一行的三和第三行的七的「左右」位置對調，這樣數位圖形就是斜3行：第一行是九二七，第二行是四五六，第三行是三八一。

【93】臺灣新文豐出版社《叢書集成三編》影印本沒有楊輝此類圖及其解說，此據郭熙漢《楊輝演算法導讀》，湖北教育出版社1996年第294頁。

這是爲下一次生成做準備的。「四維挺出」，就是把四個角上一直沒有變動是二、四、六、八這四個數，往四個方向「挺」出去，這樣二、四外「挺」與九成爲第一行，六、八外「挺」與一成爲第三行，第二行保持不變。原來的正菱形也隨之變成了正方形。《洛書》數位圖形生成了。圖式如下：

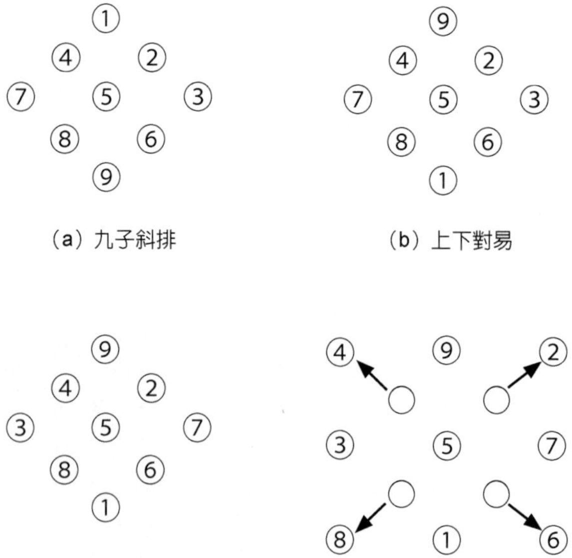

(a) 九子斜排　(b) 上下對易

(c) 左右相更　(d) 四維挺出

圖70 《洛書生成圖》

楊輝這個揭示在數學中是非常簡捷而且非常容易記住的，所以古代的數學、易學和河洛學的一些著作當中，都對他這種概括給予稱讚。不過，楊輝主要是從數學的排列組合出發的，是注重數理的。所以，到了清代，李光地便在他的《周易折中》中，再對楊輝所說的「上下對易、左右相更」的表述，從《河圖》和《洛書》、易學的角度作了新的闡釋：「陽動陰靜」。因爲上下左右的一、九、三、七這四個數都是單數，即都是陽數；而「四維挺出」的二、四、六、八這四個數都是偶數，即都是陰數：這就是「陰陽」。在第一次生成之後，一、九和三、七有了「對易」和「相更」這樣的互相對調位置，是「陽動」；而這時二、四、六、八這四個數一直保持不動，是「陰靜」。

由於李光地是立足於河洛學和易學，所以他的《洛書》生成圖式在排列組合方法上面，與楊輝的相比又有一點變化：他是從下往左上方依次排，正好和上面介紹的楊輝的那種排列組合方法相反，一二三、四五六、七八九這斜行的數位次第組合都沒有變化，只是第一行和第三行來了個「上下對易」，與這個變化相適應，一、九、三、七四個單數不動，而二、四、六、八四個偶數互相交換位置：八和二交換，四和六交換。這樣交換之後，然後再「四維挺出」，就成了二九四、七五三、六一八。李光地說這就是「陽靜陰動」。從數理來說，這沒有本質的差別，絲毫不影響階幻方的特質。但是這種變化使《洛書》數位圖形和《洛書》幻方的河洛學性質，都有相應的改變。數字的位置改變因爲是形式上的，姑且不說。從河洛學而言，《河圖》和《洛書》的關係如前面說的是「河圓洛方」和「河靜洛動」。南宋蔡沈認爲：「天下之理動者奇而靜者偶，行者奇而止者偶」。[94]所以《河圖》爲偶、爲圓，主靜；《洛書》爲奇、爲方，主動。楊輝的生成是「陽動陰靜」，近似《河圖》爲偶主靜，所以他改爲「陽靜陰動」，就更符合《洛書》爲奇主動了。當然，這種方圓、奇偶和動靜是相對的，河洛學本身也有爭議。

《洛書》3階幻方基本形式只有一種，通過旋轉與反射，可得8種變形。楊輝在這個基礎上進一步研究出來4—10階幻方：晝十六圖（4階幻方）、五五圖（5階幻方）、六六圖（6階幻方）、衍數圖（6階幻方）、易數圖（8階幻方）、九九圖（9階幻方）、百子圖（10階幻方），除了9、10階幻方外，其餘5種幻方每一種都有陰、陽兩種圖式。其中與《洛書》關係最緊密的是6階幻方和9階幻方。由於原理相同，我們只介紹九九圖（9階幻方）。爲了簡便，採用阿拉伯數字，圖式如下頁：

【94】臺灣商務印書館編《景印文淵閣四庫全書》，臺灣商務印書館1986年第805冊第706頁。

31	76	13	36	81	18	29	74	11
22	40	58	27	45	63	20	38	56
67	4	49	72	9	54	65	2	47
30	75	12	32	77	14	34	79	16
21	39	57	23	41	59	25	43	61
66	3	48	68	5	50	70	7	52
35	80	17	28	73	10	33	78	15
26	44	62	19	37	55	24	42	60
71	8	53	64	1	46	69	6	51

圖71《九九圖》

這個圖式明顯地劃分爲9個3階方陣，採用了《洛書》法則進行排列組合，每個小3階幻方爲陣的各數，都由九的倍數構成，這樣《九九圖》實際是就是由9個小《洛書》組構成了一個大《洛書》！如果再把每個小3階幻方中9個數的和看成一個數，再按照《洛書》3階幻方的相應位置，就還原成爲一個新的《洛書》3階幻方，請看下面的圖：

360	405	342
351	369	387
396	333	378

圖72《九九圖演變的3階幻方圖》

《九九圖》（九階幻方）的基本原理雖然與《洛書》3階幻方相同，縱9列、橫9行和斜2行上的9個數的和，全部是369，但是卻比《洛書》3階幻方的難度要大得多：首先每一個小3階幻方的9個數必須是一個等差數列，它們的公差必須是9；而且這樣一個小3階幻方有必須相連的另外兩個在整體上與大的9階幻方相符；其次，它又能夠演變成爲新的3階幻方，這個幻方都必須是一個等差數列，其中首項333和末項405，它們的公差也必須是9，這是與《九九圖》等相應，另外縱3列、橫3行和斜2行上，9個數的和，全部是1107。

楊輝確實是古代數學奇才，除了這10個較高階的幻方外，他還繪製了《聚五》、《聚六》、《攢九》、《八陣》、《連環》等圖，這都是屬於縱橫圖的衍化發展，它們精妙絕倫，耐人尋味，給後世數學家以極大的啓發。以後明代數學家程大位、王文素，清代數學家方中通、張潮、保其壽等，都在這個基礎上進一步發展，又創作了《瓜瓞圖》、《立方圖》、《渾三角圖》、《六道渾天圖》等等，使中國古代的幻方研究具有了豐富的內容和獨特的風格。

現代河洛學者王永寬先生認爲，《洛書》3階幻方排列組合的原理，是構成所有奇數階次幻方的基礎。他介紹了4種類型應用這一原理構造出各種形式的幻方的方法：

一是在自然數的序列中任意截取9個連續的數，按《洛書》幻方的數位規則排列，都可以形成幻方。比如說從1到9這9個數各加100，就是從101到109，這麼9個數，如果按照這個《洛書》的原理，排列起來也是幻方。這個幻方的圖式就是：101在《洛書》中間1的位置，然後

102、103、104、105、106、107、108、109這8個數，把個位數安放在《洛書》3階幻方圖中對應的個位數位置。那麼縱3列、橫3行和斜2行上，9個數的和，全部是315。

二是把《洛書》的9個數分別乘以一個相同的數，也可以形成幻方。比如分別乘以100，就得到了從100到900這樣9個數。按照《洛書》的數位排列規則，排列起來也是幻方。這個幻方的圖式就是：《洛書》中間是100，然後把200到900這8個數，把百位數安放在《洛書》3階幻方圖中對應的個位數位置。那麼縱3列、橫3行和斜2行上，9個數的和，全部是1500。

三是運用《洛書》原理可以構造非常規幻方。這種方法歐洲有兩位數學家嘗試過：英國的H.杜德尼的素數幻方法。他就是用全部質數，來組成一個幻方。他做這個幻方是這樣子的：從素數中選出1、7、13、31、37、43、61、67、73這麼9個數。它的排列順序從小到大，仍然是按照《洛書》從1到9的相應次序，這個最小的數1在《洛書》中間的1的位置，最大的數73，放在《洛書》中的9的位置。荷蘭的C.V.魯道爾夫他又重新做出來一個由素數構成的3階幻方，他選擇的質數最小的是5，最大的是113。把從5到113這9個質數，仍然是按照《洛書》從1到9的順序排列：5在1的位置、17在2的位置、29在3的位置，依次類推，最後把最大的數113放在9的位置。這個幻方叫「魯氏幻方」。

四是用《洛書》原理構造組合幻方。在洛書原理的基礎上，凡是階數爲3的倍數的幻方，都可以用組合的方法進行構造，凡是4的倍數的幻方，也可以用組合法進行構造……依此類

推。用階數爲3的倍數的幻方，楊輝就是很好的範例。【95】

幻方不只是我說的這一點。從形式而言，前面提到的一般幻方中還包括了對稱幻方、同心幻方、完美幻方等，其他的同樣包含不少小類別的。從階級的變化而言，就更爲紛繁複雜了：除了前面說過的3階幻方外，4階幻方基本形式有880個，通過旋轉與反射，總共有7040個幻方；5階幻方基本形式達2億多個，至於6階以上幻方的數量有多少已經多得難以計算。所以，現在的研究幻方的一般都轉爲這麼兩個主要方向：一是學科，研究幻方的代數性質，如幻方群代數等，或研究幻方的演算法以及演算法意義；二是應用，研究魔鬼幻方、加乘幻方、多重幻方、幻立方、反幻方等特殊幻方，這樣可以廣泛的應用到人功智慧、圖論、對策論、實驗設計、工藝美術、電子回路原理、位置解析學等方面。

但是，這一切，都是建立在「組合魔術」——《洛書》3階幻方基礎之上的！

三、和差均則：數律

《河圖》和《洛書》除了勾股和幻方這兩種數學的演算法以及相關的原理外，還包括了一些數學呈現形式、數量運算、數理理念等方面的規律，其中由《河圖》和《洛書》圖式的數位

【95】王永寬《河圖洛書探秘》，河南人民出版社2006年第215-233頁。

以及數位分配呈現、勾股和幻方而來的和差均等規則，和一些帶有普遍性指導意義的概稱，最有代表性。

宋代以後，《河圖》和《洛書》的數學呈現形式是相當奇特的：從幾何圖案看，它們都是以●和○這樣的黑白小圓圈組成的，而且《河圖》和《洛書》的○相等，都是25個，只是《河圖》比《洛書》多10個●，但是，《河圖》和《洛書》的●加起了，則正好是50個，這樣《河圖》和《洛書》的●和○也就是50＋50＝100。這就排除了「圖九書十」與「圖十書九」的差異，使它們在圖案無論是「河圓洛方」還是「河方洛圓」，都是●和○這兩種的對比而且互補，進而構成的每一個數的結構形態時，形態都是對稱的。再從數位以及數位的分佈看，《河圖》和《洛書》的五都是在中間（《河圖》還包括了隱含的十），其餘的數位以及數位是，《河圖》六、一在南，三、八在東，七、二在北，九、四在西，由於《洛書》列出八方，所以一在南而六在西南，三在東而八在東南，九在北而四在東北，七在西而二在西北，這不僅是數字本身以及數量相等，而且數位也都是出於四面八方，雖然《河圖》是四面而《洛書》是八方，七、二和九、四略有變化，而實際四面包含了八方、八方也就是四面，這也和楊輝幻方中《洛書》的「四維挺出」與縮入相似；同樣因爲《洛書》有「上下對易、左右相更」的變化，所以七、二和九、四在《洛書》互換了。因而《河圖》和《洛書》的數位以及數位的整體結構分佈，同樣是對稱。

《河圖》和《洛書》這種對稱性數學呈現形式，決定了它們同時具有了數量運算上的典型的數理關係，這就是等和關係和等差關係。《河圖》和《洛書》的等和關係是：《河圖》除中間一組數（5、10）之外，縱向的4個數字和橫向的4個數位，這4個數位各自2個偶數的和分別等於2個奇數的和，縱向的4個數字是北七、二而南一、六，轉化成算式是：7＋1 ＝ 2＋6；橫向的4個數字東三、八和西四、九，轉化成算式是：3＋9 ＝ 8＋4；而且縱向或橫向中4個偶數的和也等於4個奇數的和，即七、一、三、九之和等於二、六、八、四之和，轉化成算式是：7＋1＋3＋9 ＝ 2＋6＋8＋4 。《洛書》也同樣具有等和關係，只是因爲排列不同，等和關係也不同，它縱向的一、五、九，橫向的七、五、三，對角的二、五、八和四、五、六這4組3個數字之和，都是15，完全相等，轉化成算式是：1＋5＋9＝7＋5＋3＝2＋5＋8＝4＋5＋6 。

《河圖》和《洛書》的等差關係是：《河圖》北的七、二，南的六、一，中的十、五，東八、三和西九、四，這5組2個數之差都是5，轉化成算式是：7－2 ＝ 6－1 ＝ 10－5 ＝ 8－3 ＝ 9－4 ；《洛書》除了中間外，北四、九鄰二，南六、一鄰八，東八、三鄰四，北二、七鄰六，去掉鄰二、鄰八、鄰四和鄰六，就有4組2個數之差都是5的等差關係，轉化成算式是：9－4 ＝ 6－1 ＝ 8－3 ＝ 7－2 。這種數理是的等差關係，反過來證明了《河圖》和《洛書》的內在聯繫，猶如各自圖形中的●和○，數位中的奇數和偶數關係。

《洛書》中還有一種特別的等差關係，以中心的五爲基點，便可以與縱向的九、一，橫向的三、七，右對角線上的二、八，左對角線上的六、四這4組2個數，那麼五與其它相應的兩數的差，絕對值是相等，也把它們依次轉化成算式，縱向式是：|5－9|=|5－1|或9－5=5－1；橫向式是：|5－3|=|5－7|或5－3=7－5，右對角線式是：|5－2|=|5－8|或5－2=8－5，左對角線式是：|5－4|=|5－6|或5－4=6－5。如果換一個角度來看，左對角線、橫向、右對角線、縱向的差，正好呈1、2、3、4的自然次第排列，而與《洛書》由北而東再上的旋轉也一致，確實奇妙！

複合材料工程師趙致生還有一個更特別的《河圖》和《洛書》的對稱。他把《河圖》定爲三軸，而且得出三軸的平衡值是19，這樣《河圖》所展示的二元是36，稱爲天罡之數；它的二元次序是72，稱爲地煞之數，因而有天地之合爲108之說；三元是28，稱爲二十八宿，它的三元次序是84。他又把《洛書》定爲四軸，而且得出四軸的平衡值是12，這樣《洛書》所展示的二元是12：具體是6橫、6豎的和，黑白之和爲8和純白之和爲4的和。這剛好是《河圖》二元的一分之三。三元是在橫豎結構限定下展示了3橫、3豎的三元貫通組合，同時又展示了一橫一豎的折組合，黑白組合各4個，純白組合各4個；所以三元是14。由此可以看出，《洛書》的三元組合是《河圖》的一分之二。四元也是在橫豎結構的限定下，是兩橫兩豎的四方圖形4個，兩橫一豎、一橫二豎類型的共24個；所以三元是28。五元的前提相同，但是形成了兩橫兩豎的非四方形圖形36個，所以五元是36。這樣一來，《河圖》和《洛書》出現了等率：《河圖》二元概率等於《洛書》五元概率，《河圖》三元概率等於《洛書》四元概率。趙先生還發現：《河圖》和《洛書》這種概率上存在了起始與更替輪回關係，用數字表示是：36→28→12→14→28→36。【96】

《河圖》和《洛書》還具有隨機性。《河圖》和《洛書》的組構，從圖案是由●和○的排列組合而成，從數是由一至九這9個自然數的排列組合而成，對稱性揭示了它們的合符規律性的一個方面，主要是數量的對等和形式的對稱。但是，由於●和○總的數量或者●、○各自的數量不同，任何一種量的變更或者兩種、兩種以上的量的變更，《河圖》和《洛書》的形態和數量都會發生變化；9個自然數中每一個數都可以任意與其中另外一個數組合，排列的形式也可以不斷變化，《河圖》和《洛書》的數量和形態也都會發生變化。這中間的變化不都由已知的「某個原因」所導致的，也有作爲「隨機事件」的概率自身的變化，所以，《河圖》和《洛書》有某一概率的事件集合中的各個事件所表現出來的不確定性。

【96】趙致生《屬性數學概論》，http://www.chinavalue.net/Biz/Blog/2009-7-22/179106.aspx。

從數學原理看，《河圖》和《洛書》的數理特點與算盤的主要規則也是吻合的：首先是合符對稱性原理。從《河圖》的等差關係中知道，它4個方向上的兩數之差都是5，這暗示我們，一個大於5的基本自然數可表示爲數5加上一個小於5的自然數，這正好與算盤珠碼中把格（檔）下5顆珠中的一顆上升到格（檔）上，把這顆算珠當做五的五升制規則相對應；從《洛書》的等和關係知道，它縱、橫和對角線4個方向上的三數之和都是15，這也與算盤中每檔7珠的示値相一致。其次，算盤上的算珠從《河圖》和《洛書》的對稱性出發，確定格（檔）下的5顆珠中的每一顆都是1，再格（檔）上5顆珠的每一顆都是10，同時也遵從《河圖》和《洛書》的隨機性，由輸入的不同數目，可以算出許許多多不同的數量來。這個推論，應該符合歷史現實的：儘管「操珠運算」的思想歷史悠久，但最早記錄的成熟算盤卻是在北宋時期（西元960—1127年），張擇端著名的《清明上河圖》圖裡，就有一架十五格（檔）七個黑點（珠）的大算盤。所以，具有中國特色的算盤的數學原理，也來自中國奇特的《河圖》、《洛書》。

《河圖》和《洛書》中由一到九這9個數以及一些和與差數，不僅僅是數學數和數理，同時也成爲其他自然學科的特殊數字和數理，如前面我們已經說過的天文學中的四象、七曜、二十八宿、十二時、二十四節氣等；還有我們接下來要說的音樂數位和數理，至於上升到更高的哲學層面，也在後面會說到。

《河圖》和《洛書》的數理，只是一個表層的學科之理。

叁、音數和諧的樂理

《河圖》和《洛書》音數和諧的樂理，是承它們的「天理」和「數理」而來的。

明代皇室音樂家朱載堉說，一切可以計算的各種技藝，都是取法於《河圖》和《洛書》的。因爲《河圖》的十位數，就是天地之間的本體數，而《洛書》中的九位數，則是天地之間的應用數。他還用黃帝發明音樂的故事來說明這一點。清代江永讀到他《律呂精義》中這段話時，大爲讚賞：「世子深明度數之學，亦達聲音之理，此論發前代諸儒所未發。」【97】認爲朱載堉不僅「深明」數學之理，也通達音樂之理，他的觀點是前人沒有發現的道理。

不過，朱載堉只是說音樂是取法於《河圖》和《洛書》的，雖然有十數、九數的說明，但畢竟是語焉不詳的。所以江永把黃帝故事和《河圖》、《洛書》原理，結合起來作了進一步

【97】（清）江慎修著、孫國中校理《河洛精蘊》，學苑出版社2007年第252頁。

闡述：黃帝造黃鐘之律長九寸，不僅是取法《洛書》的數九這個陽數，有意把每一個十分都消減爲九寸，而是運用《洛書》勾股、幻方原理，九是九的平方，九九八十一分了，剛好與橫黍尺（古代計算長度時，以中等黍粒爲准，百黍縱向排列起來的長度爲一尺，稱縱黍尺；如果百黍橫向排列起來的長度，就只有縱黍尺的八寸一分）的長度相合；虞夏以後，黃鐘之律都長爲十寸，這是取法《河圖》的數十這個陰數，是十與十相乘得百分，剛好與縱橫尺的長度相合。正因爲如此，《河圖》的十位數，就是數學、音樂之本之母，而《洛書》中的九位數，則是數學、音樂之本之母。【98】

當然，音樂中的聲樂是以人的聲音爲本體的，所以樂理還取法了《河圖》和《洛書》中的人聲本源理論。古人認爲人的聲音出自肺，肺的氣息是植根於腎的，肺與胸腔的氣息是通過喉嚨呼吸的，這種通過喉嚨發出的聲音是人的生理本能，所以人一出生就能夠啼哭。但是有聲音卻並不是語音，所以這時是不能說話的。語言出自心靈，可是機竅卻在舌頭，心靈的底氣沒有充實，舌下廉泉的穴位（廉泉在頷下、結喉上、舌本下，認爲針灸刺這個穴位，能夠治療舌強不語，舌緩流涎，舌下腫，啞，暴瘖，咳嗽，咽喉腫痛，及支氣管炎，舌炎，舌肌麻痹，急、慢性咽炎等）就不能貫通，那麼舌頭就不能自由掉轉。等到年齡逐漸長大，逐漸有了知識，心

【98】（清）江慎修著、孫國中校理《河洛精蘊》，學苑出版社2007年第251-252頁。

神逐漸開通了，到這個時候，舌頭也就逐漸掉轉自如了，然後可以說話了。

這些道理，江永認爲在《河圖》、《洛書》裡邊已經有了！他是這麼說明的：《河圖》的五行，處在它中央的本位；《洛書》則三同二異，其中二異是：四、九金處於南方，二、七火處於西方，這是火金相交。人的肺也在心臟的上面，所以才能夠說話，這就是心與肺相交的原因。他認爲這是根本道理。接著在具體解釋語言的來源，他說：人的言語出自喉嚨，在舌頭上轉掉，在牙、齒、唇之間觸擊，這剛好與五行相應：喉音爲土，舌音爲火，牙音爲木，齒音爲金，唇音爲水。這樣說出來就成爲有文采的話，還可以轉寫成爲文字。文字和話語雖然無數，但是如果把它約略一下，就不出三十六位這個數了。這三十六，就是《河圖》和《洛書》包含的四、九之數，六、六之數。【99】

所以，樂理的生理原理基礎是來源於《河圖》和《洛書》的，樂理的生成以及那美妙的旋律，更是《河圖》和《洛書》數與音原理完美結合的和諧韻律！

古代樂理最爲突出的，就是五音和律呂。

【99】（清）江慎修著、孫國中校理《河洛精蘊》，學苑出版社2007年第271頁。

一、五音：樂律基音

音樂的語言要素包括了旋律、節奏、節拍、速度、力度、音區、音色、和聲、調式、調性等等，但是既然是音樂，那麼聲音就是第一位的，所以旋律、節奏等音樂元素都是通過聲音來表現的。然而，音階又是音樂語音的第一個基礎，並且還會影響音樂其他要素的組構以及表情感染的效果。

音階就是調式中的音，按照高低次序（上行或下行），由主音到主音排列起來就叫做音階。在現代音樂裡，音階的種類雖然十分繁多，如平均五聲音階、平均七聲音階、吉卜賽音階、阿拉伯音階等等，但是自然七聲音階是應用最廣的，在中國古代，五音（就是五聲音階的省稱，詳稱「不帶半音的五聲音階」或「全音五聲音階」），則是最典型的。儘管五音後來廣泛流行於亞洲、非洲、中太平洋的一些群島、匈牙利、蘇格蘭民間音樂，以及在歐洲人到達美洲之前的美洲本土部族中，但國際上通常把它稱爲「中國音階」。

五音的5個聲階，在中國傳統文化中有專用的名稱，依次是宮、商、角、徵、羽。其音程組織是每個八度之內有3處全音，分成兩個一串（宮—商—角）和一個單獨的（徵—羽），在兩段之間以□音隔開。音階中的每一個音都可以當主音以建立調式，可形成5種不同的五聲調式。在五聲音階基礎上，每處□音的區間可以插入不同的附加音（偏音）而形成七聲音階（以五聲爲正聲的七聲音階，即再加上變宮、變徵），附加音的插入可有3種不同的方式，形成3種不同的音階形態，如中國古代的宮調。附加音的音高常可遊移，遊移音高有時將□音的區間劃分成兩個各約爲四分之三音的音程。

古代五音又稱五聲，「五音」一詞最早見於《孟子・離婁上》：「不以六律，不能正五音。」【100】而「五聲」一詞最早出自《周禮・春官》：「皆文之以五聲，宮、商、角、徵、羽。」【101】五音的內涵和基本特性分別解釋於下：

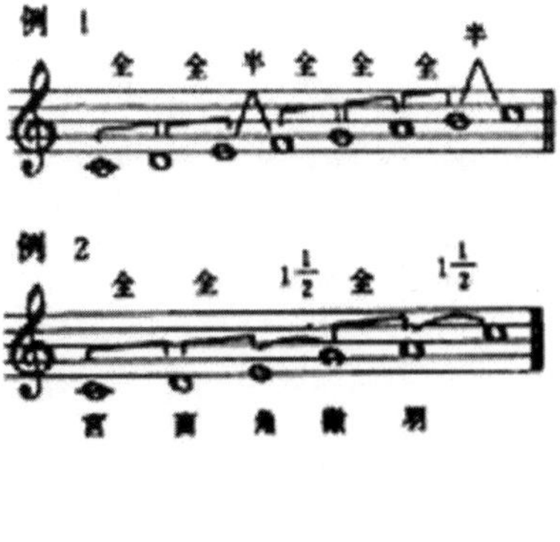

圖72《五音與五線譜圖》

【100】（宋）朱熹《四書集注》，嶽麓書社1985年第344頁。
【101】李學勤主編《十三經注疏・周禮注疏》上冊，北京大學出版社1999年607頁。

宮是五音的第一級，古人認爲它是五音之主、五音之君，是統帥眾音的。它相當於簡譜的「1」，今首調唱名中的do音。唐代規定二十八調（燕樂二十八調，依次會在五音的介紹中出現）時，就是以琵琶的四根弦上爲依據的，每根每根弦都是七調。最低的一根弦（宮弦）上的調式叫宮，其餘的叫調。後來宮調的數目逐漸減少，到了元代，雜劇一般只用五個宮（正宮、中呂宮、南呂宮、仙呂宮、黃鐘宮）和四個別的弦上的調（大石調、雙調、商調、越調），這就是清代南、北曲常用的所謂「九宮」。這樣，宮調（式）又成爲了眾調（式）之「主」、眾調（式）之「君」。不過宮調還有以宮音爲主音、結聲構成的調（式）名，南宋張炎《詞源》解釋十二律呂黃鐘宮五音七調時說：「演而爲宮爲調……黃鐘宮（均）：黃鐘宮（調式）、黃鐘商（調式）、黃鐘角（調式）、黃鐘變（變徵調式）、黃鐘徵（調式）、黃鐘羽（調式）、黃鐘閏（閏宮調式）。」【102】不過，這已經不是唐代的宮調（式）七調，唐代的七調是：正宮、高宮、中呂宮、道調宮、南呂宮、仙呂宮、黃鐘宮。宮音屬於土，有平和氣象。

商是五音的第二級，所以古人認爲它屬於「臣」。它相當於簡譜「2」，今首調唱名中的

【102】續修四庫全書編纂委員會編《續修四庫全書》，上海古籍出版社1994-2002年第1733冊第60-61頁。人民文學出版社《中國古典文學理論批評專著選輯・詞源注》和大象出版社《歷代詞話・詞源》均無此解說，括號中文字為引者所加。

re音。在古代的調（式）中，有以商音爲主音、結聲構成的調（式）名的，唐代段安節在他的《樂府雜錄・別樂識五音輪二十八調圖》中就記錄有「入聲商七調」：大食調、高大食調、雙調、小食調、歇指調、林鐘調、越調。商音屬於金，有肅殺氣象。

角（jué）是五音的第三級，所以古人認爲它屬於「民」。它相當於簡譜「3」，今首調唱名中的mi音。在古代的調（式）中，有以角音爲主音、結聲構成的調（式）名，唐代段安節在他的《樂府雜錄・別樂識五音輪二十八調圖》中就記錄有「上聲角七調」（變宮）：大食角、高大食角、雙角、小食角、歇指角、林鐘角、越角除了以角音爲調之角調的外，還有以閏宮爲角之角調的。角音不是號角吹出來的聲音，角音屬於木，有生息氣象。

徵（zhǐ）是五音的第四級，所以古人認爲它屬於人之外的「物」。它相當於簡譜「5」，今首調唱名中的sol音。在古代的調（式）中，也有以徵音爲主音、結聲構成的調（式）名。徵音屬於火，有熱烈氣象。

羽是五音的第五級，所以古人認爲它屬於人之外的「物」。它相當於簡譜「6」，今首調唱名中的la音。在古代的調（式）中，有以羽音爲主音、結聲構成的調（式）名，唐代段安節在他的《樂府雜錄・別樂識五音輪二十八調圖》中就記錄有「平聲羽七調」：般涉調、高般涉調、中呂調、正平調、高平調、仙呂調、黃鐘羽。徵音屬於水，有諧和氣象。

古代音階除了五正聲外，還有所謂音階「二變」，這就是有名的「變徵」和「變宮」。也分別介紹於下：

「變徵」屬於角音與徵音之間的樂音。它的起源相當早，大家在非常熟悉的荊軻刺秦王的故事中知道了「高漸離擊筑，荊軻和歌，爲變徵之聲，士皆垂淚涕泣」的「變徵」。它相當於簡譜「#4」，今首調唱名中的fa或者#fa音。古代清樂中黃鐘宮（均）以小呂（仲呂）等，都是變徵。在古代的調（式）中，有以變徵爲主音、結聲構成的調（式）名，據《隋書・音樂志中》記載，隋煬帝登基時，準備頒發新的律制，以適應其開國形勢的需要，於是舉行廷議，蘇夔認爲變徵不合正音，所以質疑說：「每宮（均）應立五調（式），不聞更加變宮、變徵二調（式）爲七調（式）。」同行鄭譯回答說：「周有七音之律……今若不以「二變」爲調曲，則是冬夏聲闕，四時不備。是故每宮（均）須立七調（式）。」[103]所以大家採用了他的意見，重新確立了變徵。南宋張炎在《詞源・八十四調》十二宮（均）下，都列有七調（式），其中就有「變徵」的「調式」。

「變宮」古音階中的第「二變」，屬於羽音與宮音之間的樂音。它相當於簡譜「7」，今首調唱名中的si或者bsi音（這是由於宮音下一律或者較羽音上一律形成的）。古代清樂中，

【103】《二十五史・隋書》，上海古籍出版社、上海書店影印本，1986年第44-45頁。

清角調作爲姑洗的宮調、作爲太簇的宮調等，都是變宮。在古代的調（式）中，有以變宮爲主音爲結聲構成的調（式）名。爲了簡明清晰，根據雅樂系統特製《以五聲爲正聲的七聲音階表》於下，供大家參考：

上面介紹的五音，是屬於雅樂系統的五聲音階以及以五聲爲正聲的七聲音階，《左傳·昭公二十年》及《國語·周語》中，都記載了有與五聲音階同時並存的七聲音階，它的半音位置在四五度和七八度之間，是運用三分損益法在求得五聲音階後進一步推算的結果；從《左傳·昭公二十五年》「爲九歌、八風、七音、六律以奉五聲」【104】的記載來看，變徵、變宮更多地是爲豐富和裝飾五聲音階所用，五聲音階

【104】（晉）杜預等注《春秋三傳》，上海古籍出版社影印本，1987年第471頁。

以五聲為正聲的七聲音階對應表

音階名	宮	商	角	變徵	徵	羽	變宮
簡譜名	1	2	3	4	5	6	7
唱　名	do	re	mi	fa	sol	la	si
調　名	C	D	E	F或#F	G	A	B或bB

在音樂實踐中佔有主導地位。到了魏晉南北朝時期，民間樂府歌曲中廣泛運用清樂音階，它的半音位置在三四度與七八度之間，使得七聲音階發生了變化；隋唐之際，燕樂因受南北朝以來西北、特別是龜茲音樂的影響，半音位置三四級與六七級的燕樂音階被廣泛運用；七聲再次有了新的變化，在樂調上只用其音階所當的七律起宮，每宮取宮、商、羽、角四調，這就是所謂「燕樂二十八調」。具體變化的情況，請看下面的對照表：

從上述敘述我們知道，五音它不僅是確定一首（或一部）音樂作品的音的高低、旋律的組成，也確定了這一首（或一部）音樂作品的情調。所以，它是古代樂律學的基礎，也是古代音樂學的基音。

古代音樂三系音階對照表

雅樂音階	宮	商	角	變徵	徵	羽	變宮
簡譜名	1	2	3	#4	5	6	7
清樂音階	清角	徵	羽	變宮	宮	商	角
簡譜名	4	5	6	7	1	2	3
燕樂音階	閏 (宮)	宮	商	角	清角	徵	羽
簡譜名	b7	1	2	3	4	5	6

《河圖》和《洛書》與五音除了引述中提到的「用十用九」應律的生理和數理的本體以外，還有那些關聯呢？古人認爲，《河圖》的偶與《洛書》的奇，參伍錯綜，使得一切聲音數理，用律法度，甚至於干支納音，都受它的制約。對於五音的關聯，清江永《河洛精蘊》第七卷，從五音的本源、五音相互間的順序以及原因等，論述了五音的這些方面，都是受到《河圖》數理的影響和制約的。

五音的本源是源於《河圖》數理的。江永在《河圖五音本數圖》的《圖說》認爲：《河圖》是數理的本源，音律實際也是遵循這個規律的。這個道理，先秦時期的《月令》就已經有了初步的揭示。《月令》以《河圖》中的五數爲依據，然後把四季、五行與五音關聯起來，形成了這樣的結論：《河圖》中的數八在東方，太陽從東方升起，規定了一年中的第一季——春季，五行中的木，五音中的角，都是源於數八；《河圖》中的數七在北方，太陽開始進入中天，規定了一年中的第二季——夏季的前半季，五行中的火，五音中的徵，都是源於數七；《河圖》中的數五在中央，太陽已經進入了中天，規定了一年中的第二季——夏季的後半季，五行中的土，五音中的宮，都是源於數五；《河圖》中的數九在西方，太陽開始退出中天，規定了一年中的第三季——秋季，五行中的金，五音中的商，都是源於數九；《河圖》中的數六在南方，太陽已經退出了中天，規定了一年中的第四季——冬季，五行中的水，五音中的羽，都是源於數六。這是從《河圖》五行相成的數來說明五音的數屬本性。成數是「地六成水，天七成火，地八成木，天九成金，地十成土」，因爲《河圖》五中包含了十，所以使用五來論述的。

然後江永再從《河圖》五行相生的數，就是「天一生水，地二生火，天三生木，地四生金，天五生土」，進一步來說明五音的屬性：在中央舉生數就說十，也是宮音，其餘的四方生數按照返回的方向依次是：「四亦爲商，三亦爲角，二亦爲徵，一亦爲羽。」根據這個原理，他就繪製了《河圖五音本數圖》（見圖45）。圖下原有的注釋是：「宮十土中、宮五土中，商九金西、商四金西，角八木東、角三木東，徵七火南、徵二火南，羽六水北、羽一水北。」【105】圖中縱向自下而上，是五行生出的順序，自上而下，是五音大小的順序：5個成數猶如五音中的濁音，5個生數猶如五音中的清音。宮音是五音的第一音，也是五音之本，所以在中央。如果再考察一下圖中《河圖》規定五音每一音的兩個數，即宮五、十，商九、四，角八、三，徵七、二，羽六、一，我們不難發現：每組的兩個數都是一奇一偶，同時也是一陽一陰；而且宮五、十，商九、四和三，徵七、二，是以奇爲主，角八、三和羽六、一，是以偶爲主。這就暗示了五音如同其他根於《河圖》和《洛書》數理的事物一樣，都是因爲「陰陽各有匹偶」而生成的。而且是以奇爲主的三個音階中，由於陽以及陽數主動、主變，所以也就會產

【105】（清）江慎修著、孫國中校理《河洛精蘊》，學苑出版社2007年第260-266頁。

生「變徵」和「變宮」了。

五音相互間的順序以及原因，都是受到《河圖》數理的影響和制約的。五音相互間的順序就是承上一個問題而來的。所以江永說：五音既然有了大小的順序，還有了五方的相應的位置，因而就必然有相互生成的順序。《河圖》數是從中五、十到南二、七，然後再從南依次右旋，即自南而西，自西而北，再北而東，東又回復到中，與《河圖》的數與方位相應，五正音與變宮、變徵。那麼以五聲爲正聲的七聲音階相互生成的順序是：宮生徵，徵生商，商生羽，羽生角，角生變宮，變宮生變徵。不過變宮生變徵與五行相生的順序有所不同，五行是自東而西的，而五音卻是自中而南，所以才相差一位。他根據這些繪製了《河圖五音順序相生圖》（見圖47）。

《河圖》的變數還影響了五音的變化。江永認爲，《河圖》以及五音的變數，是因爲兩數組合時相加或者相減的和差不同造成的。除了中央的土宮不變（因爲五、十加的和是十五，十減五的差還是五數）外，其餘相應的變化是：南方二、七相加的和是九，九減五的差四，所以二、七火徵就變成了四、九金商；西方四、九相加的和是十三，十三減十的差是三，十三減五的差是八，所以四、九金商就變成了三、八木角；北方一、六相加的和是七，七減五的差是二，所以一、六水羽就變成了二、七火徵；東方三、八相加的和是十一，十一減十的差是一，十一減五的差是六，所以三、八木角就變成了一、六水羽。

關於《河圖》的變數影響了五音的變化的問題，司馬遷在《史記・律書》中有過簡要的概括：「上九、商八、羽七、角六、宮五，徵九」。「上九」是說宮五上生徵九，已經標明五音的律數出自《河圖》。可是五以下卻沒有再具體說明瞭。江永因而作了補充，他說：從《河圖》觀察，可以知道四是徵，三是商，二是羽，一是角。如果觀察《河圖》所有的數，那麼餘下的便爲十是宮，八是商，六是角，四是徵，二是羽。正如五音大小的順序，這就是聲律的本體。這樣，司馬遷的意思是：十宮生九徵，八商生七羽，六角生五宮，四徵生三商，二羽生一角。至於徵、羽在宮的前面，而商、角在宮的後面，這是標明聲律的應用。五音聲律的這種體用特性，對律呂也有直接影響：五是黃鐘正宮，九徵就是林鐘的倍律，七羽就是南呂倍律，三商就是太簇正律，一角就是姑洗正律。把這個聲律原理應用琴弦，那麼一弦是林鐘徵，二弦是南呂羽，三弦是黃鐘宮，四弦是太簇商，五弦是姑洗角，六弦是林鐘少徵，七弦是南呂少羽」。江永的論述，把《河圖》中聲律理數的體現，做了比較全面而切實的解析，他自己也認爲這是「千古發明也」！他把這個發明繪製了一幅《河圖五音變數圖》（見圖46）。【106】

【106】（清）江慎修著、孫國中校理《河洛精蘊》，學苑出版社2007年第266頁。

五音每個音階相互生成還有一個原理，這就是「隔八相生」說，這也是由《河圖》數理規定的。隔八相生是西漢京房據音律的三分損益法，按十二支來說，即隔八生律法，具體是：音律從黃鐘子位、當乾初九爻起，再從子位起算，曆子、丑、寅、卯、辰、巳、午、未八位，這時的律是林鐘未位，當坤初六爻；再從未位起算，曆未、申、酉、戌、亥、子、丑、寅八位，這時的律是泰簇寅位，當乾九二爻。如此隔八相生，得出全部十二律及其所對應的支位與爻位。著名民族音樂家鄭玉蓀1960年收藏了一架十二律隔八相生管（圖74），按隔八相生原理製作的「管律」正律器。律管是銅管，缺黃鐘正副律，剩下的各律依次爲：大呂（相當於#C）、大呂副、太簇副、太簇（相當於D）、夾鐘（相當於#D）、夾鐘副、姑洗（相當於E）、姑洗副、仲呂（相當於F）、仲呂副、蕤賓（相當於#F）、蕤賓副、林鐘副、林鐘（相當於G）、夷則（相當於#G）、夷則副、南呂（相當於A）、南呂副、無射副、無射（相當於#A）、應鍾（相當於B）、應撞副。

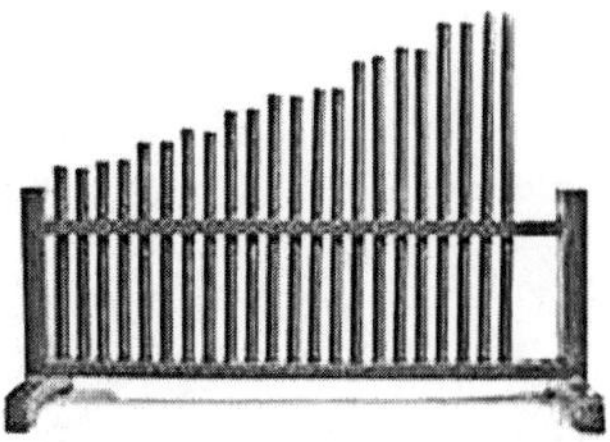

圖74 十二律隔八相生管

因爲「隔八」的「八」包括了起位，所以「隔八」中間實際上七位。江永認爲《河圖》五音的本數，就包含「隔八相生」的道理，只要順著《河圖》五音本數——1至10數過去，就看到了存在的這個道理：

五至二，隔八，這就相當於京房的子至未，黃鐘宮生林鐘徵；二至九，隔八，這就相當於京房的未至寅，林鐘徵生太簇商；九至六，隔八，這就相當於京房的寅至酉，太簇商生南呂羽；六至三，隔八，這就相當於京房的酉至辰，南呂羽生姑洗角；三至十，隔八，這就相當於京房的辰至亥，姑洗角生應鐘變宮；十至七，隔八，這就相當於京房的亥至午，應鐘變宮生蕤賓變徵。這樣以五聲爲正聲的七聲音階就生成了！

二、律呂：自然旋律

五音不僅是樂律的基音，而且在音樂實踐中佔有主導地位。爲合樂和旋宮的需要，傳說黃帝時期的伶倫模擬自然界的鳳鳥鳴聲，選擇內腔和腔壁生長勻稱的竹管，製作了十二律，暗示著「雄鳴爲六」，是6個陽律，「雌鳴亦六」，是6個陰呂。不過，與其說伶倫意在發明音律，還不如說他在測驗氣候。他是用昆侖山解穀所產十二根竹管並排起來，一端整齊，一端則階次長短不齊，在竹中放入蘆葦燒成的灰。然後把這些竹管埋入空屋中的地下，方法是把不齊的一端埋在地下，齊的一端在地面。當氣象變化至一陽生——冬至時，第一根管子中有氣沖出灰飛。表明節氣變化了。但是，後來發現這支吹起蘆灰的聲音，猶如黃鐘的宮音。所以也可以看做是音律的啓迪了。

因此同五音一樣，這個傳說也在春秋時期就變成了古代音樂的事實，也可以得到當時文獻的證明：《國語・周語》中就有有關十二律制的名稱記錄，按照半音關係從低向高排列的次序，它們依次是：黃鐘、大呂、太簇、夾鐘、姑洗、仲呂、蕤賓、林鐘、夷則、南呂、無射、應鐘。[107]

十二律簡稱就是律呂，是指在一定音高標準的基礎上，組構成有規律性的、成體系音樂旋律。《國語・周語下》解釋：「律，所以立均出度也。」這「立均」，確定音階中各音的位置（並以標準音階首音所應律名作爲均名），主要是確定音階；「出度」，提出相應各律振動體的長度標準，主要是確定旋律，就是有組織地進行長短、強弱不同的一連串樂音。它是音樂旋律自然、和諧的靈魂。古代十二律的排列以及對應如下頁：

【107】（清）徐元誥撰，王樹民、沈長雲點校《國語集解》，中華書局2002年第107-121頁。

六　律

黃鐘　大呂　太簇　夾鐘　姑洗　仲呂　蕤賓　林鐘　夷則　南呂　無射　應鐘

六 呂（六間）

圖75　十二律

我國古代以管的長短來確定音的不同高度。從低音管算起，成奇數的六根管稱「律」，在圖中的屬於上移的那一排；成偶數的六根管稱「呂」，在圖中的屬於下移的那一排，因爲六呂前面6個「陽律」之間，所以又稱「六間」或者「陰律」；總稱「六律」或「六呂」，合稱「十二律」，簡稱「律呂」。

那麼十二律是怎麼來的呢?

司馬遷在《史記・律書》中有一個相關的介紹，他說：「九九八十一以爲宮；三分去一，五十四以爲徵；三分益一，七十二以爲商；三分去一，四十八以爲羽；三分益一，六十四以爲角。黃鐘長八寸七分一，宮；大呂長七寸五分三分二；太蔟長七寸十分二，角；夾鐘長六寸七分三分一；姑洗長六寸十分四，羽；仲呂長五寸九分三分二，

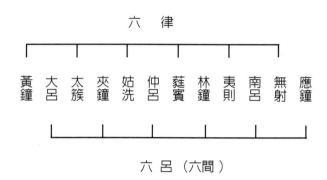

徵；蕤賓長五寸六分三分二，林鐘長五寸十分四，角；夷則長五寸三分二，商；南呂長四寸十分八，徵；無射長四寸四分三分二；應鐘長四寸二分三分二，羽。」【108】

意思是取一根用來定音的竹管，長爲81單位，定爲「宮音」的音高；然後，我們將其長去掉三分之一，也就是將81乘上二分之三，就得到54單位，定爲「徵音」；將徵音的竹管長度增加原來的三分之一，即將54乘上四分之三，得到72單位，定爲「商音」；再去掉三分之一，72乘二分之三，得48單位，爲「羽音」；再增加三分之一，48乘四分之三，得64單位，爲「角音」。到這裡爲此，我們就知道了，五音就是這麼得來的。這個解說源自《管子‧地員》：「凡將起五音凡首，先主一而三之，四開以合九九，以是生黃鐘小素之首，以成宮；三分而益之以一，爲百有八，爲徵；不無有三分而去其乘，適足，以是生商；有三分，而複於其所，以是成羽；有三分，去其乘，適足，以是成角。」【109】這個獲取五音的方法，就是古代音樂史著名的三分損益法，就是在一根已經選定的夠長的管子上，「損」（減少）或者「益」（增加）

【108】韓兆琦編著《史記箋證》，江西人民出版社2004年第4冊第1805-1806頁。

【109】管曙光主編《諸子集成》（簡化字橫排點校本），長春出版社1999年第2冊第161頁。

「三分」（原來長度的三分之一，來確定每一個音或者音階。我們把《管子》運用三分損益法確定五音的過程，用算式來表述，就是：定宮音 1×34＝81；定徵音 81×4/3＝108；定商音 108×2/3＝74；定羽音 74×4/3＝96；定角音 96×2/3＝64。

十二律也是運用三分損益法確定的，而且與「隔八相生」說也是密切相關的：當長度減爲一半時，頻率將變爲原先的兩倍；長度增成爲原先的兩倍時，頻率成爲原先的一半。我們將這種互爲二倍數的特殊比例，定義爲彼此互爲「八度音」。所以「三分損」（長度變爲原先的二分之三）與「三分益」（長度變爲原先的四分之三），彼此之間正是一個「八度音」的關係（四分之三是二分之三的兩倍）。聲音的高低實際指的是與物體振動的頻率，頻率與它的長度是成反比的關係：物體的材質固定，長度愈長，聲音愈低，反過來長度愈短，聲音愈高。所以，三分損益法是符合數理、物理和樂理的，與古希臘畢達哥拉斯學派中的「五度相生律」的方法，一樣是科學的。十二律的三分損益的基礎就是從九九八十一的長度出發的。爲了節省繁瑣的解說，我們把《史記》的記述、三分損益法的由來、長度算式已經與十二平均律的偏差，十二律特性和西方調名整合成一個《十二律綜合表》，請大家對照辨析：（詳見《十二律綜合表》）

需要說明的是，根據宋代沈括的《夢溪筆談》，發現了《史記・律書》中的文字有抄錄失誤，原文中的黃鍾「八寸七分一」應該是「八寸十分一」（81分才合理。還有表中的數字也不

是絕對精確的，定律時不斷地使用三分損益的操作，使得黃鐘以後各律最後的結果數都會出現除不盡的小數。【110】

有了五音、七聲、十二律，並有了音階中以宮爲主的觀念，「旋相爲宮」的理論也由此進一步確立。「旋相爲宮」簡稱「旋宮」，指是宮音在十二律上的位置有所移動，這時，商、角、徵、羽各階在十二律上的位置當然也隨之相應移動，由於曲調的主音由不同階名的音來擔任而造成的調式轉換，叫做「犯調」（或「轉調」）。所以十二律中的任何一律，都可以作宮音，宮音的位置因而（商、角等其餘各階的位置也相應地）就有12種可能的方案，每一種調域選擇方案稱爲「均」，每均有5個音。5個音中的每個音，都有可能當主音；不同的階當主音，就形成不同的調式，即「調」；這樣每均都可以有5個調，十二均就可以有5×12＝60個調，這就是所謂「六十調」。如果再把「變宮」、「變徵」一起算進來，每均都可以有7個調，十二均就有84個調，這就是所謂「八十四調」。

【110】這裡參考了臺灣學者TG的〈《史記》當中記載的「律數」〉一文。

十二律綜合表

十二律名稱	三分損益基礎	三分損益的算式《史記》數字和校正的數量	十二平均律	三分損益與十二平均律偏差（%）	十二律特性	西方調名
黃鐘	八寸七分一	81：81	81	0	陽氣踵黃泉而出	C
林鐘	由黃鐘三分損而來：五寸十分四	81×2/3 54：54	54.0610	0.11	萬物就死，氣林林然	G
太簇	由林鐘三分益而來：七寸十分二	54×4/3=72：72	72.1628	0.23	萬物蔟生也	D
南呂	由太簇三分損而來：四寸十分八	72×2/3=48：48	48.1629	0.34	陽氣之旅入藏也	A
姑洗	由南呂三分益而來：六寸十分四	48×4/3=64：64	64.2898	0.45	萬物洗生也	E
應鐘	由姑洗三分損而來：四寸二分三分二	64×2/3=42.6667：42.6667	42.9083	0.56	陽氣之應，不用事也	B
蕤賓	由應鐘三分益而來：五寸六分三分二	42.6667×4/3 = 56.8889：56.6667	57.2757	0.68	陰氣幼少也	#F bG
大呂	由大呂三分損而來：七寸五分三分二	56.8889×4/3 =75.8519：75.6667	76.4538	0.79	陰大也，旅助黃鐘宣氣而牙物也	#C bD
夷則	由大呂三分損而來：五寸三分二	75.8519×2/3 =50.5679：50.6667	51.0268	0.90	陰氣之賊萬物也	#G b A
夾鐘	由夾鐘三分損而來：六寸七分三分一	50.5679×4/3 =67.4239：67.3333	68.1126	1.01	陰陽相夾廁也	#D bE
無射	由夾鐘三分損而來：四寸四分三分二	67.4239×2/3 =44.9492：44.6667	45.4597	1.12	陰氣盛用事，陽氣無餘也	#A b B
仲呂	由無射三分益而來：五寸九分三分二	44.9492×4/3 =59.9323：59.6667	60.6814	1.23	萬物盡旅而西行也	F

古人通常把繪製成一個由內外圓組成的圓圖，內圓是七聲（五音「二變」），外圓是十二律（並配上相應的西方調名），這樣就是如下的圖形：

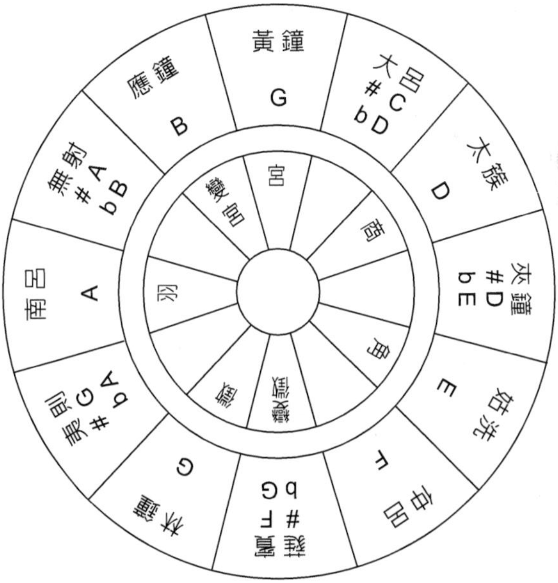

圖75 《旋相為宮圖》

七聲內圓能夠自由旋轉，通過旋轉七聲與外圓十二律便可以構成一個類似以「宮音」的不同的調式來。在古代旋宮理論中，唐代有「順旋」、「逆旋」兩種旋宮方式，宋代有「右旋」、「左旋」兩種說法，其實這沒有什麼差別，「順旋」就是「右旋」，而「逆旋」就是「左旋」。我們僅以「順旋」爲例略加說明：「順旋」（「右旋」）就是「以十二律各順其月旋相爲宮」的方法。先把內圓的「宮」字對準外圓的「黃鐘」，就得到了黃鐘均七調——黃鐘爲宮，太簇爲商，姑洗爲角，蕤賓爲變徵，林鐘爲徵，南呂爲羽，應鐘爲變宮；再把內圓的「宮」字對準外圓的「大呂」，就得到了大呂均七調——大呂爲宮，夾鐘爲商，仲呂爲角，林鐘爲變徵，夷則爲徵，無射爲羽，黃鐘爲變宮。依次類旋到內圓的「宮」字對準外圓的「應鐘」時，就得到了應鐘均七調——應鐘爲宮，蕤賓爲徵，大呂爲商，夷則爲羽，夾鐘爲角，無射爲變宮，仲呂爲變徵。這樣一周「順旋」就完成了。【111】

律呂與《河圖》和《洛書》又是怎樣關聯的呢？

首先，同五音一樣，律呂聲音也是以《河圖》、《洛書》爲本源的。朱載堉在《律呂精義》中已經指出：「一切算術，皆取法於《河圖》、《洛書》。《河圖》十位，天地之體數

【111】《旋相為宮圖》及其論述古代比較多，以蔡元定、瞿九思為典型。

也；《洛書》九位，天地之用數也。是故算律之術，或有約十而爲九者，著其用也；或有約九而爲十者，存其體也。」[112]凡是要運用算術法則和原理的，都是淵源於《河圖》和《洛書》的數理，體數和用數參錯，陰陽相生。這些道理前面已經闡述了，不再重複。還有鐘管方圓內外的外在體象，是源於《河圖》形象，律管計算的法則也直接來自《河圖》和《洛書》的勾股數理。我們以十二律正率、半律的算取來證明：

取黃鐘10寸分別作爲勾、股，那麼，運用弦數 $=\sqrt{勾\times勾+股\times股}$ 的公式，得出弦長就是14.1421356。把黃鐘弦長做圓的直徑，就是蕤賓倍率（一倍的律率）的數值；把蕤賓倍率數值乘以勾10，得到141.421356，開平方就得到南呂倍率的數值11.89207115；把南呂倍率數值乘以勾10，再乘以股10，得到1189.207115，開立方就得到應鐘倍率的數值10.59463094……其餘各律倍率演算法可以類推算出。

---

[112]（明）朱載堉《律呂精義》，日本早稻田大學館藏明萬曆二十四年（1596）刊本第1冊第80頁。

這個十二律倍率數值等值算式如下：

大呂倍率＝黃鐘倍率×10/應鐘倍率＝18.877748626

大簇倍率＝大呂倍率×10/應鐘倍率＝17.817974437

夾鐘倍率＝大簇倍率×10/應鐘倍率＝16.817928 32

姑洗倍率＝夾鐘倍率×10/應鐘倍率＝15.874010 54

仲呂倍率＝姑洗倍率×10/應鐘倍率＝14.983070 79

蕤賓倍率＝仲呂倍率×10/應鐘倍率＝14.142135 36

林鐘倍率＝蕤賓倍率×10/應鐘倍率＝13.348398 57

夷則倍率＝林鐘倍率×10/應鐘倍率＝12.599210 53

南呂倍率＝夷則倍率×10/應鐘倍率＝11.892071 18

無射倍率＝南呂倍率×10/應鐘倍率＝11.224620 52

應鐘倍率＝無射倍率×10/應鐘倍率＝10.594630 94

按照算理，倍率的一半是正率，而正率的一半就是半率，因此依此類推，就可以算出36律了。[113]

其次，《河圖》是取決律管長短、空徑大小的依據。江永在《〈河圖〉爲律管長短空徑大小之源說》認爲：《河圖》有四層，最內一層是5點，次外一層10點，把5與10點變爲線，就作出了2個方形，以10點的方形就包涵了，如「回」字形。5點方形的冪，是5×10＝25；10點方形的冪，是十十爲百，10×10＝100；因此5點的方形是10點的方形的一分之四，10點的方形是加5點的方形的三分之四。然而兩個方形的中間，有不能相互完全接觸的空隙，於是，在5點的方形之外，隱然有個小圓（徑70710有餘）再包涵它；在10點的方形之外，隱然也有個次方形（徑70710有餘）再包涵它；這樣5點方形的四角直抵圓周了。這個小圓之外方，又隱然有次方形（這個方形直徑70710有餘）再包涵小圓，這樣次方形的四邊向內切圓周了。次方形之外，而又隱然有個大於小圓之圓（圓周3 14159有餘，圓徑10）複再包涵它，這樣次方形的四角都直抵圓周，而外方形（直徑是10）的邊都內切圓周了。而5與10兩個方形之間有兩個圓、一個方形，中間一個方形，它們的冪都是50，那麼5與10相乘的數，就是內方形冪的1倍，也是外方形冪的一半了。

【113】郭彧《河洛精蘊注引》，華夏出版社2006年第157-158頁。

這是《河圖》包涵的數及其各數之間的相互關係，可是這些數及其各數之間的相互關係正好是律呂的依據：外方形直徑是10，就是黃鐘正律10寸、內方形就是黃鐘半律5寸的依據；那麼中間的方形，必定是7寸零7分1厘有餘，是蕤賓的長度依據，蕤賓之外就有大呂、太簇、夾鐘、姑洗、仲呂，蕤賓之內就有林鐘、夷則、南呂、無射，應鐘。因此，《河圖》5與10，便包涵有十三律的數理和樂理了。

然後，江永運用類似的方法，認爲《河圖》的外二層，就是由圓的冪的積得出方的邊徑，這又有十二倍律、一正律的數理和樂理了。最後總結說：《河圖》四層，正是擁有方圓相包涵的理數，所以律呂的倍律、正律、半律的長短，律管體容積的厚薄多少，都是以《河圖》的理數爲依據。他自己說，這也是「千古所未發明者也」！【114】

《洛書》與律呂相應並且也是律呂的本源。江永繼承傳統的時節與律呂相應的觀念，他在《周禮·春官宗伯第三·大司樂》發現：周人在祭祀天地神祇時，六律既與地支相合，也與《洛書》「自相符合」。周人祭祀地神，「奏太蔟，歌應鐘」，用大蔟宮的調式來演奏，用應鐘宮的調式來歌唱，跳《咸池》舞：是地支的寅與亥合，《洛書》的七與四合爲十一；周人祭

【114】（清）江慎修著、孫國中校理《河洛精蘊》，學苑出版社2007年第253-254頁。

祀四嶽神，「奏姑洗，歌南呂」，用姑洗宮的調式來演奏，用南呂宮的調式來歌唱，跳《大韶》舞：是地支的辰與酉合，《洛書》的五與六合爲十一；周人祭祀山川神，「奏蕤賓，歌林鐘」，用蕤賓宮的調式來演奏，用林鐘宮的調式來歌唱，跳《大夏》舞：是地支的午與未合，《洛書》的三與八合爲十一；周人祭祀先王、先公，「奏無射，歌夾鐘」，用無射宮的調式來演奏，用夾鐘宮的調式來歌唱，跳《大武》舞：是地支的戌與卯合，也是《洛書》的五與六合爲十一；周人祭祀姜嫄，「奏夷則，歌小呂」，用夷則宮的調式來演奏，用小呂宮的調式來歌唱，跳《大濩》舞：是地支的申與巳合，當是《洛書》的十（因爲《洛書》沒有十，只有四與九相連，也就猶如十與九相連，所以借四作爲十）與一合加。【115】

另外，十二律本身也與《洛書》契合精妙：十二律中正藏十二位，以配合《洛書》，以九至一的數配合九律，一之後又得六、五、四三位數，以配合三律。如果把這十二律放到十二支辰相應的位置佈置，那麼二、八的位置必然相沖，六、五、四三位數也必然會自沖。所以，律呂只有在《洛書》與十二支辰在這樣配合的前提下，即一、九、五爲申、子、辰三合，七、三、五爲寅、午、戌三合，四、六、二爲巳、酉、丑三合，四、六、八爲亥、卯、未三合，才能獲得最佳效果。如果遵循二繼九、八繼三的次第，就一定是十二律長短的順序；如果遵循八

【115】郭彧《河洛精蘊注引》，華夏出版社2006年第166頁。

繼九、二繼三的次第，就一定是十二律相生的順序。【116】

當然，律呂與《河圖》、《洛書》的淵源還不止這一些，江永他還從算律之法、算律不用三分損益說來具體探討律呂的算理，還從易學探討了五十音應大衍之數的關聯，尤其是從五行母子數、六十調以及上、中、下聲等納音樂理，這些探討對我們都有啓迪，限於篇幅，就不再一一敘述了。

肆、全息協調的醫理

古人爲我們留下了豐富的醫學知識和理論，而且相當系統，具有鮮明的中國特色：單是一部《黃帝內經》，從大的方面而言，就有氣學說、陰陽醫學、五行醫學、臟腑學說、經絡學、診法學說、時間醫學、氣象醫學、醫學地理學等，而且其中每一個學說又包涵不少次一級的學說，不必提那氣學說、陰陽醫學、五行醫學、臟腑學說、神奇的經絡這些分說眾多的學說，即便是陰陽醫學，它也有四時氣說、四時刺逆從論、醫法順時論、藥性變遷論等，這些還可以再

【116】（清）江慎修著、孫國中校理《河洛精蘊》，學苑出版社2007年第268頁。

分出次一級的學說。不僅如此，醫學知識和理論還相互滲透，相輔相成的，四時氣說與氣學說、與陰陽醫學、五行醫學、臟腑學說、經絡學等就是如此。

古代醫學知識和理論因此呈現出了獨一無二的個性：全息協調。

一般認爲，字面上的全息，就是真實的反映物體在空間存在時的整個情況的全部資訊。這個內涵被物理學借去特指一種技術，就是讓從物體發射的衍射光能夠被重現，其位置和大小同它以前一模一樣。如果從不同的位置觀測這個物體，它所顯示的圖像也會變化，因此也就有不同的全息圖，例如投射全息圖、反射全息圖、彩虹全息圖等等。到上個世紀80年代中期，我國青年學者張穎清教授在研究生物整體與其相對獨立部分之間的關係時，發現生物的組成部分存在著生物整體的全部資訊，是整體的相對縮影。他又借用物理學鐳射全息照像的「全息」概念，解釋生物整體與部分的相關性爲「全息現象」，這就是世界一門新的邊緣學科——「全息生物學」。不久，全息生物學傳到了日本、巴西、波蘭、新加坡、香港等國家和地區，他們不僅把全息生物學繼續完善，而且還應用於生物、醫學等的實踐。當代卓越的量子物理學家與最爲活躍的科學思想家大衛•玻姆（David Joseph Bohm，1917—1992），在他的《整體性與隱纏序：卷展中的宇宙與意識》中，把全息理論提高到哲學層面，強調全息論的核心思想是，宇宙是一個不可分割的、各部分之間緊密關聯的整體，任何一個部分都包含整體的資訊。所以玻姆被人們尊爲「全息理論之父」。

可是，這些「新」的理論，中國的《黃帝內經》在數千年前就已經提出並應用到醫療實踐了。而且，以《黃帝內經》爲代表的全息理論，則是從更早的《河圖》和《洛書》的理念而來。

醫學史學者孟慶雲在〈河圖洛書是醫易之源〉中指出，「古代學者們所謂的「醫易同源」，其源在河圖與洛書。」《黃帝內經》「援用河圖、洛書之理類比臟腑的功能、方位、時間和人身格局」【117】。「河圖洛書保健按摩推拿技術」發明者王一丁先生也肯定：「中醫與河洛的關係其實就是宇宙天體運行、氣象變化對人體陰陽平衡、健康與疾病的影響的關係。」【118】

《河圖》和《洛書》雖然沒有直接闡述全息理論，但是《河圖》蘊藏著的五行生成數，象徵著自然界萬物的生成及終止，與人體臟腑的生理特徵密切相關；〈靈樞〉說「天地之至數也，始於一而終於九」，就是指《洛書》之像是天地至數存在的一種表現形式，所以在〈九針論〉中，專門有文字闡述《洛書》九數與人體肢體、身形相應的人天全息之數理。（詳細敘述

【117】王君主編《中國傳統醫學與文化》，陝西科學技術出版社1993年第20-22頁。

【118】王一丁《河圖洛書保健按摩絕技》，北京出版社1999年第30頁。

見〈氣血經脈：生理〉一節）

在這樣的基礎上，似乎可以這麼說，《河圖》和《洛書》是古代醫學全息理論以及全息協調特色的主要理念，而且涉及到古代醫學的所有方面。但是，限於篇幅，我們只從生理和病理兩個方面，分別以「經脈氣血」和「五臟八風」爲個案來略加敘述。

一、氣血經脈：生理

清代江永在「推天道以明人事」全息理論指導下認爲，《河圖》、《洛書》、八卦就是臟腑、脈候的影子，而臟腑、脈候也是《河圖》、《洛書》、八卦的形象。因爲，象數同源，天人一貫。這是相對大宇宙來說的，如果到人這個小宇宙，那麼人體的六氣流行與人身的疾病，是密切相關的。因此按理生理和病理不能分開，不過爲了敘述的方便，只就它們各自的側重來說的。

生理本來是指整個生物的，這裡只是限於人的體內各器官的機能和生命活動、生長繁殖以及養生等方面的原理和情態。然而這些醫理與《河圖》和《洛書》關聯最密切、最明顯的則是以下三個方面：

(一)、《洛書》數理：人體全息密碼

南宋朱熹在《周易本義》卷首把《洛書》黑白圓圈表示的9個數按照縱、橫、斜4個方向的3組數，編成了這樣的口訣：「戴九履一、左三右七、二四爲肩、六八爲足、五居其中」。這些數及其排列，《黃帝內經・靈樞・九針論》就已經把它當做與人體肢體、身形相應的人天全息之數理。後來易學家也有人斷續指出：北宋程頤在《易傳》中就說八卦有雷、風、山、澤四卦之類，有似人身之有耳、目、手、足，而雷、風、山、澤就是《洛書》中的八、二、六、四這4個數；八卦中的乾、坤兩卦，在人的倫理是表示父、母，如果只人體乾在上坤在下，也就是暗示頭與腳了[119]而〈九針論〉一針是「主熱在頭身也」，最後的第九針就是「主取大氣不出關節者」，也正是由頭到腳的次第。

所以今天有學者根據這些相關理念，認爲《洛書》這9個天地至數與人體主要器官以及分佈管轄範圍大致相應：「9」爲頭，其實，頭、喉、頸、脊椎、心臟、小腸都屬於「9」的區域；「2」、「4」爲肩，還應該包括左右手（從耳至手指的這一線）。「6」、「8」爲左右

【119】（清）張志聰著，孫國中、方向紅點校《黃帝內經靈樞集注》，學苑出版社2006年第603-606頁。

足，還應該包括從腹股溝到腳趾的這一線；左3右7，中醫認爲是「左肝右肺」，「3」爲肝、膽以及帶脈，屬於整個軀體的左側；「7」爲肺、乳腺以及帶脈，爲整個軀體的右側；「5」居其中，爲丹田、黃庭區域，還應該包括腎及六腑；「1」爲人體任脈下端（肚臍至 生殖器）的這一線，包含生殖系統。

把這9個天地至數所代表的人體「行政區域」運用到針灸臨床治療，我們就會發現，它們都有一個敏感點（相當於首府），所以根據這9個敏感點來治病，立竿見影。「2」、「4」的敏感點在耳垂，還有手掌月骨之中的粒骨點上，這在數術家醫派中叫做「氣門」；「3」、「7」的敏感點在帶脈上，脅下左右兩側，這是一個區域，在本派中，素有「帶脈通、全身松」之語；「6」、「8」的敏感點在腹股溝中央、血海穴、委中穴及經外奇穴「暢通點」；「9」的敏感點在人中穴與鼻根交界處的鼻根點，施術時多用一手覆頭，另一手拇指內側橫向上推至百會穴方向，一緊一松，有醒腦、急救之妙用。還有就是雙耳尖直上約二橫指處的頭上敏感點和脊椎臨時壓痛點。「1」的敏感點在會陰穴；「5」的敏感點在神闕穴。假如這個時候來了一位左腳扭傷的患者，如何運用洛書療法進行治療呢？我們知道：左腳爲「8」，與其相關聯的方陣有東宮、北宮、西南東北宮，僅以西南東北宮爲例，2+5+8＝15，「5」居中是神闕，「2」爲右手這一線，我們讓傷者伸出右手，術者痛捏其右手粒骨不放，囑傷者大膽跺腳55下，不要怕痛，大膽地跺！等到55下結束，鬆開手，再讓他跺腳看看療效。也許，就這麼

兩下，剛才來的時候還得人攙扶著疼痛難忍的瘸腿，現在可以健步如飛了。【120】

當然，《洛書》數理是否一定是人體全息密碼，而且《洛書》究竟是如何建構並展示人體全息密碼的，還有待進一步探索，上述理論和「事實」還有待證實。但是不能否認，這些理論和「事實」是有啓迪作用的。

(二)、氣血：人的生命之源

氣血是人的生命之源，應該算是古代世界的一個共同認識。

古代先賢在談論天地本源時，別開中國的陰陽五行說和元氣論不說，佛教認爲是地、水、火、風這「四大」，古希臘則認爲是水、火、土、氣這四元素，而人也是從自然而來，江永因此就把地（或者土）當做人的形骸，水當做人的津液，火、風則是人的鼻息、呼吸和溫暖的體氣。我們都知道，人如果死了，首先沒有呼吸，然後就是沒有了體溫。然而，死屍沒有體溫之後，就是血水乾涸。所以氣血是人生命的起源，也是生命的結束。

在這樣的共同認識下，江永進而指出，雖然天下事物都出自五行，卻都是根源於《河

【120】劍波〈神奇玄妙的「洛書療法」〉，《氣功與科學》1999年第8期。

圖》。《河圖》一、六屬於水，卻是植根於陰性強盛而轉向的老陰，所以八卦中的《坤》、《艮》兩卦分別處於一、六兩數的位置。《坤》、《艮》兩卦在五行分別爲土與山，實際都是屬土。按照五行生化的原理，土和水是可以相互轉化的，地雖然是土，但是最初本是水融結而成的，所以，觀察山巒的起伏就像波浪蕩漾的形態，而且高山上或有海螺蚌殼。水的轉化也就是在這個基礎上迴轉。《河圖》一、六的數理，既是土和水是可以相互轉化的原理，也是人的生命之源的原理。人身最初就是精血，精血本身就是水。精血慢慢地形成了胚胎，胚胎就生長出來肌骨，肌骨就是土了。【121】

當然，江永只是說明人身最初就是精血，至於什麼樣的精血、如何才會形成胚胎，這些前人已經有了解說，所以他在這裡就沒有論述了。南宋朱熹曾經說過：「人之男女，陰陽也，逐人身上，又各有這血氣，血陰而氣陽也；如晝夜之間，晝陽而夜陰也，而晝陽自午後又屬陰，夜陰自子後又屬陽，便是陰陽各生陰陽之象。」【122】這說明，精血必須取自具有陰陽特性的男女，而且只有在「血陰而氣陽」或者「血陽而氣陰」交合的前提下，才會產生出胚胎。這

【121】（清）江慎修著、孫國中校理《河洛精蘊》，學苑出版社2007年第58-60頁。
【122】（宋）黎靖德編《朱子語類》第2冊，嶽麓書社1997年第1436頁。

又是《河圖》「四與九同方」的原理：四與九是人的肺所在，肺「司呼吸以通於天」，肺不僅主氣，而且也是人氣息直達頭部的動力源。不過江永對此也有補充，他說必定有交易，才可能成就造化。從《洛書》考察：二居西南，八居東北，就是暗示了人的最初的氣血源於「男女構精」。所以，八卦的卦象都有男女之象：艮、兌代表初生的男女，還沒有具備起碼的知識；坎、離代表毀齒的男女，天癸（腎精、月經）還沒有通達；乾、坤已經是老年男女，不能生育了。只有震、巽如二八少男，二七少女，天癸既通，精血始成，所以可以生育了。因此《洛書》二、八相交，是人道生生不息的淵源，也是造化自然的通理。【123】

從《河圖》的一、六和四、九原理再到《洛書》二、八相交，我們可以得出結論：人的氣血不僅是人生命起止的標誌：「人之有生，全賴此氣」，也是人重要的生命機能：「氣聚則形生，氣散則形死也。」【124】不只是人的形體存不存在，也指精神飽不飽滿的狀態。古人對氣血的論述鄭重而且繁複。

從生理及其機能來看，氣（元氣、原氣、真氣）主要有：一是氣血核心的宗氣，〈靈樞・

【123】（清）江慎修著、孫國中校理《河洛精蘊》，學苑出版社2007年第113頁。

【124】李志庸主編《張景嶽醫學全書》第1冊，中國中醫藥出版社1999年第21、28頁。

邪客論〉裡面說：「宗氣積於胸中，出於喉嚨，以貫心脈而引呼吸焉。」宗氣是積聚在胸口的氣，它從胸和肺出發，通過呼吸的氣管、經絡而分佈全身；因而宗氣能夠使血與津液之化生、輸布及轉化，貫通心脈，驅動與調節心臟的博動，使血流於脈中，使氣運行，維持肢體之寒溫與動力。二是營氣，就是與血同行于脈中之氣，能化生血液，營養全身；三是衛氣，就是行於脈外之氣，在內散於胸腹，以溫煦臟腑；在外行於皮肉之間，以調節腠理之開合，護衛肌表，潤澤皮毛，抵禦外邪之侵入等。[125]

古代氣學說中的六氣論與《洛書》關係密切。六氣比較複雜：《左傳・魯昭公元年》（西元前541年），醫和爲晉平公治病時說：「天有六氣，降生五味……六氣曰陰、陽、風、雨、晦、明也。」[126]這六氣是天氣。在〈素問・至真要大論〉中，岐伯回答黃帝「六氣分治」問題時說：「厥陰司天，其化以風；少陰司天，其化以熱；太陰司天，其化以濕；少陽司天，

[125]（清）張志聰著，孫國中、方向紅點校《黃帝內經靈樞集注》，學苑出版社2006年第578頁。

[126]（晉）杜預等注《春秋三傳》，上海古籍出版社1987年第417頁。

其化以火；陽明司天，其化以燥；太陽司天，其化以寒。」【127】這六氣是指寒、熱、燥、濕、風、火六種症候。在〈靈樞經・決氣〉中，岐伯又論述了另一種六氣：精、氣、津、液、血、脈，這是指人體內之氣變化而成的六種狀態。

這三種六氣在江永看來則是相同的，只不過是從不同的角度來說而已，無論那一種說法，都是與《洛書》相應的。他把六氣分爲陰陽，並加以整合，就是陰淫寒疾爲太陽寒水，陽淫熱疾爲少陽相火，風淫末疾爲厥陰風木，雨淫腹疾爲太陰濕土，晦淫惑疾爲少陰君火，明淫心疾爲陽明燥金。這整合之後的六氣與《洛書》的數位相應的情況是：風者厥陰風木，在二；寒者太陽寒木，在七；暑者少陰君火，在三；濕者太陰濕土，在六；燥者陽明燥金，在四；火者少陽相火，在八。其中寒木、君火所在的七、三數本來是陽數，但是寒木是已經開始轉陰的太陽七，而三此時已經屬於少陰，所以具有陰數性質。【128】

【127】（清）張志聰著，孫國中、方向紅點校《黃帝內經素問集注》，學苑出版社2002年第716頁。

【128】（清）江慎修著、孫國中校理《河洛精蘊》，學苑出版社2007年第343頁。

六氣與時節相應也是古代醫理非常關注的，一年四季陰陽盛衰消長的氣候規律，與物候乃至人體生命的關係尤爲密切：〈素問・六微旨大論〉說「夫物之生從於化；物之極由乎變；變化相薄，成敗之所由。」【129】這就是所謂「氣機」，主要是說六氣有升、降、出、入。因此自然界之氣有春升、夏浮、秋降、冬沉，人體之氣也有升降浮沉；清晨好似春天，陽氣漸趨旺盛，病氣相對衰減，所以病人早晨多覺清爽；白天好像夏季，陽氣旺盛，病氣減弱，所以病人白天大多安靜；傍晚如同秋天，陽氣伏藏，邪陰獨盛，病氣自強，所以病人晚上大多躁動。一年四季也有相應的變化。這也因爲《河圖》和《洛書》的數字排列和太陽的運行週期相應的原理形成的，這在《洛書》很明顯：一處在正北方位，是一年的陰極，時令在冬至；九處在正南方，是一年的陽極，時令在夏至。從一到九表示陰消陽長，出寒到熱；從九到一表示陽消陰長，從熱到寒。三處在正東方位，時令正值春分，氣候溫和；七居西方，時值秋分，氣候涼爽。

可見《河圖》《洛書》的數位不僅標誌著空間方位與時間時令，而且還象徵著一年四季光熱的強弱：一，光熱最弱比如東方；二，爲黎明之時，光線尚弱；九，光熱最強，因爲九處

【129】鄭林等主編《張志聰醫學全書》第1冊，中國中醫藥出版社1999年第263頁。

南方又時值正午；七，爲西方傍晚，光線又已轉弱等等。此外，《洛書》還可以反映一年之中的物候變化的特點。所以東晉時道教名家魏伯陽也在《周易參同契》中，講人體內有十二消息卦，反映人體能量及精氣神的流注消長。

江永在〈大衍之數五十說〉中提到：「人身營衛之氣周流，晝行陽二十五度，夜行陰二十五度，合得五十周，應衍之數。」[130] 這裡就是指《河圖》與六氣的吻合。至於他的《客氣加臨司天在泉定局圖》雖然也是論六氣的，但似乎術數意味比較強，就不說了。

(三)、經絡：人的活力通道

經絡是經脈和絡脈的合稱。

經脈的經，本義是直行的路徑。是由經脈、經筋、皮部等組成。經脈可分爲正經和奇經兩類：正經共有十二條，即手足三陰經和手足三陽經，合稱「十二經脈」，是氣血運行的主要通道。十二經脈有一定的起止，循行部位和交接順序以及在肢體的分佈和走向，也都有一定的規律，同體內臟腑有直接的絡屬關係。奇經只有八條，即督、任、帶、沖、陰蹺、陽蹺、陰維、陽維，合稱「奇經八脈」，有統率、聯絡和調節十二經脈的作用。十二經不是從十二經脈分叉

[130] （清）江慎修著、孫國中校理《河洛精蘊》，學苑出版社2007年第75頁。

出來的經脈，它們分別起自四肢，循行於體腔臟腑深部，上出於頸項淺部，它們能夠補正經的不足。經脈的經筋和皮部，是十二經脈與筋肉和體表的連屬部分。經筋是十二經脈之氣「結、聚、散、絡」於筋肉、關節的體系，是十二經脈的附屬部分，所以稱「十二經筋」。經筋有聯綴四肢百骸、主管關節運動的作用。全身的皮膚是十二經脈的功能活動反映於體表的部位，也是經絡之氣散佈的處所，所以，把全身皮膚分為十二個部分，分屬於十二經脈，稱「十二皮部」。

絡脈是經脈的細小分支，分佈如網路，所以叫「絡脈」。它有別絡、浮絡、孫絡之分。別絡是較大的和主要的絡脈。十二經脈與督脈、任脈各有一支別絡，再加上脾之大絡，合為「十五別絡」。浮絡是循行於淺表部位而常浮現的絡脈。孫絡是最細小的絡脈。它們主要是加強各部聯繫和網路經脈不及的部分。

經絡內屬腑髒，外絡肢節，行氣血，通陰陽，溝通表裡內外，網路周布全身，把人體各個部分聯結成一個統一的整體，以保持其機能活動的協調和平衡。所以，是「人的活力通道」。也是人的生理的重要組成部分。

經絡與《河圖》的單獨關聯是十二經脈和十二經別的數量相合，說明它們源自《河圖》。當《河圖》一、六水變為五十坤、艮土之後，五十改變而處於北方，那麼南北相對24黑白圈，東西相對也24黑白圈，這就不只是二十四氣、二十四小時和二十四向生成的原理，也是人

二十四經脈、二十四骨節（背脊21節加上項3節）生成的原理。【131】

元代王國瑞在他的《扁鵲神應針灸玉龍經》中提出了「飛騰八法」：就是以《河圖》數位爲依據，根據時辰的天干屬性，按時選取八脈交會穴位，從而進行針灸治療的方法。【132】根據他的敘述，《河圖》數位、取穴法中時干、交經八穴的對應關係如左：

《河圖》數	一	二	三	四	五	六	七	八	九	十
取穴法中時干	甲	乙	丙	丁	戊	己	庚	辛	壬	癸
開穴	公孫	申脈	內關	照海	臨位	列缺	外關	後溪	公孫	申脈
配穴	內關	後溪	公孫	列缺	外關	照海	臨位	申脈	內關	後溪

【131】（清）江慎修著、孫國中校理《河洛精蘊》，學苑出版社2007年第297頁。

【132】臺灣商務印書館編《景印文淵閣四庫全書》，臺灣商務印書館1986年第746冊第756頁。

經絡與《洛書》的單獨關聯是與六臟、六腑相爲表理，而且各與六脈有相合的原理。這十二臟脈候與《洛書》合十之數，是山、澤、水、火、雷、風之象，及六氣分三陰三陽的序等，早已確定的。而且左右六部脈，與先、後天八卦的卦位恰好相對。右寸太陰、陽明和肺、大腸金在《洛書》的四數位，左尺太陽、少陰和腎、膀胱水在《洛書》七數位，如此類推，完全吻合。江永自己說：「此種妙理，千古未經人道破！」【133】雖然有點張揚，但是他確實糾正了〈素問‧脈要精微論〉「尺外以候腎，尺裡以候腹」不辨尺脈的左右而出現了左右都屬腎的錯誤，也指出了張介賓《類經》中大腸與左尺「水火不相容」的失誤。

這裡有一個比較專業的「寸、關、尺」，下面還要涉及到，先簡要說說。經絡學中一般以橈骨（ráo，與尺骨並排，位於拇指一側。上端與尺骨、肱骨構成肘關節；下端與腕骨構成腕關節。）莖突處爲關或關脈，關之前（腕端）爲寸或寸脈，關之後（肘端）爲尺或尺脈。在陰陽屬性是寸爲陽，尺爲陰；五行屬性以及關係是左尺水，生左關木；左關木，生左寸心火；右尺火，生右關土；右關土，生右寸肺金；陰生於陽者，右寸肺金，生左尺腎水；左寸君火，分權於右尺相火。與五臟是對候關係：左寸可候心與膻中，右寸可候肺與胸中；左關可候肝、膽與膈，右關可候脾與胃；左尺可候腎與小腹，右尺可候腎與小腹。這樣就可以檢驗並理解上下

【133】（清）江慎修著、孫國中校理《河洛精蘊》，學苑出版社2007年第353頁。

論述了。

經絡與《河圖》和《洛書》也有綜合的關聯。人身手腕後的動脈寸、關、尺6條，左右共6條，左尺腎木生左關肝木，左關肝木生左寸心火，右尺相火生右關艮土，右關艮土生右寸肺金，而肺金又生腎水，這就與《河圖》左旋五行相生的原理相應了。左尺木克右足之相火，左關木克右關土，左寸火克右寸金，此對位相克也；而右寸金克左關木，右關土克左尺水，此斜望相對也：這就與《洛書》右旋五行相克的道理相應了。【134】

奇經八脈中的督脈和任脈是人身最重要的兩脈。督脈的主幹起於胞中，下出會陰，沿脊柱裡面上行，至項後風府穴處進入顱內、絡腦，並由項沿頭部正中線，經頭頂、額部、鼻部、上唇，到上唇系帶處；它的分支從脊柱裡面分出的到屬腎，從小腹分出的內部直上貫臍中央，上貫心，到喉部，再向上到下頜部，環繞口唇，向上至兩眼下部的中央。中醫認為督脈是總督一身的陽經，故又稱為「陽脈之海」。督脈與腦、脊髓和腎有密切的聯繫。任脈也起於胞中，下出會陰，經陰阜，沿腹部和胸部正中線上行，至咽喉，上行至下頜部，環繞口唇，沿面頰，分行至目眶下。中醫認為能總任一身之陰經，故又稱「陰脈之海」。任脈多次與手足三陰及陰維脈交會，又與女子妊娠有關，稱「任主胞胎」。

【134】（清）江慎修著、孫國中校理《河洛精蘊》，學苑出版社2007年第338-340頁。

由於人位居天地之中，本來就與天地肖似，所以所謂《河圖》、《洛書》之理自然與人身相通。督脈和任脈也不例外。督脈和任脈是《河圖》和《洛書》中的九和一，是經絡中的陽和陰的主管。十二經脈有行於手的六，行於足的也是六，它們在督脈和任脈的統屬下與《河圖》和《洛書》的數位是這樣分佈的：四、六是手太陰肺、從臟走向手，手陽明、大腸從手走向頭，肺與大腸互爲表裡；而足陽明、胃從頭走向足，足太陰、脾從足走向腹，脾與胃互爲表裡。三、七手少陰、心從臟走向手，手太陽、小腸從手走向頭，心與小腸表裡；足太陽、膀胱從頭走向足，足少陰、腎從足走向腹，腎與膀胱互爲表裡。八、二是手厥陰、心包絡從臟走向手，手少陽、三焦從手走向頭，心包絡與三焦表裡；足少陽、膽從頭走向足，足厥陰、肝從足走向腹，肝與膽互爲表裡。八與二本厥陰、少陽之相通，心包絡與肝皆厥陰，三焦與膽皆少陽，是因爲二本來屬於《河圖》南方之火，才使相火也能夠寄於肝膽。十二經脈，起於手、太陰、肺，終於足、厥陰、肝的順序，與《河圖》和《洛書》四與六，三與七，二與八的順序合符。迴圈周流，晝行陽二十五度，夜行陰二十五度也與《河圖》五十之數相符。確實巧妙。[135]我們可以仿江永《橫圖應氣血流注圖》，而繪製的督脈和任脈的統屬與《河圖》和《洛書》、八卦、十二支對應圖於下頁：

---

[135]（清）江慎修著、孫國中校理《河洛精蘊》，學苑出版社2007年第350-351頁。

九乾	督脈主一身之陰陽			
卯	大腸	四兌	肺	寅
未	小腸	三離	心	午
亥	三焦	八震	心包	戌
子	膽	二巽	肝	丑
申	膀胱	七坎	腎	酉
辰	胃	六艮	脾	巳
一坤	任脈主一身之陰			

圖77 《經脈河圖八卦十二支對應圖》

寒	太陽寒水	小雪	大雪	冬至	小寒七坎	左尺
風	厥陰風木	大寒	立春	雨水	驚蟄二巽	左美
暑	少陰君火	春分	清明	穀雨	立夏三離	左寸
火	少陽相火	小滿	芒種	夏至	小暑八震	右尺
濕	太陰濕土	大暑	立秋	處暑	白露六艮	右美
燥	陽明燥金	秋分	寒露	霜降	立冬四兌	右寸

圖78 《主氣流行應節氣河洛卦脈圖》

讀者可以把兩個圖式（即圖77、圖78）整合參詳，理解敘述內容。

本來經絡與氣血不是截然分開的，而且古代的醫理往往與天文、歷數關聯，再繪製相關圖式即圖78，供參考。

二、五臟八風：病理

病理包括疾病的病因、發病機制、患病機體的代謝和機能變化等。因此，病理是以人的生理爲基礎，以診斷疾病爲最終目的的。不過，古代醫理並不完全與現代醫理相同，而往往不僅是從人體的器官、組織、細胞或體液等組織機能的內在因素入手，還要從自然氣候的變化等外在因素考慮，尋找導致疾病發生、發展的具體環節、機制和過程，進而提供診斷依據，達到最佳的治療效果。

(一)、器官病理：五臟

五臟是人體內心、肝、脾、肺、腎五個臟器官的合稱。心主血脈是全身血脈的總樞紐，心通過血脈將氣血運送於周身；心又主神志，是精神、意識和思維活動的中心，在人體中處於最高、也是最主導地位。肝主疏泄，能調節人的情志活動，協助脾胃消化。肝又藏血，有貯藏血液、調節血量的作用。脾主運化，促進飲食物的消化、吸收和營養物的輸布，爲氣血生化之源，故有「後天之本」之稱；脾又統血，能統攝血液不致溢出於經脈之外。肺主氣，司呼吸，是人體氣體交換的場所，又能宣發衛氣和津液於全身以溫潤肌膝皮膚。腎藏精，與人體生長發育和生殖能力密切相關，故有「先天之本」之稱；腎又主水，在調節人體水液代謝方面起著重要作用。由於五臟的主要生理功能是生化和儲藏精、氣、血、津液和神，故又名五神臟。所以五臟是人體生命活動的根本，也是醫理和病理關注的重點。

五臟與《河圖》和《洛書》的關聯，西漢揚雄就根據《月令》做出了探索。在《太玄·太玄數》中說：水藏腎，存精；火藏肺，存魂；木藏脾，存志；金藏肝，存魄。所以把五官與五臟歲對應的《河圖》和《洛書》數位定爲：一六爲腎，二七爲肺，三八爲脾，四九爲肝。【136】不過，他的意見後來被醫家發現錯誤，易學和河洛學者就進一步推求，到清代，江永才總結。他先繪製了一副《圖書五奇數應五臟部點陣圖》，然後在《圖說》中說：人的身軀以隔膜分成上、下兩部分，肺和心在隔膜的上部分，脾、肝、腎在隔膜的下部分，它們依次在《河圖》和《洛書》的九、七、五、三、一數位上。根據五行相勝原理，金乘火位，所以肺居心上；火入金鄉，所以心居肺下：這是《河圖》變《洛書》的二由北轉向西北二形成的影響。其餘脾、

【136】浙江古籍出版社編《百子全書》上冊，浙江古籍出版社1998年第621-622頁。

肝、腎，依次在土、木、水的位置，這與《河圖》和《洛書》的三數位不變相同。所以《河圖》和《洛書》數位的順序與五臟的位置有天然的關聯。【137】

由於《河圖》蘊藏著五行生成數，象徵著自然界萬物的生成及終止，與人體臟腑的生理特徵密切相關，所以王一丁先生的《河圖》按摩法，根據這種天然聯繫，總結了《河圖》五大穴位，它們的名稱以及相互關聯如下：

風府穴：《河圖》天數一生水，代表腎臟，腎爲水臟，水爲至陰，爲生命之源。水是天原初的數位，腎水居北方，配坎卦，因爲水可以生水。穴位在項上，入髮際1寸，大筋內宛宛中。

左承靈穴：《河圖》天數三生木，肝爲木，代表肝臟。木代表新生，標誌著萬物的萌動，象徵生命之始。肝木居東方，配震卦，因爲木可以生火。穴位在頭部前髮際上4寸，頭正中線（左）旁開2.25寸，大約在左頭維穴與左風池穴的連線中點上。

神庭穴：《河圖》地數二生火，火爲心，代表心臟。火爲日，象徵陽氣，是水的反動。有水火，陰陽才能氣化，萬物始能衍生，火代表溫熱陽性。心火居南方，配離卦。火可以生土。穴位在頭部前髮際正中直上0.5寸。

【137】（清）江慎修著、孫國中校理《河洛精蘊》，學苑出版社2007年第355頁。

百會穴：《河圖》天數五生土，脾爲土，代表脾臟。土爲萬物之母，成數賴之以衍生，五爲中央，爲戊巳土。土可以生金。穴位在頭頂後髮際正中直上7寸，陷可容指。

右承靈穴：《河圖》地四生金，肺爲金，代表肺臟。金象徵萬物有始必有終，有生長必有收藏。肺居西方，配兌卦。金可以生水。穴位在頭部前髮際上4寸，頭正中線（右）旁開2.25寸，大約在右頭維穴與右風池穴連線中點上。

王一丁先生認爲《河圖》五個穴位的，在人體生命科學中具有重要意義。

王一丁先生還認爲《洛書》的數字代表著方位和光熱溫度，人體五臟應之，在生命科學中同樣具有很大的意義。《洛書》一的數位在正北方，象徵一年或者一日中溫度最低、光線最弱的階段，所以一是以寒水爲事的。從人的身體來說，一年中的冬季，一日的子夜皆爲陰氣較盛，陽氣偏弱的時候，人便以腎來應對。這個階段應注意保護陽氣。這時候稱爲「子時一陽生」，「陰極一陽長」之際。《洛書》九的數位在正南方，則標誌一年或者一日中溫度最高，熱力最大，光線最強的階段，所以九是以火熱爲事的。從人的身體來說，一年中的夏季，一日的午時都是陽氣旺盛、陰氣偏弱的時候，人便以心來應對。這個階段應注意保護陰氣，防止陽灼。這時候稱爲「午時一陰生」。《洛書》按摩法只用生數而不用成數，仍然按照五行順相生的順序。病理五大穴位的名稱以及相互關聯如下頁：

風府穴：天數一生水，在北方，屬腎，爲水生木。
左承靈穴：天數三生木，在東方，屬肝，爲木生火。
右頭維穴：地數二生火，在西南方，屬心，爲火生土。
百會穴：天數五生土，在中央，屬脾，爲土生金。
左頭維穴：地數四生金，在東南方，屬肺，爲金生水。
風府穴：由左頭維又回到風府穴。這是與《河圖》按摩法所不同的。【138】與《河圖》按摩法相比，《洛書》按摩法名稱沒有改變，但是卻把火用在右頭維穴，把金用在左頭維穴，體現出了明顯的差異。

(二)、自然病理：八風

如果說五臟是側重於器官病理的求索，那麼八風則是立足于自然等外在病理的探求。八風雖然由來已久，但是對它的理解分歧還不少呢。請看下面的解釋：

《左傳·隱公五年》：「夫舞所以節八音，而行八風。」陸德明《釋文》：「八方之風，謂東方穀風，東南清明風，南方凱風，西南涼風。西方閶闔風，西北不周風，北方廣莫風，東

【138】王一丁《河圖洛書保健按摩絕技》，北京出版社1999年第30-43頁。

北方融風。」【139】

《呂氏春秋・有始覽・有始》：「何謂八風？東北曰炎風，東方曰滔風，東南曰熏風，南方曰巨風，西南曰淒風，西方曰飂風，西北曰厲風，北方曰寒風。」【140】

《淮南子・墬（地）形訓》：「何謂八風？東北曰炎風，東方曰條風，東南曰景風，南方曰巨風，西南曰涼風，西方曰飂風，西北曰麗風，北方曰寒風。」【141】

《易緯通卦驗》：八節之風謂之八風。立春條風至，春分明庶風至，立夏清明風至，夏至景風至，立秋涼風至，秋分閶闔風至，立冬不周風至，冬至廣莫風至。【142】

《說文・風部》：「風，八風也。東方曰明庶風，東南曰清明風，南方曰景風，西南曰涼

【139】李學勤主編《十三經注疏・春秋左傳正義》上冊，北京大學出版社1999年第98頁。

【140】浙江古籍出版社編《百子全書》下冊，浙江古籍出版社1998年第800頁。

【141】同右書第843頁。

【142】日本安居香山、中村璋八輯《緯書集成》（中），河北人民出版社1994年第247-248頁。

風，西方曰閶闔風，西北曰不周風，北方曰廣莫風，東北曰融風。」【143】

這些八風中，大致可以看出，除了《易緯通卦驗》外，其餘都是從方位來說的，所以顯然是指來自八方的風，由於對風特性認識的差異，所以命名也就不同了，簡要歸納於下：

東風。在《詩經》時代稱「穀風」，如〈邶風・穀風〉：「習習穀風，以陰以雨。」【144】詩歌名句習見，又引述頻繁，故不作標注，下面的相同。

所以秦漢之際的《爾雅・釋天》就這樣直接解釋了：「東風謂之穀風。」因爲「穀」本來是「穀」有生長的，西漢焦贛在《焦氏易林・坤之乾》中，對此進一步闡發說：「穀風布氣，萬物出生；萌庶長養，華葉茂成。」【145】但是秦漢之際，東風有出現了「滔風」和「明庶風」（也簡稱「明庶」），分別見上面的《呂氏春秋・有始覽・有始》、《淮南子・天文訓》，大概稱讚浩蕩的東風，能夠催生萬物吧。司馬遷在《史記・律書》中說：「明庶風，居東方。明庶者，明眾物盡出也。」

【143】（清）段玉裁《說文解字住》，上海古籍出版社1981年第677頁。

【144】詩歌名句習見，又引述頻繁，故不作標注，下面的相同。

【145】浙江古籍出版社編《百子全書》上冊，浙江古籍出版社1998年第630頁。

東南風。它有兩個雅稱，「熏風」和「清明風」，也依次出自《呂氏春秋・有始覽・有始》、《淮南子・天文訓》。司馬遷認爲東南風「主風吹萬物而西之」【146】，是說和煦的東南風暖烘烘的，萬物漸次長成了。所以現代文學大家郭沫若的《十年建國增徽識・博物館》詩吟誦道：「旭日東方紅似火，熏風南國暖於綿。」因爲東南風在八卦屬於巽，五行屬於木，都是盛壯的意思。

南風。也有兩個雅稱：「凱風」、「巨風」。南風是和暖的風，是宜人的。《詩經・邶風・凱風》：「凱風自南，吹彼棘心。」所以也寫作「愷風」。南風屬於八卦中的離卦，離爲火、爲明、太陽反復升落，運行不息，柔順爲心。

西南風。它的別稱是「涼風」和「淒風」：因爲西南風屬於八卦中的坤卦，這是陰氣極盛的一卦，雖然撫育萬物，但是畢竟是淒涼的，如鮑照〈代白紵舞歌辭〉之一：「淒風夏起素雲回，車怠馬煩客忘歸。」

西風。它有「閶闔風」和「飂（liù）風」兩個別稱。司馬遷對「閶闔風」的解釋是：「閶

【146】韓兆琦編著《史記箋證》第肆冊，江西人民出版社2004年第1797-1798頁。

者，倡也；闔者，藏也。言陽氣道萬物，闔黃泉也。」【147】說西風引導萬物走向黃泉，走向衰微。飂風的「飂」，就是陰冷的意思，所以秋風蕭瑟。

西北風。它的別稱是「不周風」、「厲風」：是冷烈風的大風，是不周全萬物的，所以《史記‧律書》說：「不周風居西北，主殺生。」西晉楊泉在《物理論》中警告：「西北不周，方潛藏也。」可能出於反向思維，或者爲了緩解驚恐，《淮南子‧墜（地）形訓》改作「麗風」。

北風。最初別稱「廣莫風」，南朝宋劉孝標注解說：「廣莫者，精大備也，蓋北風也，一曰寒風。」意思是萬物精華全部潛伏儲備，《淮南子‧天文訓》已經有了類似的意思：「廣莫風至，財閉關梁，決刑罰。」因此，劉基《水龍吟‧次韻和陳均從簫曲》吟道：「廣莫風悲，昭華玉冷，聲沉雲杪。」給人的感受是整個世界都是冰冷的。「寒風」也就成爲北風常見的別稱。

東北風。它的別稱有3個：首先是「融風」和「調風」，唐代孔穎達爲《左傳‧昭公十八年》中梓慎「是謂融風，火之始也」的話作注釋是：「東北曰融風。《易緯》作調風，俱是東北風。一風有二名。東北，木之始，故融風爲木也。木是火之母，火得風而盛，故融爲火之

【147】韓兆琦編著《史記箋證》第肆冊，江西人民出版社2004年1799頁。

始。」[148]融是炎帝祝融的省稱，屬於火了；「調」是調轉。東北風由寒轉暖了。所以唐代韓偓〈有感〉有「融風漸暖將回雁」的詩句。

還有交錯混亂的「條風」和「景風」。「條風」的錯亂起自《淮南子》，在卷三〈天文訓〉中說：「距日冬至四十五日條風至，條風至四十五日明庶風至」，「條風」就是東北風，可是到卷四〈地形訓〉又說「東方曰條風」[149]。那麼，「條風」究竟是東風還是東北風呢？從西漢焦延壽對它的特性的描述：「條風制氣，萬物出生。明庶長養，花葉茂榮。」[150]巽爲風、爲氣，巽木，故曰「條風」。這與司馬遷在《史記・律書》中的說法近似：「條風居東北，主生萬物，故曰長養，『條』之言條治萬物而出之」。〈天文訓〉可能失誤。《山海經・南山經》也提到「條風」：「令丘之山，無草木，多火。其南有穀焉，曰中穀，條風自

【148】李學勤主編《十三經注疏・春秋左傳正義》下冊，北京大學出版社1999年第1372頁。

【149】浙江古籍出版社編《百子全書》下冊，浙江古籍出版社1998年第840、843頁。

【150】浙江古籍出版社編《百子全書》上冊，浙江古籍出版社1998年第651頁。

是出。」東晉郭璞作注說的很肯定了：「東北風爲條風。」【151】北宋周邦彥《應天長・寒食》詞：「條風布暖，霏霧弄晴，池塘徧滿春色。」

「景風」更爲複雜：這也是在《淮南子》先出現：〈天文訓〉說是南風而〈地形訓〉又說是東南風。除了這南風還是東南風的差別外，還有唐代劉良注任昉「候景風而式典」這句話時，又說：「景風，東風也。」在這三個方向中，「景風」究竟屬於哪一個方向？應該是從南方吹來的風。「景風」是農曆五月的風：魏文帝曹丕在《與朝歌令吳質書》：「方今蕤賓紀時，景風扇物，天氣和暖，眾果具繁。」【152】蕤賓，樂律名，配陰曆五月。李白〈過汪氏別業〉詩之二：「星火五月中，景風從南來。」那爲什麼把南風別稱「景風」呢？司馬遷說：「景風居南方。景者，言陽氣道竟，故曰景風。」【153】「景」是個形聲字，「從日，京聲」，本義就是日光。所以景風有陽氣旺盛的特點。

【151】浙江古籍出版社編《百子全書》下冊，浙江古籍出版社1998年第1182頁。
【152】（明）張溥輯《三曹集》，嶽麓書社1992年第181頁。
【153】韓兆琦編著《史記箋證》第肆冊，江西人民出版社2004年1798頁。

《易緯通卦驗》的八風已經標明「八節之風」，八節就是四時八節，其實，方向與時節只是所說的立足點不同而已，本質沒有任何差別：春分時節吹東風（明庶風），立夏時節吹東南風（清明風），夏至時節吹南風（景風），立秋時節吹西南風（涼風），秋分時節吹西風（閶闔風），立冬時節吹西北風（不周風），冬至時節吹北方風（廣莫風），立春時節吹東北風（條風）。[154]

至於佛教傳入中國後還有「利、衰、毀、譽、稱、譏、苦、樂」這等八風，與自然無關，不敘述了。

關於八風說的夠多了，但是不瞭解它們，就不會明白古人爲什麼會把八風與病理關聯起來。

從上述敘述中我們已經知道，八風中的任何一風都有自己的特性，而且這個特性與生物是密切相關的，班固總結說：「風者何謂也?風之爲言萌也，養物成功，所以象八卦。陽生於五，極於九，五九四十五日變，變以爲風，陰合陽以生風。」[155]風是陰陽二氣鼓動而生的，

【154】浙江古籍出版社編《百子全書》上冊，浙江古籍出版社1998年第629-694頁。

【155】浙江古籍出版社編《百子全書》下冊，浙江古籍出版社1998年第1067頁。

而且從「五」周旋而到了「九」（不過「五」和「九」應該是《河圖》和《洛書》的數位，而不是八卦。八卦之數始於乾「九」坤「一」，卦象始於一陽「—」一陰「– –」。），就是「五九四十五日變」，一年出現了八個方向的八次不同的風！然而，無論那一次風，都是與生物有關的，因爲風的本性是「萌」，是從不同側面來生養萬物的。

正因爲如此，《黃帝內經》就有不少相關的論述。人們最熟悉的便是〈靈樞經〉中的「九宮八風」：

風從南方來，名曰大弱風，其傷人也，內舍於心，外在於脈，氣主熱。

風從西南方來，名曰謀風，其傷人也，內舍於脾，外在於肌，其氣主為弱。

風從西方來，名曰剛風，其傷人也，內舍於肺，外在於皮膚，其氣主為燥。

風從西北方來，名曰折風，其傷人也，內舍於小腸，外在於手太陽脈，脈絕則溢，脈閉則結不通，善暴死。

風從北方來，名曰大剛風，其傷人也，內舍於腎，外在於骨與肩背之膂筋，其氣主為寒也。

風從東北方來，名曰凶風，其傷人也，內舍於大腸，外在於兩脅腋骨下及肢節。

風從東方來，名曰嬰兒風，其傷人也，內舍於肝，外在於筋紐，其氣主為身濕。

風從東南方來，名曰弱風，其傷人也，內舍於胃，外在肌肉，其氣主體重。

九宮就是指四方、四隅、中央九個方位；這一篇篇名〈九宮八風〉，就討論了八方氣候變化的情況及對人體的影響。這八風命名的由來有待考查，但是來自各方的風邪，對人體造成的病態，依次敘述得非常清楚。然而這段著名的自然病理，卻來自《洛書》。這不是主觀臆斷，因為這段自然病理的敘述是以這樣的論述為前提的：

太一常以冬至之日，居葉蟄之宮四十六日，明日居天留四十六日，明日居倉門四十六日，明日居陰洛四十五日，明日居天宮四十六日，明日居玄委四十六日，明日居倉果四十六日，明日居新洛四十五日，明日復居葉蟄之宮，曰冬至矣。太一日遊，以冬至之日，居葉蟄之宮，數所在，日從一處，至九日，複返于一，常如是無已，終而複始。【156】

這就是前面已經說過的《洛書符》中太一神（北斗）移居九宮的順序以及相應的日期，太一遊天上九宮（以北極星遨遊天空）的傳說，實際近似於一年之內的部分天象記錄。所以太一神（北斗）每次轉遊一宮，也就是時節變化的時候，時節變化就必然會引起氣候的變化，而氣候的變化也必然會影響到人和社會：「以其日風雨則吉，歲美民安少病矣，先之則多雨，後

【156】（清）張志聰著，孫國中、方向紅點校《黃帝內經靈樞集注》，學苑出版社2006年第608-609頁。

之則多汗。」【157】所以太一神（北斗）由一到九就是由左而上再右而回歸的迴圈巡行，與《洛書》由一到九的數理變化一致。所以後人在這一篇的篇首配置了兩種今天常見的插圖，爲了便於理解，還是複製於下：

【157】鄭林等主編《張志聰醫學全書》，中國中醫藥出版社1999年第602頁。

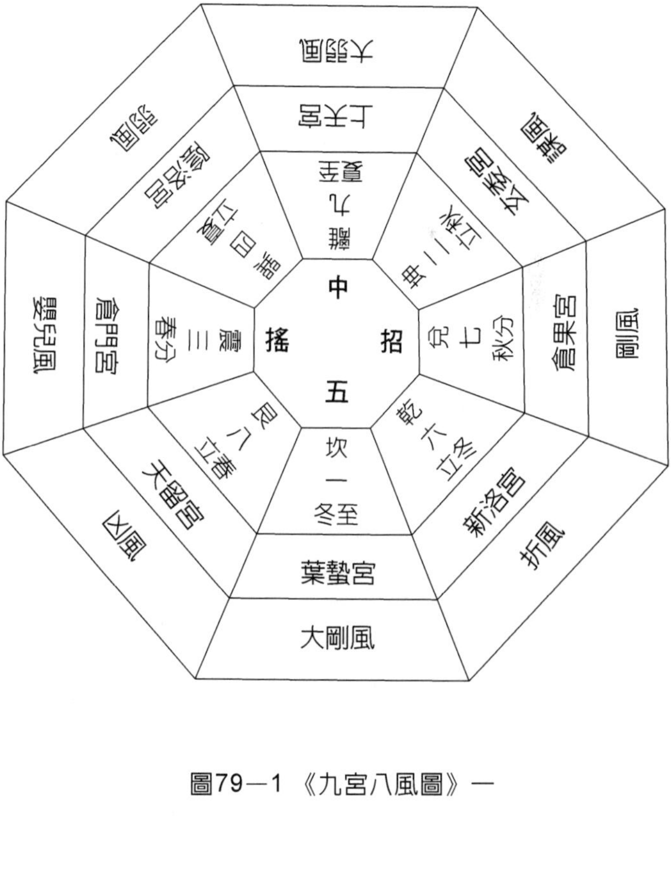

圖79—1 《九宮八風圖》一

東南 巽 四 陰洛　立夏	東南 巽 九 陰洛　夏至	西南 坤 二 玄委　立秋
東 震 三 倉門　春分	中央 土 五 招搖	西 兌 七 倉果　秋分
東北 艮 八 天留　立春	北 坎 一 葉蟄　冬至	西北 乾 六 新洛　立冬

圖79—2《九宮八風圖》二

圖79—1是八卦圖式的，圖79—2是《洛書》圖式的，但是，無論哪種圖式，都是以《洛書》九數之理爲核心的，因爲《河圖》和《洛書》是古人認識事物的一個基本典則。但是，「九宮八風」不僅僅是包含了《洛書》原理，還有《河圖》的因素。因爲按照文章敘述，太一神（北斗）是由北至西逆行的，按照五行生克原理，一六水克七二火，七二火克九四金，九四金克三八木，三八木克五土，五土克一六水，這是生中有克，有病發生。因而《周易・說卦》又有「帝出乎震，齊乎巽，相見乎離，致役乎坤，說言乎兌，戰乎乾，

勞乎坎，成育乎艮」【158】的說法，那就出現了帝──太一神（北斗）自北向東而順旋的情形，按照時節和萬物的興衰則是：出發是春分，刮東風，萬物震萌；立夏是東南風，萬物齊至華達；夏至是南風，盛明可見，萬物形豐；立秋是西南風，萬物委役，得土頤養而榛實；秋分是西風，萬物充足而衰微；立冬是西北風，萬物剝落；冬至是北風，萬物歸藏於內而未息；立春是東北風，萬物也成終成始。這與前面八風的次第相同，與《九宮八風圖》則不一致，因而，同樣再按照五行生克原理，那麼一六水生三八木，三八木生二七火，二七火生五十土，五十土生四九金，四九金生一六水，水複生木，周而復始。這是克中有生，對於自然病理，表明順時保養，可以預防疾病發生，獲得生機。然而，這北極帝自北向東而順旋的巡行，正好是按照《河圖》的數位的排列順序進行的。所以八風自然病理說，也包含了《河圖》的原理了。

八風自然病理說在《黃帝內經》中還有：在〈素問•八正神明論篇〉中，岐伯這樣向黃帝解釋八正：觀察八節常氣的交替，就可以測出異常的八風，是什麼時候來的，是怎樣爲害於人的；觀察四時，就可以分別春、夏、秋、冬正常氣候，以便隨時序來調養，可以避免八風邪氣的侵襲。假如虛弱的體質，再遭受自然界虛邪賊風的侵襲，兩虛相感，邪氣就可以侵犯筋骨，

【158】《中華易學大辭典》編輯委員會編《中華易學大辭典》，上海古籍出版社2008年第346頁。

再深入一步，就可以傷害五臟。懂得氣候變化治病的醫生，就能及時挽救病人，不至於受到嚴重的傷害。所以說天時的宜忌，不可不知。八風對人體的危害，告誡醫生和人們：「天忌不可不知也！」【159】

八風對五臟的危害也很大：據〈素問・金匱真言論篇〉記述，黃帝問什麼叫「天有八風，經有五風」？岐伯告訴他，自然界的八風是外部的致病邪氣，侵犯人的經脈，進而侵害五臟，使五臟發生病變：「東風生於春，病在肝，俞（病氣還灌注）在頸項；南風生於夏，病在心，俞在胸脅；西風生於秋，病在肺，俞在肩背；北風生於冬，病在腎，俞在腰股；中央為土，病在脾，俞在脊。故春氣者，病在頭；夏氣者，病在藏；秋氣者，病在肩背；冬氣者，病在四支（支即「肢」）。」【160】由此，黃帝也認識到這個自然病理，他以針灸為例說：要明確手足十二經的井、滎、輸、經、合五輸穴的功能，便可以根據虛實的病情施以疾徐的針法，經氣的往來運行、屈曲伸展以及出表入裡，都有一定的規律。還有人體的陰、陽，也是和五行

【159】（清）張志聰著，孫國中、方向紅點校《黃帝內經素問集注》，學苑出版社2002年第248-249頁。

【160】（清）張志聰著，孫國中、方向紅點校《黃帝內經素問集注》，學苑出版社2002年第30-31頁。

相合的。五臟六腑合於天地陰陽、五行相生的原理，五臟貯藏精氣，六腑傳化水穀，四季八節之風，都有陰陽的區別。人身的面部，也分屬陰陽五行，與臟腑相合，並集中反映在稱爲明堂的鼻部，根據其在各部顯現出不同的色澤，可作爲測候五臟六腑內在變化的標誌。【161】據說最初發現這個道理的，是上古名醫僦貨季，他就是能夠聯繫到金、木、水、火、土以及四時、八風、六合，從正常的規律和異常的變化來綜合分析，觀察它們變化的奧妙，從而知道其中的要領。

針灸製造並運用治病的九針，岐伯論述它的原理說：「九針者，天地之大數也，始於一而終於九。故曰：一以法天，二以法地，三以法人，四以法時，五以法音，六以法律，七以法星，八以法風，九以法野。」「天地之數」是聖人創立的。從自然病理來說：「四時八風之客於經絡之中，爲瘤病者也。故爲之治針，必第其身而鋒其末，令可以瀉熱出血，而病病竭。」聯繫八風病理，就是：「八者風也，風者人之股肱八節也，八正之虛風，八風傷人，內舍于骨解腰脊節腠理之間，爲深痹也。敢爲之治針，必長其身，鋒其末，可以取深邪遠痹。」很顯然，從一起始到九而終止的天地的數理，就是《河圖》和《洛書》的數理。這個數理，不僅是

【161】（清）張志聰著，孫國中、方向紅點校《黃帝內經靈樞集注》，學苑出版社2006年第586頁。

九針原理，也是自然病理、人與自然相處的根本法則，所以，岐伯還特別指出：「夫一天、二地、三人、四時、五音、六律、七星、八風、九野，身形亦應之。……人皮應天，人肉應地，人脈應人，人筋應時，人聲應音，人陰陽合氣應律，人齒面目應星，人出入氣應風，人九竅三百六十五絡應野。」【162】

當然，以八風爲代表的古代自然病理說，也不是絕對正確的。清代余春山《醫理》中就有〈風無定體論〉，他認爲，雖然「四正四維相兼而發也」，但是實際上八風並不是都是有害的，他可能看到了《洛書》和《河圖》生中有克和克中有生的辯證關係，而且危害也只給人以燥（暑）、濕（寒）兩種疾病，大致是：「西北之風，燥兼寒爲病；西南之風，燥兼火爲病；東北之風，濕兼寒爲病；東南之風，濕兼暑爲病」。【163】由此指出，古代醫家偏執「風寒」二字的毛病是有害的。這些見解，值得借鑒。

【162】（清）張志聰著，孫國中、方向紅點校《黃帝內經靈樞集注》，學苑出版社2006年第513頁。

【163】汪滬雙〈余國珮燥濕思想評介〉，《江西中醫藥》2005年第7期。

伍、玄妙莫名的易理

易理之「易」就是《周易》，儘管《周易》在之前還有《連山易》和《歸藏易》，可是產生於神農時代的《連山易》和產生於黃帝時代的《歸藏易》，都沒有流傳下來。馬國翰《玉函山房輯佚書》首卷雖然各輯得一卷，並附有相關的論述，但是一直未得確證。所以我們今天就只有《周易》可說了。

易理之「理」就是《周易》卦象、卦辭、爻辭、卦序結構以及易傳等，所包含的形而下和形而上的各種表像和內涵。《周易》是一部通過卦爻、象數、占筮的模型或形式，類比、預測宇宙萬物起源、結構、變化規律的典籍，它本身就是由理、象、數、占構成的，所以在發展的過程中，也相應的形成了易理易學、象數易學、數理易學、納音易學等主要易學門類。

然而，易理卻與《河圖》和《洛書》有很深的淵源。當然，這是個還需要廣泛而深入探討的問題，最核心的是《河圖》和《洛書》與《周易》究竟誰先誰後。不過，如果跳出先與後這個死胡同，客觀地面對自漢以後的易學，尤其是宋代以後的易學，我們無論如何也不能否認，易理中蘊含了相當豐厚的《河圖》和《洛書》原理。據齊伯所整理的《簡易道德經》，其中有〈簡易經《河圖》之法〉歌訣：「天下萬物一理通，千變萬化我是中。從一到四爲我用，六七八九見吉凶。簡易道德我是經，合離生克自然清。事事物物皆如此，形形色色一數中。」【164】說明《洛書》、《河圖》一至九數的變化，是天下萬物變化的根本。《周易》理、象數三者之間又互相聯繫、包含和滲透，卦形的反覆，體現的是物極必反之理；陰陽爻數對稱分佈，體現的是陰陽平衡之理，通變、變通的根本精神是一脈相承的。

關於這個方面，古哲今賢論述很多，不必多說。我們認爲，至少《周易》八卦和風水、遁甲等術數，與《河圖》和《洛書》的關係就十分緊密，而且它們各自的理數交融互成，有時真有點難分難解的。

但是，如果用今天的意識來評判的話，無論是河洛理還是易理，都是有些玄妙莫名的。

一、畫數互生的八卦

在易學和河洛學的關係史上，有一句話和兩幅圖，對《河圖》、《洛書》與《周易》的關係起了決定性的作用。

「河出《圖》，洛出《書》，聖人則之。」這一句話雖然在前面反復徵引過，但它確實初步確定了《周易》之本八卦的根源，也得到了後世絕大多數易學家的認可。這兩幅畫是朱熹

【164】《簡易道德經》簡稱《簡易經》，這書雖然在百度百科等網上廣為流傳，書中所言也頗中易理、河洛學理，但目前還沒有得到科學考證。

刊載在《周易本義》卷首的《河圖》和《洛書》黑白圈點圖。這圖基本上結束了《河圖》和《洛書》究竟誰是九數圖、誰是十數圖的「圖書之爭」，基本決定了八卦源於《河圖》和《洛書》，開闢了以《河圖》、《洛書》解釋八卦的新天地。

古今相關的闡述非常豐富，在〈字畫並茂：圖的形態〉一節裡說到圖的形態時，其中關於綜合形的（4）小類是圖、數、文並舉型，我們說過這一類型「最多的是關於八卦的」，而且都是從八卦產生的角度繪製的，畫意是形象而明白地論述兩者的淵源的。在《文字義理的形象化》一節中，我們又歸納了張理關於「龍圖三變」論述的三個要點：一、《河圖》和《洛書》是聖人作《易》的根本。「五與十」是《河圖》和《洛書》的樞紐，合「五」重「十」成「雙十字」，這是《河圖》四正之體；合「五」交「十」成「米」字，成四正、四隅八方之位，加上中央，這就《洛書》之體。二、《龍圖》從天地未合之數到天地已合之位，再到《龍圖》天地生成之數、《洛書》天地交午之數、《洛書》縱橫十五之象的演變的過程。三、闡明《易》與《河圖》和《洛書》的圖式的關係。從張理以後，從事易學和河洛學的，進而認為九卦取自《洛書》的九數，暗示先天之理：《河圖》數十，表正數；《洛書》數九，表變數。聖人畫卦作《易》，就是要闡明處憂患之道則必需明變化之理。

當然，現在這些問題還需做進一步探討。但是，《河圖》、《洛書》與八卦之間，有一個非常重要的共同點：都是運用特殊的圖畫符號和具有豐富內涵的數字互生，來展示自身的理數的。現代易學家張延生先生在他的新著《易理數理》中認爲八卦的畫數互生關係是：數即是卦，卦即是場，場即是象，象即是資訊，資訊即是數。這雖然只是從「象數易學數學」這個角度來斷定的，卻揭示了《周易》的本質。無論是從易理、數理還是納音、術數，都是以卦象和卦數爲前提的，在這樣的意義上可以這麼說：沒有了卦象和卦數，也沒有了《周易》，當然也就不存在八卦了。而《河圖》和《洛書》，除了畫數以外，本身就不存在了，其他的自然也無從說起了。它們的象變導致數變，數變又導致象變，無限變化才使得它們長生不老的。【165】

(一)、幻化無窮之數：三分陰陽

《易經・繫辭上傳》一句「河出圖，洛出書，聖人則之。」《河圖》、《洛書》就與八卦結下了不解之緣！然而，這句話的前面，還有這麼幾句：「天生神物，聖人則之；天地變化，聖人效之；天垂象，見吉凶，聖人象之。」朱熹認爲《易經・繫辭上傳》第十一章「是專言卜筮」的。這幾句的意思是：天生的蓍草、龜甲，聖人（伏羲）取來作爲權衡的工具；天地有四時的變化，聖人取來作爲變化的規則；天上七曜等星象的明暗顯示了吉祥、兇險的徵兆，聖人取來作爲確定吉凶的依據。引用的這句當然是說聖人根據《河圖》、《洛書》繪製八卦，用來

【165】張延生《易理數理》（一），團結出版社2009年第18頁。

占卜吉凶了。綜合起來看第十一章，應該「是專言卜筮」（也就是八卦）是如何產生的，朱熹的話還說明了「聖人作易之所由」【166】。

果真如此，問題就來了：八卦究竟是聖人根據四個方面發明繪製的，還是只是根據《河圖》、《洛書》的？從原文考察，似乎綜合了四個方面，蓍草、龜甲是八卦占卜的工具，四時是八卦占卜的變化準則（是指揲蓍的方法，〈繫辭上傳〉第十章中說：「是故四營而成易，分而爲二，以象兩，一營也；掛一以象三，二營也；揲之以四，三營也；歸奇於扐，四營也。」）；天象顯隱是八卦占卜的表像，那麼《河圖》、《洛書》應該就是八卦占卜的徵象了。

聖人發明繪製八卦即使是有四個方面的依據，當然也不會影響《河圖》、《洛書》就與八卦的淵源關係，因爲它們畢竟是其中的一個依據。雖然這樣，但是聖人究竟是怎樣「則」《河圖》和《洛書》的呢？對於這個問題，隋唐以前大都不得要領：《春秋緯》說：「河以通乾，出天苞；洛以流坤，吐地符。」（《春秋說題辭》也相似：「河以道坤出天苞，洛以流川吐地符。」）只是複述「河出圖，洛出書」，「天苞」、「地符」就是《河圖》和《洛書》，當

【166】朱謀人、嚴佐之、劉永翔主編《朱子全書》（一），上海古籍出版社、安徽教育出版社2002年第134頁。

然也說了乾卦是根據《河圖》畫的，象徵天；坤卦是根據《洛書》畫的，象徵地。但是給人的印象是似是而非。孔安國的傳注，我們在《先秦「河圖」：寶物及其瑞象》中已經有了辨析。唐代侯行果則說：「聖人法《河圖》、《洛書》，制曆象以示天下也。」[167]還沒有《春秋緯》明確，只是陳述「制曆象」這個已知的事實而已，而且「曆象」究竟是指曆法、天文星象還是指八卦，含糊不清。到了宋代，才開始擺脫複述、或者語焉不詳，不敢直面「則」而作明確的說明的局面。如劉牧、鄭樵、朱熹等都有比較實在的說明，此後，雷思齊、吳澄、俞琰、胡煦、朱升、季本、章潢、倪元璐、胡渭、李光地、德沛、楊方達、趙繼序等，繼續探討。

　　但是這些探討還是很不完善的，存在不少問題，比較突出的如劉牧的解說，當代易學家郭彧先生就提出了兩點質疑：一是「劉牧以「—」爲一畫，「— —」爲二畫，故說餘三畫爲乾，餘六畫爲坤，餘四畫爲巽，餘五畫爲艮，但又以四正卦坎、兌、離、震爲三畫，豈有聖人則「河圖」畫八卦以其中五卦皆畫三畫之理？」二是「聖人無中得象，象外生意，於是乎布畫而成卦」及「聖人觀象畫卦，……仰觀天而俯察地，近取身而遠類物，六畫之象既立三才之道

【167】張文智《周易集解導讀》，齊魯書社2005年第383頁。

斯備」說，亦與伏羲則「河圖」畫八卦說矛盾。」【168】這是很中要害的。

其他比較主要的失誤和牽強，清代江永在《河圖精蘊》中都有相應的質疑，其中最重要的是針對朱熹在《易學啓蒙》中「則」《河圖》的論述：「析四方之合以《乾》、《坤》、《離》、《坎》，補四隅之空以爲《兌》、《震》、《艮》、《巽》。」又曰：「《乾》、《坤》、《離》、《坎》居四實，《兌》、《震》、《艮》、《巽》居四虛。」他的質疑是：《乾》、《坤》、《離》、《坎》居四實正方位，是用《河圖》內一層的生數還是外一層的成數？如果用生數，那麼一就似乎可以爲《坤》，而二爲何成爲《乾》了？三似乎可以爲《離》，而四爲何成爲《坎》？如果是用成數，那麼六似乎可以爲《坤》，而七爲何成爲《乾》？八爲何成爲《離》？九爲何成爲《兌》？至於用《兌》、《震》、《艮》、《巽》補四個角落，而居於四虛位，也不知是用成數補還是用生數補？如果是用成數，那麼六似乎可以居於西北當《艮》，而七爲何成爲《兌》？八似乎可以居於東北當《震》，而九爲何成爲《巽》？如果是用生數，則二似乎可以居於西南當《巽》，而一爲何成爲《震》？三爲何成爲《兌》？四爲何成爲《艮》？並指出：想在《河圖》的八數中一定要求得八卦的八個方位，如

【168】郭彧〈易圖的邏輯劃分與問題〉，http://www.confucius2000.com/zhouyi/ytljhf.htm 2009-12-6.

果沒有就用虛位來搭配，這本身就有牽強紐合的弊病。

鑒於這些紕漏，江永作了一番深入的清理、整合和完善，提出了「三分陰陽」說：「以《圖》、《書》觀之，陰陽之類有三：一以奇偶分陰陽，天數五，地數五是也；一以生數、成數分陰陽，一、二、三、四，其分爲《坤》、《巽》、《離》、《兌》，六、七、八、九，其分爲《艮》、《坎》、《震》、《乾》是也；一以縱橫分陰陽，九、四、三、八，橫列者爲陽，其卦爲《乾》、《兌》、《離》、《震》；二、七、六、一，縱列者爲陰，其卦爲《巽》、《坎》、《艮》、《坤》是也。」【169】

一以奇偶分陰陽。這是按照《河圖》和《洛書》10個數是奇是偶，區分出數本身的陰陽。所謂「天數五，地數五」，《易經・繫辭上傳》第九章說：「天一，地二；天三，地四；天五，地六；天七，地八；天九，地十。」所以「天數五」就是5個奇數，「地數五」就是5個偶數。古代易家認爲這10個天地之數，實際就是天地、陰陽、自然的奇偶之數，易理的生成是從「窮極其數」開始的，然後與五行相合：天一與地六相得，合爲水；地二與天七相得，合爲火；天三與地八相得，合爲木；地四與天九相得，合爲金；天五與地十相得，合爲土也。世界上的萬事萬物，都是由天地之數化生而成的。邵雍〈陰陽吟〉詩說陰陽變化是：「陽行一，陰

【169】（清）江慎修著、孫國中校理《河洛精蘊》，學苑出版社2007年第12頁。

行二；一主天，二主地；天行六，地行四；四主形，六主氣。」【170】

二以生數、成數分陰陽。這是按照《河圖》萬物生存的數，區分出數生成的陰陽的。生數是萬物化生的數，指一、二、三、四；成數是成就萬物化生成形的數，指六、七、八、九。通常生數、成數與天地之數、五行的生成關係是：天一生水，地六成之；地二生火，天七成之；天三生木，地八成之；地四生金，天九成之；天五生土，地十成之。所以一爲水之生數，二爲火之生數，三爲木之生數，四爲金之生數，五爲土之生數；六爲水之成數，七爲火之成數，八爲木之成數，九爲金之成數，十爲土之成數。至於生數、成數與八卦的配伍，江永意見是：一爲《坤》，二爲《巽》，三爲《離》，四爲《兌》；六爲《艮》，七爲《坎》，八爲《震》，九爲《乾》。《河圖》和《洛書》、八卦，都是追求「成變化」（成就萬事萬物的變化），所以，都認爲萬物生存必有其數。但是，無論是生數還是成數，都必須是在當生之時或者能成之時，才能夠生或者成的。

三以縱橫分陰陽。《河圖》和《洛書》的圖式無論是方是圓，都是有縱橫的，有縱與橫的區別就有陰與陽的劃分了：由二《巽》、七《坎》、六《艮》、一《坤》構成的縱列，爲陰，九《乾》、四《兌》、三《離》、八《震》構成的橫列，爲陽。聖人「則」《河圖》和《洛

【170】（宋）邵雍著、朱明點校《伊川擊壤集》，學林出版社2003年第243頁。

書》畫卦時，就是以縱橫分陰陽這個第三分爲主的。當畫成橫圖的時候，那麼橫列就在前面，縱列則在後面；當畫成圓圖的時候，那麼橫列在左邊，縱列在右邊，這就是所謂「兩儀」：《乾》、《兌》、《離》、《震》四卦之下的一畫爲陽，《巽》、《坎》、《艮》、《坤》四卦之下的一畫爲陰，而且縱列是由一《坤》統攝，橫列是由九《乾》統攝的。這就是按照縱橫區分陰陽的依據。當生成八卦的時候，那麼一儀就分爲四象，當生成四象的時候，那麼一儀就分爲二儀；當生成生兩儀的時候，那麼只有二畫，這樣《乾》、《兌》、《離》、《震》四卦之下的一畫，豈能不可連爲一陽？而《巽》、《坎》、《艮》、《坤》四卦之下的一畫，豈能不可連爲一陰乎？不但八卦如此，六十四卦也都是這樣的。左邊三十二卦之下的一畫，都可連爲一陽；右邊二十二卦之下的一畫，也都可連爲一陰。

需要說明的是，聖人「則」《河圖》和《洛書》的縱橫而畫八卦，以奇偶分兩儀只是就卦畫本身來說的，因爲《河圖》和《洛書》數的奇偶，與卦畫的奇偶是大不同：《乾》、《坤》、《離》、《坎》四卦在四正方向，九、一、三、七數位是按照河洛數當奇，屬陽，而八卦《坤》、《坎》則屬陰；《兌》、《震》、《艮》、《巽》在四個角落，按照河洛數當偶，屬陰，而八卦《兌》、《震》則屬陽。而且四正方向的卦，不可反復，而四個角落的卦卻可以反復。因而造成《坤》、《離》以陰而居陽，而《震》、《艮》以陽而居陰的異常現象。

「三分陰陽」說抓住了聖人「則」《河圖》、《洛書》而畫八卦的牛鼻子——陰陽。〈繫辭上傳〉第四章概括易道是「一陰一陽」。〈繫辭下傳〉第三章把八卦的性質規定爲：「陽卦多陰，陰卦多陽，其故何也?陽卦奇，陰卦耦。」說陽卦多陰爻，陰卦多陽爻。原因何在?因爲陽卦以（一陽）奇爲主，陰卦以（一陰）耦爲主。根據這種特性，《說卦》總結八卦總的陰陽轉化原則以及次第是：「參天兩地，觀變於陰陽而立卦，發揮於剛柔而生爻……立天之道曰陰與陽，立地之道曰柔與剛，立人之道曰仁與義。」【171】根據《河圖》和《洛書》天地之數相合（天合一、三、五，地合二、四）的理則，確立陰陽、剛柔之數，觀察陰陽的變化而確立卦畫，變動剛柔之畫而產生了爻。然後確立了天道爲陰與陽，再確立了地道爲柔與剛，最後確立了人道爲仁與義。這樣由天、地、人生化、轉變、興廢的八卦式預測的陰陽體系，便完全建立了。

(二)、至簡至神之符：變點為線

如果說「三分陰陽」這一「則」，是聖人側重於對《河圖》和《洛書》陰陽典則本性的效

【171】《中華易學大辭典》編輯委員會編《中華易學大辭典》，上海古籍出版社2008年第346頁。

法，那麼，「變點爲線」這一「則」就是聖人對《河圖》和《洛書》數符的一種改造。

這種改造也是從疑惑出發的：《河圖》是以黑白圈點爲數符的，但是八卦卻是以短橫畫爲數符的；《河圖》數有十而八卦卻只有八：這兩者很不相匹配，怎麼會說是「則」？這是其一。既然說是「則」，那麼兩者之間必有確然不易的理數，使它們妙合無間，然後可以說聖人「則」《河圖》而作《易》（八卦）。但是從八卦的方位，來審視《河圖》的方位，若方底而圓蓋，圓鑿而方柄，是在猶如牙齒上下對不上那樣不能相合。這是其二。如果說「則」的是意識而不是形跡，那不過是虛假的推託之辭。這是其三。如果只以虛位比擬，那麼就是可彼可此，可東可西，顯得牽強紐合，這樣就不能顯示聖人的超凡智慧了。這是其四。

如何解決這四個疑難呢？江永在《聖人則河圖畫卦圖》圖說中提出了「變點爲線」說。圖式見書中的圖53，構圖的方法，在〈圖、數、文並舉型〉中有過比較詳細的解說，共計三步：先從《河圖》數的陰陽與八卦的關係來確定初畫；再從《河圖》四象與八卦的關係來確定二畫；最後從《河圖》數與八卦的關係來確定三畫。這三部曲既是構圖的次第和層次，也是聖人「則」《河圖》而畫八卦的一種形象闡述。這裡，我們把江永具體闡說概述如下：

聖人畫卦時，首先是把《河圖》的黑白圓點改爲橫畫：把《河圖》是「○」的改成「—」，把表示陰的「●」改成「— —」。這是一種形跡的「則」。其次，《河圖》是「○」表示奇數、陽，而用「●」表示偶數、陰，數符改成「—」和「— —」之後，但是數符的屬性沒有改變，這是「則」的意識。這樣「變點爲線」的基礎工作完成了。接下來是運用「—」和「- -」畫八卦了：

先畫一奇（—，下面相同）來象徵陽儀，這樣西東九、四、三、八的橫列數就在其中矣；再畫一偶（- -，下面相同）來象徵陰儀，這樣南北二、七、六、一的縱列數也在其中了。八卦的兩儀畫出來了。

在兩儀的基礎上，再在奇上加一奇以象徵太陽，那麼九、四在其中了；在奇上加一偶以象徵少陰，則三、八就在其中了；在偶上再加一奇以象徵少陽，則二、七就在其中了；在偶上再加一偶以象徵太陰，則六、一就在其中了。八卦的四象畫出來了。

在四象的基礎上，又在太陽之上加一奇，形象就是這樣的「☰」，成爲了純陽，用成數最多的九擔當，取名爲《乾》；在太陽之上加一偶，形象就是這樣的「☱」，以偶爲主，是陰卦，生數最多的四擔當，取名爲《兌》；在少陰之上加一奇，形象就是這樣的「☲」，以中畫之偶爲主，也是陰卦，用生數次多的三擔當，取名爲《離》；在少陰之上加一偶，形象就是這樣的「☳」，以下畫之陽爲主，是陽卦，用成數次多的八爲擔當，取名爲《震》：這就是陽儀的四卦，因爲它們的下畫都是陽。再在少陽之上加一奇，形象就是這樣的「☴」，以下畫之偶爲主，是陰卦，用生數次少的二擔當，取名爲《巽》；少陽之上加一偶，形象就是這樣的「☵」，以中畫之陽爲主，是陽卦，用成數次少的七擔當，取名爲《坎》；太陰之上加一奇，形象就是這樣的「☶」，以奇爲主，也是陽卦，用成數最少的六擔當，取名爲《艮》；太陰之上加一偶，形象就是這樣的「☷」，成爲了純陰，用生數最少的一擔當，取名爲《坤》：這就是陰儀的四卦，因爲它們的下畫都是陰。八卦到此全部畫出來了。【172】

介紹完聖人「則」《河圖》運用「變點爲線」法而畫八卦的具體過程後，江永還特意說明聖人「則」縱橫畫八卦的陰陽變異：橫列表面是一《乾》、二《兌》、三《離》、四《震》、五《巽》、六《坎》、七《艮》、八《坤》，而實際的河洛數是九《乾》、四《兌》、三《離》、八《震》、二《巽》、七《坎》、六《艮》、一《坤》。《乾》、《坤》爲縱列的首尾，以九、一對；其次《兌》、《艮》，以四、六對；其次《離》、《坎》，以三、七對；其次《震》、《巽》，以八、二對。

【172】（清）江慎修著、孫國中校理《河洛精蘊》，學苑出版社2007年第10-15頁。

最後總結聖人「則」《河圖》而畫八卦的次序是：一分爲二儀，二分爲四象，四分爲八卦，完全出於自然。在《河圖》數則九、四相合爲太陽，三、八相合爲少陰，二、七相合爲少陽，六、一相合爲太陰，也是出於自然。因此，上天啓迪聖人其靈心，「變點爲線」，所以自然有若合符節的奇妙了！

「變點（○、●）爲線（—、— —）」後，由於線（—、— —）是由一陽爻（—）或一陰爻（— —）組成，看起來至爲簡單，但是改變的這線（—、— —）卻成了八卦《周易》最重要的符號，它們按天、地、人的關係組成乾、坤、震、巽、坎、離、艮、兌八卦，同時又相應的象徵天、地、雷、風、水、火、山、澤。

河洛數	卦名	卦象	物象
九	乾	☰	天
一	坤	☷	地
八	震	☳	雷
二	巽	☴	風
七	坎	☵	水
三	離	☲	火
六	艮	☶	山
四	兌	☱	澤

這樣，再把《河圖》和《洛書》的本源數字相配，一個感性而具有象徵意味的卦爻象數符號體系就產生了：

這八個基本的八卦卦爻象數符號體系再重疊組合，就演化出來六十四卦卦爻象數符號體系，這個卦爻象數符號體系再與卦爻辭文字體系整合，就產生出變化莫測、極其神奇的《周易》符號以及內涵系統了。以乾卦爲例：

它的卦像是䷀，這個正像是最具代表性的陽卦卦象，上、中、下三爻皆陽爻，爲純陽卦；有陽中之陽、強中之強之意象。所以代表天（即其大象）；就廣範意義之象（即廣象）乃爲天，強，高大，寬廣，尊貴，運動不止，明亮，純淨，健全等。

它的卦德（指卦所具有的代表性的性能、性情、特點之類）是剛健，表示天體運行，春夏秋冬四時更替不止，任何力量都難以改變其規律性，故剛強而健全（其規律深入到各個地方而起主導作用）。

它的主要內涵是：圓，滿，始，行，純粹，精，正，大，命，神，變，銳進，強盛，長，上，高，廣，道，真，善，嘉，中，仁義禮智信，元亨利貞，幸福，喜，富，強暴，殘酷，傲慢，向上，老成，活動，積極，邁進，決斷，威嚴，功，振，統一，統帥，堅固，激烈，擴大，任性，強制，冷酷，輕視，壓抑，災害，專橫，專制，獨霸等。

它還有至少包括15個方面的內涵：1、方位：西北（後天八卦），正南（先天八卦）；2、數字：一，六，四，九，百，歲（周天一周）；3、時間：下午七至十一時，共四小時。每月十五月圓時；4、干支：十干爲庚，辛。十二支爲戌，亥。五行屬金；5、人物：一般從全社會講，代表上層人物及有領導地位的人物。從局部單位講，爲核心及起決定作用的人物。按家族講，爲長輩及老人。故乾爲：君王，聖人，英雄，統治者，獨裁者，掌權者，總統，首相，使節（大使之類），議員，代表，元老，廠長，經理，書記，主席，會長，名人，專家，官吏，軍官，律師，銀行家，後臺人物，惡人，過於自信者，乞丐，下人；6、人體：頭，首，胸，大腸，骨，右足，右下腹，精液，男性生殖器，身體強健，體質寒涼，骨瘦之人；7、動物：龍，馬，象，獅，天鵝；8、物體：金玉珠寶，瑪瑙，寶物寶器，高檔用品，金錢，鐘錶，眼鏡，古董，文物，首飾，神物，供神用具，高級車輛，高級飛機，小米，木果，瓜，珍味，臘肉，帽子，彎形金屬製品；9、場所：聖地，寺院，教堂，宮宅，高級住宅，大會堂，京城都市，博物館，名勝古跡，大院，宮殿，政府機構，環形體育場，廣場，彎曲的大道，郊野，遠處，機關大院，古建築；10、形狀：圓的，充實的，堅硬的，完美無缺的，大的，廣的，寒冷的，光澤的，高的，相連的，古老的，精緻的，高級高檔的，神氣活現的，趾高氣揚的，轉圈的，大赤色的，金黃的，剛性的，苛刻的，盛大的；11、天象：晴，冰，雹，霰，寒，涼，太陽；12、季節：立冬，秋冬交節之季；13、味道：辛辣；14、顏色：大赤，金黃；15、病象：頭部疾病，胸部疾病，骨病，硬化性疾病，老病，舊病，傷寒之病，變化異常之病，急性暴病，節腸疾病，便秘壅結。

這是運用陰陽消長，互補轉化的易理推導出來的，體現了變易——事物都是運動變化的，簡易——執簡馭繁，多樣性中求統一，不易——多樣變化之中守常制恒的規律。

由八卦構成的易符號系統，既是「至簡」，由一陽爻（—）或一陰爻（— —）這種非常簡單的線組成組構的；又是「至神」的，它的形象及其內涵具有某種確定性、一致性，但是更具有變通性、象徵性和廣泛性。這些特性自然來源於《河圖》和《洛書》的○和●符號的形象及其特性的。

二、玄之又玄的占卜

起源於《河圖》和《洛書》的畫象和數理的八卦《周易》，最初是用於占卜的。

占卜是龜卜和筮占的合稱，是夏商周這個所謂「上古三代」時期，就已經盛行的人與神、鬼溝通重要的方法，同時也是人們命運、行事等最爲重要的預測方法。在夏、商兩代，通常的龜卜方式是，巫師接受求占的人所要占卜事情之後，就先燒龜殼或獸骨、牛骨等，然後仔細觀察甲骨燒裂的裂紋，查對刻到甲骨上的一些占卜詞，然後就進行詮釋並預測吉凶和可行不可行。由於《周易》流行，周人便運用新發現的蓍草，根據八卦建立起來的完整的觀念與符號系統，創造了筮占。

占筮的方法，〈繫辭傳〉說的很明白：「大衍之數五十，其用四十有九。分而爲二以象兩，掛一以象三，揲之以四以象四時，歸奇於扐以象閏，五歲再閏，故再扐而後掛……是故四營而成易，十有八變而成卦……」【173】。意思是用蓍草50根，分三變求得八卦中一個單卦的形象的一爻（一畫），每一變都是四次經營：一營分二（分而爲二以象兩：分天地），二營掛一（掛一以象三：得人），三營揲四（揲之以四以象四時），四營歸奇（歸奇於扐，以象閏），筮占通常複卦，每卦是六爻，所以「十有八變而成卦」。一旦畫出一個具體的卦象了，就按照由八卦構成的易符號系統，並借助流年、月建、日辰、動變等因素，正式進行各種預測了。

筮占在春秋、戰國時期流行，它本身就是就有點玄乎了。可是秦、漢，讖緯、巫祝盛行，筮占不斷有了術數成分滲入和豐富，變得更加玄乎了！

無論那一種占卜，都是淵源於《河圖》和《洛書》數學排列、組合方法的變化的。所以，現在的術數數目中還有《河洛陽宅堪輿》、《河洛陰宅堪輿》、《河洛日課秘傳》、《河洛擇日秘法》等，鑒於篇幅，我們只說風水和遁甲。

【173】《中華易學大辭典》編輯委員會編《中華易學大辭典》，上海古籍出版社2008年第343頁。

(一)、九星氣象：風水

風水是中國古代重要的占卜，也是中國傳統文化的重要內容。

風水是俗稱，古代一般用堪輿、青烏、青囊術、形法、地理、相地術等名稱。風水主要是對宅地或墓地的地脈、山形、水流的坐向、結構及環境等，做出吉凶、休咎測斷的占卜術。由於在相地的立足點和側重點不同，古代風水主要是形勢派和理氣派：形勢派偏重地理形勢，主要是以龍（山脈山勢）、穴（山、地的聚結或隆起處）、砂（龍、穴周圍的地形地貌）、水（地表的水流、水道等）、向（方位、朝向等）來論古凶，形成了審龍、觀砂、察水、定穴的占卜程式。形勢派雖然分巒頭派、形象派、形法派這三個小門派，但大同小異，並沒有本質的區別。理氣派又稱屋宅派或三元理氣派，這派把陰陽五行、八卦、《河圖》、《洛書》、星象、神煞、納音、奇門、六壬等幾乎所有術數的理論觀點，都納入作爲自己立論原理，形成了十分複雜的堪輿學派，因而流派眾多：有八宅派、命理派、三合派、翻卦派、飛星派、五行派、玄空大卦派、八卦派、九星飛泊派、奇門派、陽宅三要派、廿四山頭派、星宿派金鎖玉關派等。我們以源於《河圖》和《洛書》翻卦派爲例略加闡述。

翻卦派是以八卦翻出九星卦爲主，然後再配合山水以論吉凶。九星在天文學中，是從天象學中的北斗七星之說轉引而來的，它們的排行是：一白貪狼、二黑巨門、三碧祿存、四綠文曲、五黃廉貞、六白武曲、七赤破軍，另外在斗柄破軍與武曲之間還有二顆星，一顆星是比較隱晦的右弼，一顆是常常可以看到的左輔，左輔排在八，右弼排在九（這與奇門遁甲中的九星略有不同，奇門遁甲中的九星見後面）。九星本來是可以用來概括宇宙萬象的，後來風水家利用《河圖》、《洛書》以及先、後天八中卦、爻的法則等，根據九星運行產生的很多特殊的變化，並應用納甲來運算，從而來占卜地理風水的各種吉凶。

江永在〈九星卦列說〉中對翻卦派的具體翻法是這麼解說的：風水家有九星的五行形態：一白貪狼爲木，二黑巨門、三碧祿存爲土，四綠文曲爲水，五黃廉貞爲火，六白武曲、七赤破軍和左輔、右弼都爲金。風水家還有與九星配合的新穎的卦位，它們相配的情況是：左輔、右弼是八卦各卦的本體卦，隨卦不變。其餘七卦都需要翻變，翻變的通例是：自上爻變起，如《乾》以《兌》爲貪狼，《坤》以《艮》爲貪狼，皆以上中下中，上中下中，這樣八變之後，最終歸於左輔、右弼。如果是六畫（複卦）的卦，從下變上；如果是三畫（單卦）的卦，從上變下。上畫變是同一星宮，如《乾》、《兌》同爲老陽，《震》、《離》同爲少陰，《坎》、《巽》同爲少陽，《坤》、《艮》同爲老陰：所以各卦以同一星宮的卦起自生氣、貪狼。從《乾》卦翻出者，曰天父卦，又曰天定封；從《坤》卦翻出者，曰地母卦。星以貪狼、巨門、武曲爲「三吉」，卦以《艮》丙、《巽》辛、《兌》丁爲「六秀」。只《坤》以《艮》爲貪狼，《巽》爲巨門，《兌》爲武曲，也正好與吉秀相符了。這是因爲《坤》爲地的緣故。【174】我們把從《坤》卦翻出後河洛數與八卦、九星等六種元素相對應的情形清理整合一下，製成《河洛數與地母卦九星匹配表》，表在下頁：

其餘艮、巽、乾、離、震、兌、坎七卦，都是按照這樣的方法翻的，不再羅列。大遊年和小遊年是九星翻卦的兩種形式，遊就是變化，年就是年命，它們的區別大致是：大遊年主要應用《河圖》的理數，多用於占卜陽宅，決定各房間、廚房、灶頭、廁所等的方位及方向，〈大遊年歌訣〉說配九星的：「乾六天五禍絕延生，坎五天生延絕禍六，艮六絕禍生延天五，震延生禍絕五天六，巽天五六禍生絕延，離六五絕延禍生天，坤天延絕生禍五六，兌生禍延絕六五天。」【175】小遊年主要應用《洛書》的理數，多用於占卜陰宅，決定催財、催丁的多少，與九星相配，一般地理家從龍上起，以貪巨武廉爲吉，祿文破輔爲凶；選擇家從向上起，以貪巨武文爲吉，祿廉破輔爲凶。

【174】（清）江慎修著、孫國中校理《河洛精蘊》，學苑出版社2007年第316-317頁。

【175】俞灝敏、朱國照《風水大全》，中州古籍出版社1994年第153頁

河洛數與地母卦九星匹配表

河洛數	六	二	九	三	八	四	七	一
北斗	天樞	天璯	天璣	天權	玉衡	開陽	搖光	左輔 右弼
八卦	艮	巽	乾	離	震	兌	坎	坤
五行	木	土	土	水	火	金	金	金
納甲	艮丙	巽辛	乾甲	離戌 寅壬 午	震未 亥庚 卯	兌丑 巳丁 酉	坎辰 申癸 子	坤乙
小遊年	生氣	天醫	絕體	遊魂	五鬼	福德	絕命	輔弼
九星	貪狼	巨門	祿存	文曲	廉貞	武曲	破軍	輔弼
大遊年	生氣	天醫	禍害	六煞	五鬼	延年	絕命	伏位
九星	貪狼	廉貞	武曲	文曲	祿存	巨門	破軍	伏位

九星是翻卦法占卜預測吉凶的依據，我們把各星所包含的吉凶分別列於下面，供大家參考：

一白貪狼星：號文昌，爲官星，爲子星，爲吉星，若其當旺，外亦有水光反照，爲少年科甲，名播四海，生聰明智慧男兒；利中房，利男性，利名聲，令人生氣蓬勃，凡事積極向上進取；當其衰死，則爲刑妻克子，夭亡飄蕩，流血腎虧，爲酒徒盜賊。

二黑巨門星：號爲病符。當其旺，有田莊之富，人丁興旺，又發武貴。當其衰死，則婦奪夫權，陰險鄙吝，難產腹病，爲小人暗算，家人疾病叢生，憂愁抑鬱。

三碧祿存星：因其性暴燥好斗，故號蠻尤。當其旺，財祿豐盈，興家創業，富貴功名，長房大旺；當其衰死，瘋魔哮喘，膿血頑疾，殘足刑妻，是非官訟，或成盜賊。

四綠文曲星：當其旺，爲文章蓋世，科甲聯芳，君子加官進職，女子容貌端妍，聯婚貴族；當其衰死，瘋哮血縊，婦女淫亂，男兒酒色破家，漂泊絕滅。主婚姻反復，人口不定，夫妻紛爭，不務正業。

五黃廉貞星：爲戊已大煞，能量最大，最凶亦最吉。當其旺，大發財丁，功名立見，威鎮八方；當其衰，無論被其生或被其克，都爲大凶，所以宜靜不宜動；若値太歲加臨，凶性大發，即大損丁財，輕則災病，重則連喪五人，所以宜避不宜犯，宜靜不宜動，宜泄不宜克。

六白武曲星：是吉星。當其旺，權威震世，武將勳貴，巨富多丁，利外交，夫妻和睦；當其衰死，刑妻克子，伶丁孤獨，刀兵自縊，鰥夫自憐，寡婦守家。

七赤破軍：這是爲賊星。當其旺，發武權，丁財兩旺，小房發福；當其衰，家出盜賊，或投軍戰死，牢獄口舌，火災損丁，或出貪花戀酒之徒；七爲凶星，宜靜不宜動，動則凶相大露，尤其在路口、三叉口之處，危害最烈。破軍還必須與外形環境一起考察，大致情形是：如果外有葫蘆之砂，家就出醫卜之人；如果外有刀盞之砂，家就出屠沽之人；如果外有鉗形之砂，家就出工匠之人；如果外有旗鼓之砂，家就出叛逆偷盜之徒；如果外有探頭之砂，家就出狐形鬼影；如果外有探頭與射脅之砂水，家就出盜賊；如果外有沖射又遇一六飛到，家就有服毒或吐血之人。

八白左輔星：爲吉星。當其旺，忠孝良義，富貴綿遠，小房洪福；當其衰死，小口損傷，瘟病膨脹。

九紫右弼星：性主急，鎮邪惡，當其旺，發富發貴立速，文章科第，驟至榮顯，中房得貴；當其衰，回祿官災，吐血瘋癲，目疾難產；如助五黃，勃然大災。

當然，這些吉凶的判斷還要結合《河圖》和《洛書》的數理、八卦的符號系統內涵、以及五行原理等，整合考察之後才能最後確定。風水大師蔣大鴻、沈竹礽都認爲，遊年是翻卦變爻，是本於《洛書》而配先天八卦之理的。不過，我在《陰陽家簡史》的〈星占術〉裡說過，中國古代星占學所占之象主要有日月占、彗星占、恒星占、行星占、雜星占等5個方面，九星風水又屬於雜星占，因而它也可以結合天象分析的。[176]本書《宇宙模式：圓和方》一節裡，我們說過《洛書九星圖》，它與九星風水也是相關的。古代風水占卜也確實有這樣的硬性要求：「地居三才之中，言地理而天人之理即相應焉。」[177]古代占卜術數就是比較複雜的。

就堪輿而言，清代江永《〈河圖〉含八干四維十二支二十四向方圖》和《〈河圖〉含八干四維十二支二十四向圓圖》以及圖說，是非常重要的。在〈宇宙模式：圓和方〉中，我們認爲他把朱熹等的「圓」和「方」本性的「天理」，進一步應用到宇宙模式的具體建構的闡述中。江永認爲，《河圖》本身就蘊含八干（天干）、四維（四方正位）、十二支（地支）、二十四向的這些宇宙建構的決定要素，而方圖和圓圖都是用《河圖》四象之數，應八干的陰陽，然後推出四維、十二支、二十四向的，表明《河圖》是以先天爲體、後天爲用、體中藏用的妙義，也是宇宙建構的原理。這只是《方圓圖》一個方面的意蘊，這圖式的第三層四隅各作一曲，就不是從宇宙建構來說了，而是論風水：圓圖的中心一層就是風水家水旱羅盤的「天池」處。第

[176] 龍建春《陰陽家簡史》，重慶出版社2008年第213-219頁。

[177] 陳全林《新編張三豐先生丹道全書》，團結出版社2008年第53頁。

三層就是羅盤「八煞黃泉」的層位，八煞與二十四山向的關係是：丁庚屬坤，辛壬屬乾，甲癸屬艮，乙丙屬巽。這就是江永所說的「四隅各作一曲」[178]。江永說的與風水家是一致的，但是〈黃泉煞歌訣〉對於這種配屬所帶來吉與凶的判決是：「庚丁坤向是黃泉，坤向庚丁切莫言。巽向忌行乙丙上，乙丙須防巽水先。甲癸向中憂見艮，艮逢甲癸禍連連。辛壬乾路最宜忌，乾向辛壬禍亦然。」[179]

江永為什麼要在「四隅各作一曲」呢?他說：因為天干之氣是相通。接著具體解釋：壬水生申、旺子而墓辰，辛金生子、旺申而墓辰，這就是辛壬之氣相通；甲木生亥、旺卯而墓未，癸水生卯、旺亥而墓未，這就是癸甲之氣相通；丙火生寅、旺午而墓戌，乙木生午、旺寅而墓戌，這就是乙丙之氣相通；庚金生巳、旺酉而墓丑，丁火生酉旺巳而墓丑，這就是丁庚之氣相通。他還認為這是生旺互用，元竅初通，也是先天自然配合的，而且四大水口（就是判斷水流的出入口吉凶的四個要訣，楊筠松的要訣是：「乙丙交而趨戌，辛壬匯而聚辰，牛斗（丑）納丁庚之無，金羊（未）收癸甲之靈」）、四黃泉等，都是從這裡推導出來的。

【178】（清）江慎修著、孫國中校理《河洛精蘊》，學苑出版社2007年第307-310頁。

【179】（清）王道亨著、李非校釋《羅經透解》，中州古籍出版社1995年第30頁。

江永關於二十四向、黃泉以及「異位而同氣」說等，都是運用《河圖》和《洛書》的數理在論述的，在《方圓圖》圖說中他自己已經說明，在《元辰斗首氣定局圖》圖說裏，還認為《玉函經》的「元辰斗首」說也是源於《河》、《洛》：坐山化氣之五行有順有逆的運用，都出於《圖》、《書》：「《圖》以五十土生四九金，由金而水、而木、而火、而土，皆順生；《書》以五十土克一六水，由水而火、而金、而木、而土，皆逆克。蓋陰土在火金之間者氣順行而生，陽土在水木之間者氣逆行而克。一生一克，造化之妙用，《圖》、《書》之至理。」【180】從風水術來看，江永主要採用了三合派的觀點，三合就是以十二支配五行之金、木、水、火，取生、旺、墓三者以合局，並根據它選擇吉日良時。

(二)、《洛書》法門：遁甲

奇門遁甲相傳是黃帝伐蚩尤時命風后所作的。根據《易緯・乾鑿度》記述，這門占卜術把天干中的乙、丙、丁確定為「三奇」，表示日、月、星；再用休、生、傷、杜、景、死、驚、開與坎、艮、震、巽、離、坤、兌、乾八卦相應，配合成八門：合稱就是「奇門」。然後再把六甲（天干與地支相配的「甲子」中以「甲」起頭的的六個干支：甲子、甲戌、甲申、甲午、

【180】（清）江慎修著、孫國中校理《河洛精蘊》，學苑出版社2007年第307-310頁。

甲辰、甲寅）隱藏（因爲「甲」在天干中最尊貴而不能顯露）於六儀（戊、己、庚、辛、壬、癸）之下，而且，把三奇、六儀放進《洛書》九宮圖中，「甲」是不占宮的，因此稱「遁甲」。合稱就是「奇門遁甲」。術數家占卜時因爲要有所側重，所以分爲三盤：地盤是八卦加中五宮爲九宮；天盤是八詐和九星；人盤是八門。再用天時二十四節氣，以超接置閏的方法，演定陰陽九局。奇門遁甲是古代術數三大秘寶（奇門、六壬、太乙）中的第一大秘術，它綜合應用天干、地支、八卦、九神、九星、八門等原理和元素，使用了星相（天文）、堪輿（地理）、易占中的許多內容和知識，是古典周易學術中綜合性最強的學科。但是它的法門則是《洛書》。八門、八詐和九星既是奇門遁甲中特定的術語，也是它的重要占卜元素。我們現在結合《洛書》作相關的說明、闡釋：

八門是奇門遁甲中重要的自定元素，它是依據《洛書》數理、八卦德性擬制出來的，它們相應的關係如下面的表格：

《洛書》數	一	八	三	四	九	二	七	六
八卦	坎	艮	震	巽	離	坤	兌	乾
八門	休門	生門	傷門	杜門	景門	死門	驚門	開門

八門占卜的內涵以及結果，我們按照它自身順時針的次第略加說明：

第一是休門，是一個吉門，所以宜求財、求職、商賈買賣、關說、和解、談判、約會、旅遊、集會、婚姻嫁娶、新官上任等；但是不可求行軍打仗的事，因爲休門是一數，爲水神，臨離九宮爲水克火，爲水火不相容，就不吉利。

第二是生門，也是一個吉門，所以除了宜求財、求職、求買賣外，還宜營造、嫁娶、謀事、見貴、旅遊、看病、祈福等；但生門是二數，屬艮卦爲土神，如臨坎一宮爲土克水，就不吉利。

第三是傷門，是一個凶門，最忌旅行，出入容易得病、遇災或受傷，招惹是非；但收款、索債效果很好；還適宜於刑事訴訟、博奕、打獵和捕捉盜賊。因爲傷門是三數，爲木神，臨坤二宮水，又緊鄰艮八宮，艮八宮爲木克土，大凶，因爲凶門被迫（凶門臨被克之宮）則凶事更加兇險。

第四是杜門，雖列入凶門，但偏于平門，杜門的「杜」有閉塞、阻滯的意義，所以可以出行、謁貴、幽會、藏躲、避難、密謀、秘密集會、閉關修行等。杜門是四數，爲木神，臨坤二宮水，但遇八宮土則主凶。

第五是景門，算作凶門卻也傾于平門，景門發揚振作而不久長，所以宜考試、面試、投訴、演講、廣告宣傳、獻策、進言、訪友、尋親和遊戲競賽等，但是上書、漁獵都會無所得。

景門是四數，臨乾六金，若遇七宮金則主凶。

第六是死門，是一個凶門，出入此門，百事爲凶，忌出行，修造，謀事，否則傷人損財。不過破土、漁獵、行刑、弔喪等，比較適宜。死門是二數，爲土神，若臨一宮坎水則主大凶。

第七是驚門：驚門顧名思義是驚惶憂懼，多生怪異，所以爲凶門，不宜出行謀事，否則必遇驚恐；但宜尋求走失、偵搜、捕盜、捉賊、捉姦、威嚇等。驚門是七數，爲金神，臨三宮震木，若遇四宮巽木則主大凶。

第八是開門，開門即四通八達，出現一個嶄新的世界，是一個吉門。所以宜求財、求職、旅行、開市、開光、開工、婚嫁、訪友、見貴人、上任等等，遇事一般吉利亨通。開門是六數，爲金神，如臨三宮震木、巽二宮巽木，「金木相克」，則不吉利。因爲門克宮，吉門被迫（吉門臨被克之宮），則吉事不成。最忌嫖妓、男女幽會、或密秘集會等。

八詐就是直符、騰蛇、太陰、六合、勾陳（陰遁爲白虎）、朱雀（陰遁爲玄武）、九地、九天八神。在活盤上，八神分別置於八宮，放在最上層的小盤中，這個小盤稱神盤。陽遁陰遁八神的排列有所不同，一般陽遁逆輪，陰遁順轉。直符特別，先簡要說明它的特別處：直符是指天盤九星中當值的星符（值日的那顆星）。在奇門各宮中，一宮管十個時辰，滿十個時辰後就移到下一宮去了。直符移宮的口訣是：「直符前三六合位，太陰之神在前二，後一宮中爲九天，後二之神爲九地。九天之上好揚兵，九地潛藏可立營，伏兵但向太陰位，若逢六合利逃形。」【181】下面對八詐依次做一般說明：

直符：稟中央土，爲天乙之神，諸神之首，所到之處，百惡消散。如果事急就可以從直符所進臨之方出，這就是所謂「急則從神」的說法。預測時一般代表領導、頂頭上司、貴重高檔物品、貴人相助、銀行部門等。

騰蛇：稟南方火，爲虛詐之神。性柔而口毒，司驚恐怪異之事。出騰蛇之方主精神恍惚，惡夢驚悸，得使、得門就沒有什麼妨礙了。測人主虛僞無有誠信、多猜疑、善呻吟之輩，或有宗教的信仰如佛道仙（即信仰佛、道以及其他宗教）；還測病易反復轉移或有精靈陰邪之物作怪。

太陰：稟西方陰金，爲蔭佑之神，性陰匿暗昧。太陰之方可以閉城藏兵、避難。測人品質優良，正直慷慨，助人爲樂，以及過於自信或自私。測事件則指會致憂慮、後患、惆悵等。

六合：稟東方木，爲護衛之神。性和平，主司婚姻、媒介等事。六合之方宜婚娶、避害。測談判、交易、婚姻嫁娶等事。

【181】石建國《奇門遁甲解真》，中國國際廣播音像出版社2006年第29頁。

勾陳（下隱白虎）：稟西方之金，爲兇惡剛猛之神。性好殺，主司兵戈爭斗、殺伐病死。勾陳之方須防敵方偷襲，如果得奇門就可以無顧忌了。測人性質威雄，有一定權力，講義氣，從事技術過硬的職業。測事多與公安捕盜、犯罪重病、凶傷孝服有關。

朱雀（下隱玄武）：稟北方水，爲奸讒小盜之神。性好陰謀賊害，主司盜賊、逃亡、口舌等事。朱雀之方須提防奸細盜賊，如果得奇門就沒有什麼妨礙了。測人聰明多智、能言善辨、文藝人才，還能夠主測誠信不高、愛說謊話、虛僞不實等類人。

九地：坤土之象，爲堅牢之神。性柔好靜，厚德載物，有時過於自私消極，缺乏上進心，測人爲醫生、農民、老婦、卜卦之人等。

九天：乾金之象，爲威悍之神。性格剛強好動，志向遠大，有時好高騖遠，不切實際。九天之方利於揚兵佈陣、行軍打仗、乘飛機出行。《孫子•軍形》【182】說：「善攻者，動於九天之上，故能自保而全勝也。」測人剛健，身份爲長輩，官長有威望之人。

我們按照直符在中央陽遁九局時的情形，把八詐相應因素列表如下：

【182】蕭尚兵《武經直解》，浙江文藝出版社1998年第10頁。

《洛書》數	八卦	五行	八 詐	八 神
五	中	土	直 符	天乙之神
九	離	火	騰 蛇	虛詐之神
八	艮	陰金	太 陰	蔭佑之神
三	震	木	六 合	護衛之神
七	兌	金	勾陳（白虎）	兇惡剛猛之神
一	坎	水	朱雀（玄武）	奸讒小盜之神
二	坤	土	九 地	堅牢之神
六	乾	金	九 天	威悍之神

八神的排列次序從值符到九天，無論順逆，位置不變，其運行規律是陽順陰逆即陽遁順時針行，陰遁逆時針行，又分爲天盤八神和地盤八神兩種。隨天盤九星運行的叫天盤八神，隨地盤六甲值符（甲子戊、甲戌己、甲申庚、甲午辛、甲辰壬、甲寅癸都應分別的標在《洛書》數各宮的地盤上。）運行的叫地盤八神。天盤八神每個時辰隨天盤九星的值符星轉動一次（見直符說明）。地盤八神轉動較慢，每十個時辰隨旬首六甲值符轉動一次，與這個《洛書》數宮相對應的人盤八門之一，就是這個門在轉盤上「值使」。測風水及擇日擇吉常用地盤八神，測事測運常用天盤八神。

九星是指天蓬星、天芮星、天沖星、天輔星、天禽星、天心星、天柱星、天任星、天英星。在陰陽局中沒動時的狀態時，九星配《洛書》九宮八卦的情況如下面表格：

九星雖然源於北斗，但並不是明確的指天上的九顆星，可以理解爲天的坐標系統九種不同方位，這個系統所體現的宇宙能量輻射強弱的定式。占卜時各個星所占事物以及吉凶的情況如左：

天蓬（大凶）：歌訣是：「訟庭爭竟遇天蓬，勝捷名威萬裡同。春夏用之皆爲吉，秋冬用之半爲凶。嫁娶遠行皆不利，修造埋葬亦間空。須得生門同丙乙，用之萬事皆昌隆。」[183] 天蓬爲水賊，所入之宮

九星	天蓬	天芮	天沖	天輔	天禽	天心	天柱	天任	天英
《洛書》九宮	一宮	二宮	三宮	四宮	五宮	六宮	七宮	八宮	九宮
八卦	坎	坤	震	巽	寄坤二宮	乾	兌	艮	離
八方	正北	西南	正東	東南	中	西北	正西	東北	正南

【183】天蓬以及餘下八星的歌訣，載上海中華書局1934年影印同文書局石印本《古今圖書集成》第497冊第6頁，不一一標注。

不宜嫁娶、營造、搬遷等，但如果遇生門併合丙奇、丁奇，那麼就可用無妨。春夏可用，秋冬助水之勢，所以不可用。

天芮（大凶）：歌訣是：「天芮授道結交宜，行方值之最不吉。出行用事皆宜退，修造安墳禍難測。賊盜驚惶憂小口，更有官事被官責。縱得奇門從此位，求其吉事皆虛爲。」天芮爲教師、朋友，所以宜受道結交，不宜嫁娶、遷徙、訴訟、營造，即使得奇門，也難爲吉。天芮爲土星，秋冬用之則吉，春夏用之則凶。

天沖（小吉）：歌訣是：「嫁娶安營產女驚，出行移徙有災難。修造葬埋皆不利，萬般作爲且逡巡。」天沖爲雷祖、天帝、武士，宜出軍報仇雪恥，不宜嫁娶、修造、遷徙、經商。

天輔（大吉）：歌訣是：「天輔之星遠行良，修造埋葬福綿長。上官移徙皆吉利，喜溢人財百事昌。」天輔爲草爲民，宜遠行、起造、移徙、婚娶、埋葬、請客。

天禽（大吉）：歌訣是：「天禽遠行偏得利，坐賈行商皆稱意。投謁貴人俱益懷，修造埋葬都豐裕。」天禽爲巫爲工，宜遠行、做生意、埋葬、修造、見貴。

天心（大吉）：歌訣是：「天心求仙合藥當，商途客旅財祿昌。主將遷葬皆吉利，萬事欣逢盡高強。」天心爲高道、爲名醫，宜治病服藥、練氣功、經商、遷徙、埋葬。秋冬吉，但春夏凶。

天柱（小凶）：歌訣是：「天柱藏形謹守宜，不須遠行及營爲，商賈百事皆不利，動作立刻見凶危。」天柱爲隱士，宜隱跡固守，不宜出行謀事，一切所爲都不吉。

天任（小吉）：歌訣是：「天任吉星事皆通，祭祀求官嫁娶同。斬絕妖蛇移徙事，商賈造葬喜重重。」天任爲富室，求官、嫁娶、遷徙、經商，諸事皆吉。

天英（小凶）：歌訣是：「天英之星嫁娶凶，遠行移徙不宜逢，上官商賈凶敗死，造作求財一場空。」天英爲爐火、爲殘患，百事不宜。

奇門遁甲無疑具有很多迷信的成分，我們的這些簡要的介紹，是出於敘述對《洛書》在占卜術數等方面的影響，並提供實例的需要，並不希望大家學習應用，讀者肯定有鑑識批判的能力。

《洛書》對術數的最典型的是太乙九宮占，而且也十分繁雜。這個大家也最爲熟悉，所以從略。

陸、郢書燕說的哲理【184】

《河圖》和《洛書》的天理、數理、樂理、醫理，主要是根據《河圖》和《洛書》抽繹

【184】此節受益于王永寬先生超星講座。

出來的一種具體學科的「學理」，顯然屬於應用學科的性質；易理則是把《河圖》和《洛書》的原理作了神秘化的處理後，再來進行非理論預測的，因而具有理論和應用的雙重性質；但是《河圖》、《洛書》的哲理就不同了：

哲理就是關於宇宙和人生根本的原理，是哲學之「理」，而哲學卻是自然知識和社會知識的概括和總結。如果以此類推，那麼《河圖》和《洛書》的哲理，似乎應該是在天理等具體學科的「學理」的基礎上加以概括和總結的。其實並非如此！大致而言，《河圖》和《洛書》的哲理就是《河圖》、《洛書》原始傳說尤其是後來人們的文字解說和圖像分析，這兩大方面所表現出來的深刻而豐富的、帶某些規律性的思維以及相應的觀念，是一種准哲學的「哲理」。

這種准哲學的「哲理」非常類似《韓非子‧外儲說左上》說的一個寓言故事：楚國郢都有個人寫信給燕國的相國。寫信的時候，燭光不太亮，他就對在一旁端蠟燭的僕人說：「舉燭（把蠟燭舉高靠近一點）！」嘴裡說著，手隨著就把「舉燭」兩個字寫到信裡去了。燕國的相國看到信中「舉燭」這兩個二字，琢磨了半天，覺得這「舉燭」二字太好了：舉燭，就是倡行光明清正的政策；要倡行光明，就要舉薦人才擔任重任。於是把這個道理告訴了燕王，燕王也很高興，立即實施，燕國因而得到了治理。【185】這就是有名的「郢書燕說」。

【185】（清）王先慎撰、鐘哲點校《韓非子集解》，中華書局1998年第279頁。

人們對《河圖》和《洛書》的文字解說和圖像分析與郢書燕說相同：《河圖》和《洛書》有似郢都人的誤寫，原本如何，還是沒有弄得很清楚，但是人們的這些文字解說和圖像分析就有似燕相誤解，包含了豐富而又足以啓迪人們心智、生活的哲理，這是不爭的事實。其中最重要的應該是《河圖》、《洛書》的方位與次序所體現的時空觀，《河圖》、《洛書》自身的象數與人們所加的義理所體現的認識觀，《河圖》、《洛書》傳播中的典則與變通所體現的辯證觀。

一、方位與次序：時空觀

作爲文化圖式，《河圖》和《洛書》是有方位與次序的。

如前所述，文化圖式的《河圖》，它的方位與次序，人們最常用的也是朱熹的說明：「一與六共宗而居乎北，二與七爲朋而居乎南，三與八同道而居乎東，四與九爲友而居乎西，五與十相守而居乎中」[186]。其實，這不是朱熹的發明。早在西漢，揚雄在他的《太玄・玄圖》篇中說過這麼幾句話：「一與六共宗，二與七爲朋，三與八成友，四與九同道，五與五相守」。

[186] 朱謀人、嚴佐之、劉永翔主編《朱子全書》（一），上海古籍出版社、安徽教育出版社2002年第212頁。

這是首次把九個自然數分成五組，形成了「共宗」、「爲朋」、「成友」、「同道」和「相守」的關係，雖然並沒有明確表明方位與次序，但是《河圖》五組數與方位、次序的關聯已經包含在內。因而到晉代範望作注時就捅破這層紙，他說：「一與六共宗，在北方也；二與七共朋，在南方也；三與八成友，在東方也；四與九同道，在西方也；五與五相守，在中央也」【187】。朱熹只是複述了一下。

《河圖》和《洛書》有了數與方位、次序的關聯，也就有了古樸的時空觀。

時空觀是關於時間和空間的根本觀點。中國古代雖然沒有非常明確的、系統的時空觀理論，但是不能因此而說中國古代沒有時空觀。《河圖》和《洛書》的數與方位、次序的關聯，就具有一些時空觀因素：

（1）運用○和●繪出的《河圖》和《洛書》，無論○和●是表示數字，或者表示黑白、表示陰陽，都是世界事物的實體存在，因而河洛學者就把○和●理解爲代表著天地之間的萬事萬物。這是科學時空觀的第一個因素：時間和空間是物質存在的基本形式，它們本身如數位一樣，無論是抽象的數位還是具體的數位，都是物質的，只是存在著可以看見還是不能夠看見的

【187】臺灣商務印書館編《景印文淵閣四庫全書》，臺灣商務印書館1986年第803冊第97頁。

區別。

（2）在《河圖》和《洛書》中，○和●的分佈具有方位。前面敘述了范望、朱熹關於《河圖》方位佈局的說明：一個○和六個●「共宗」，處在北方；七個○和二個●「爲朋」，處在南方；三個○和八個●「成友」，處在東方；九個○和四個●「同道」，處在西方；五個○和五個●（但是兩者的佈局有區別：○是相交成「十」字；●是相對成「二」字）「相守」，處在中央。○和●對應著東、西、南、北、中五方，而位置和方向的意識是空間概念的重要因素，它不僅是事物存在的場所，也是事物運動的網站。這是科學時空觀的第二個因素：時間和空間的具體形態和具體特性具有單一性、絕對性和具體事物時空的有限性。

（3）由於《河圖》和《洛書》構成的形態元素都是○和●，而且有相似的佈局，因而與《河圖》相比，《洛書》中出現了新的方位與次序，主要體現在兩個方面：一是除了東、西、南、北、中五個方位保持不變外，產生了東北、東南、西南、西北四個新的方位；二是○和●已經分離，用○表示五個舊方位，而用●表示新產生的四個方位。《洛書》的這種變化，相對於《河圖》來說，就是在表示時間和空間時，它們明顯存在著相同和不同。當然我們所說的方位的舊與新，只是因爲敘述的方便而產生的，實際上《河圖》和《洛書》數與方位、次序本身是沒有新舊之分的。如果從時空觀來考察，卻又體現了科學時空觀的第三個因素：時間和空間的具體形態和具體特性具有多樣性、相對性和具體事物時空的無限性。

毫無疑問，《河圖》和《洛書》的時空觀因素本身就是郢書燕說模式，但是這些因素確實對古代的時空觀產生了影響，至少有以下兩個方面可以證明：

首先是古代的「宇宙」說。構成「宇宙」一詞的「宇」和「宙」，最初的意思是指屋簷和房梁。但是到春秋中期，學者就已經開始使用「宇宙」來表達時間和空間的概念了：最早見於《文子・自然篇》：「老子曰：『往古來今謂之宙，四方上下謂之宇。』」【188】《尸子》佚文略有不同：「天地四方曰宇，往古來今曰宙。」【189】可見「宇」就是空間，指天地之間的「四方上下」，也就是所有的空間，包括《河圖》和《洛書》的東、西、南、北、中和東北、東南、西南、西北九個方位這類具體空間，以及近年來國外提出的網路空間（cyberspace）、資訊空間（Infosphere）這類虛擬的實在空間，還包括從點的零維到面的多維的數學空間、精神具象的思想空間（Noosphere）和高度抽象的哲學空間。「宙」就是時間，指天地之間的「往古來今」，這個時間的因素是在《洛書》由《河圖》的變化而產生的斜線延伸孕育的，所以

【188】李德山《文子譯注》，黑龍江人民出版社2003年第199頁。
【189】浙江古籍出版社編《百子全書》上冊，浙江古籍出版社1998年第481頁。

《莊子・庚桑楚》說「有長而無本剽者宙也」【190】，意思是「宙」古與今之間的正向延伸沒有割斷，因而是所有的時間，包括物理學時間（就是兩時刻之間的時間間隔），如前面我們所說的十二時辰，我國最古老、使用時間最長的計時制──「百刻制」以及更點制，還有哲學意義上的指物質運動過程的持續性、間隔性的矛盾統一和物質運動狀態的順序性，物理學時間是人們為了求得不受外界影響的實際時間，而哲學時間則是人們為了把握事物週期變化的規律和一維性（即不可逆性）本質，這就是「往古來今」，從過去、現在到將來的一個方向，一去而不復返。唐代詩人孟浩然在〈與諸子登峴山〉中對時間和空間多維與一維、可逆與不可逆的區別，作了詩意表達：「人事有代謝，往來成古今。江山留勝跡，我輩復登臨。」古今使人事代謝，不能重複，但是江山勝跡卻是可以「複登臨」，這是吊古感今，也是《河圖》和《洛書》時空觀的一種反映。

其次是古代的時空觀由於是用「宇宙」來表述，因為○和●的數字在《河圖》是從一到十的排列，而《洛書》是從一到九的排列，在一個特定的立足點，它是表示一個空間處所和一個時間段落，但由於這個處所的不斷變動和這個段落的向前不斷延伸，這樣便使得這一個具體

【190】浙江古籍出版社編《百子全書》下冊，浙江古籍出版社1998年第1396頁。

的時間和空間轉化為一個哲學時空觀。這種觀念確定之後，又導致了古代的時空理論不像西方那樣，把時空當做外在的認識物件，也不關注時空的本來面貌以及它的本質求索。後來由於易學、陰陽學、五行學的介入，「宇宙」則成為以人道為出發點和終極目標的天道、地道和人道整合而成的人文體系。所以時空理論基本上是一種較為含混的描述，給人一種整體的感悟。道家甚至把時空理論轉化為人的內在素質，時空觀因而成為了一種人生境界。老子便這樣說：「道」作為一種存在物，是恍恍惚惚、似有若無的：在恍惚之中，隱然有形象；在恍惚之中，卻有實物。在深遠模糊中，卻含有極細微的精氣，這精氣是非常真實的，並且是非常可靠的。從古到今，它的名字永遠不能消失。根據它，才能認識萬物的本始。【191】

這個影響的直接結果就是：中國古代沒有非常明確的、系統的時空觀理論。

二、象數與義理：認識觀

如前所述，觀察現存的《河圖》和《洛書》文化圖式，就是一種直觀的形象和計數的數字來表述的「象」和「數」，無論是用馬的旋毛和龜的坼文來表達，還是用○和●來表達，都不例外。古人面對這些「象」和「數」的時候，總是站在他所處的時代，運用自己的素養來體認

【191】何新《古本老子道德經新解》，時事出版社2002年第206頁。

並領悟其中的意義和理趣的，從而留下了非常豐厚的「義」和「理」。前面已經說過的天理、數理、樂理、醫理等，就是「義」——「學理」包涵的科學意義；進而由「義」形而上地生出時空觀後的第三個哲理：認識觀。

認識觀是人類探討認識事物的前提和基礎，認識發生、發展的過程及其規律，認識的真理標準等問題的哲學學說。古人體認、領悟《河圖》和《洛書》的「象」和「數」而獲取各種「義」和「理」的敘述、闡發和結論，至少具有三個富世界意義的認識觀：

（1）由現象到本質的認識方法。一般來說，《河圖》和《洛書》中的象數與義理所體現出來的，則是由現象到本質的認識方法。

「現象」本來是「顯露的形狀或樣子」的意思，由此引申，「現象」就是由我們的感官接收到物或者說本體的信號後，在腦中直接反映出的一切形象。《河圖》、《洛書》的「象」和「數」就是「現象」之一。「本質」本意是「原本的屬性」。哲學的「本質」是指事物本身所固有的面貌、屬性和發展的根本性質，因此它反映著事物比較深刻的一貫和穩定的特性。《河圖》、《洛書》的「義」和「理」，也就是「本質」之一。

但是，人們的感官所及首先往往是事物的「現象」，而事物的「本質」是隱蔽在「現象」裡的。所以要認識事物的「本質」，就必須從事物的「現象」入手，只有通過研究事物的現象，才可能把握到事物的本質。在河洛學中，往往就是從《河圖》和《洛書》的「象」和

「數」的存在狀態來把握其中的屬性及內部規律的：如從○和●的「現象」，聯想到日月、白天和黑夜，進而再生發出陰陽的屬性；從一到九這九個自然數，聯想到具體的個位數、具體事物的量，進而再生發出宇宙事物本體論的屬性：

《河圖》主要有兩個數「本質」：一是天地之數：即天地之數爲55（「天地之數五十有五」），萬物之數皆由天地之數化生而已（「以成變化而行鬼神也」）。二是萬物生存之數：天一生水，地六成之；地二生火天七成之；天三生木，地八成之；地四生金，天九成之；天五生土，地十成之。所以一爲水之生數，二爲火之生數，三爲木之生數，四爲金之生數，五爲土之生數。六爲水之成數，七爲火之成數，八爲木之成數，九爲金之成數，十爲土之成數。萬物有生數，當生之時方能生；萬物有成數，能成之時方能成。所以，萬物生存皆有其數也。

《洛書》也有兩個數「本質」：一是五行之用數：陰陽和爲四十五數，乃五行之用數。大衍之數五十，其用四十九，是卦象占筮體用之數。大衍之數五十，去五行之體數五，其用四十五爲五行萬物之用數也。這就是大衍五行之體用，是五行萬物生死存亡之數也。二是三才之運數：五行之數爲五，即水一、火二、木三、金四、土五。陽數合爲九，陰數合爲六，故卦爻裡陽爻稱九，陰爻謂六也。陽陰合爲十五數，乃三才五行之數也。三才者「天、地、人」。天有五行，地有五行，人有五行，合之爲十五數也。故縱橫交叉，上下左右，四方八面，都難逃三才五行之數。

這種由事物的表面「現象」認識其「本質」的方法，是源於中國先民、先哲對宇宙事物體認的實際的：《尚書‧堯典》篇說虞舜「堙于六宗」（在天壇內的圜丘壇祭祀），所謂六宗，即「天宗三，日、月、星也；地宗三，河、海、岱也」。這雖然是祭祀，但實際是天地「現象」作爲體認宇宙「本質」的起點的。這個發展到春秋戰國時期，便出現了觀水來比擬德性的認識法則：如《荀子‧宥坐》中轉述孔子的話說：那流水，普遍地施捨給各種生物而無所作爲，好像德；它彎彎曲曲一定遵循那向下流動的規律，好像義；它浩浩蕩蕩沒有窮盡，好像道；如果有人掘開堵塞物而使它通行，它便奔騰向前，即便是上百丈深的山谷也不怕，好像勇敢；它注入量器時一定很平，好像法度；它注滿量器後不需要用刮板刮平，好像公正；它柔軟得能夠達到所有細緻的地方，好像明察；各種東西在水裡出來進去地淘洗，便漸趨鮮美潔淨，好像善於教化；它千曲萬折而一定向東流去，好像意志。【192】

（2）由感性到理性的認識過程。由「象數」到「義理」，雖然首先體現的是一種方法，但它同時又是一個過程。人們要認識《河圖》和《洛書》，就需要充分調動自己的感官去感覺那○和●，無論是內部（深）感覺還是外部（淺）感覺，都不能偏廢；再對自己的感覺到的○

【192】管曙光《諸子集成‧荀子》（簡化字橫排點校本），長春出版社1999年第1冊第229-230頁。

和●方位、次第、組合、數量等資訊進行整合和解釋，於是就有了《河圖》和《洛書》的知覺；知覺再把整合的感覺反映到人腦中，形成了感覺到的《河圖》和《洛書》圖像，這就是表像：到此，認識的第一個階段就已經結束。因爲這時認識的《河圖》和《洛書》，只是外部（淺）的○和●的圖像和它所表現的方位、次第、組合、數量這些內部（深）的「現象」，所以屬於人們熟知的感性階段。

作爲這一階段結果的表像——《河圖》和《洛書》圖式，是感性經驗的一種積累，也是向思維過渡的橋樑。因此，古代的河洛學者，由《河圖》、《洛書》的○和●去發現它們獨立或者組構的象徵意義，去發掘數的本義以及可能指向的學理、事理和哲理。這時期○和●及其「現象」退居其次的地位，而○、●和數的屬性及內部規律所包涵的各種「義理」，成爲主體：這就是第二個階段。因爲這個階段主要是認識屬性和內部規律——「義理」，也就是理性階段。

由「象數」到「義理」，由「現象」到「本質」，也就是由感性到理性的階段進替。《河圖》和《洛書》的這個認識過程對古代的知行觀很有影響：如儒家的「下學上思」的學思並重，墨家的「以見（同「現」，顯現）知隱」和「察類明故」（由同類事物現象推知它們的原因、屬性以及規律），二程的「格物致知」、王陽明的「知行合一」、王夫之「知行相資以爲用」以及孫中山的「不知而行」和「行而後知」結合等。

（3）真理與謬誤相生的認識結論。列寧曾經指出：「從現象到本質、從不甚深刻的本質到更深刻的本質的深化的無限過程」。[193]這說明人的認識會受到實踐經驗，知識水準、認識能力等主觀制約，受歷史條件和科技水準等客觀條件的限制，認識必然具有反復性。古代對《河圖》和《洛書》的認識也不例外：如易學八卦把《河圖》和《洛書》象和數作了「三分陰陽」和「變點爲線」的改造並引入後，制訂了「故吉凶者，失得之象也；悔吝者，憂虞之象也；變化者，進退之象也」遊戲規則[194]，進行相關的占卜、策數、揲蓍等活動，在商周時期，人們就是把它當做「義理」和「本質」的，所以凡事必占。但是在今天來看，這些顯然是不夠科學的。如果從認識的真理與謬誤來考察，那就是對《河圖》和《洛書》認識的結論，必然是真理與謬誤相生的。「從不甚深刻的本質到更深刻的本質的深化」就必然要延續，而延續是在認識的發展、完善中進行的，所以認識的結論就會出現真理與謬誤的相互轉化。

---

[193] 列寧著、中共中央馬克思恩格斯列寧史達林著作編譯局編譯《列寧全集》（第二版），人民出版社1984年第55卷第191頁。

[194] 南懷瑾、徐芹庭《白話易經》，嶽麓書社1988年第356頁。

三、典則與變通：辯證觀

《河圖》和《洛書》一出現，就被當時人們認爲是一種天賜的寶物，這就包涵了堅實的典則基因，文化圖像誕生後，這種基因不僅沒有因爲時光的流逝而改變，相反不斷強化；與此相應，隨著認識的發展和闡釋的演繹，各種「義理」層出不窮，各執一理，力求圓通。我們把前一種狀況稱之爲典則，就是典制和規則，所以聖賢以及後人一般就只有「則之」、「效之」、「象之」；後一種狀況稱之爲變通，就是變動和通達，這是聖賢以及後人爲了「趣時」，所以才來了個「化而裁之謂之變，推而行之謂之通」[195]。《河圖》和《洛書》的這種「象數」圖式和闡釋「義理」所具有的典則與變通關係，體現了現代哲學的辯證觀，對立統一規律便得到了古老而又豐富的展示：

（1）對立關係駢出偶對。這一點在《河圖》和《洛書》本身的關係最爲典型。如前所述，自漢代劉歆首次認爲它們「相爲經緯」開始，人們陸續發現了《河圖》主象、《洛書》主數；《河圖》主偶、《洛書》主奇；《河圖》主靜、《洛書》主動；《河圖》爲體，《洛書》爲用；《河圖》主常，《洛書》主變；《河圖》重合，《洛書》重分……等許多的對立關係，

[195] 南懷瑾、徐芹庭《白話易經》，嶽麓書社1988年第374頁。

而且這些關係是從不同層面組構的：立足於形態的就是方圓、象數、經緯，立足於性狀的就是陰陽、奇偶、動靜，立足於組合的就是分合，立足於變化的就是常變，立足於知行的就是體用，還有立足於八卦的就是先天與後天。

非常明顯，這些關係從文辭表述的顯示考察，無疑都是成雙成對的出現，也體現了獨特的對偶性（不是單純指對偶句式）。

（2）統一規律的相容包舉。《河圖》和《洛書》對立的關係既然是以駢偶的形式來表達的，這就暗示了對立只是它們關係的一個方面，駢偶的形式實際包涵了另一種關係——統一。這種關係根據南宋朱熹、蔡元定以及清代江永、萬年淳和近代杭辛齋等名家的概括，主要是：形態上「象」的方圓一是《河圖》和《洛書》的方圓互濟；二是《河圖》和《洛書》自身的方圓相容，即《河圖》的「外方而內圓」和《洛書》的「外圓而內方」；形態上「數」的位數與奇偶是《河圖》「以五生數統五成數」，「故極於十」，而《洛書》則是「以五奇數統四偶數」，「故極於九」，這樣九十、奇偶就是相容包舉，相輔相成。還有是《河圖》主象與《洛書》主數溝通組成具有典則意義的「象數」。性狀上的陰陽在《河圖》具備「陰中有陽，陽中有陰之妙」，而《洛書》「主於陽以統陰」。【196】

【196】出處已經分別在前面做了注釋，為避繁瑣不再標注。

總之，《河圖》和《洛書》的統一規律是：方圓相藏，奇偶相配，陰陽互抱，相互爲用，生成相依，不可分割。儘管它們一分一合，但是充分體現了對立統一、盛衰動靜的辯證關係。

（3）平衡適中的整合中和。從《河圖》和《洛書》所體現的時空觀我們知道，一般的空間次序都是從下北順時針方向進行，最終歸結到中；四時中的夏特設一個長夏以求一個中。這種歸或求中的觀念，實際就是尊中的思想：五色以黃爲尊，五音以宮爲尊，五事以思爲尊，五帝以黃帝爲尊……因此《易經》得出「黃中通理」，就是源於《河圖》和《洛書》的中數「五」爲數核，《內經》進而把它推到了無比崇高的地位：「五」運陰陽，是天地的大道，萬物的綱紀，變化的父母，生殺的本始，神明的府第。[197]

然而尊中最終追求的是「適中」！《洛書》的「象數」就是最初的發明者：前面我們已經說過，《洛書》九個自然數的數位經過這種理念的處理後，其縱、橫、斜三個方向的數相加，三個和都是「15」。這正好與《易緯》中「一陰一陽合而爲十五之謂道」的思想前後相應，因爲這個「道」就是「適中」，就是平衡適中。

《河圖》和《洛書》通過整合中和達到平衡適中的終極目標，對中國產生了極爲廣泛而

【197】（清）張志聰著，孫國中、方向紅點校《黃帝內經素問集注》，學苑出版社2002年第41-42頁。

深遠的影響：一是宇宙的中和。《中庸》第三章說：喜怒哀樂的情感還沒有發生的時候（平靜），稱之爲「中」；如果感情之發生都能合乎節度（沒有過與不及），則稱之爲和。「中」是天下萬事萬物的根本，「和」是天下共行的大道。如果能夠把中和的道理推而及之，達到圓滿的境界，那麼天地萬物，都能各得其所，各遂其生了[198]。西漢董仲舒在《春秋繁露》中認爲，通過「兩和」（春分、秋分）、「兩中」（夏至、科至）達到天地自然的中和，通過「莊敬日強，自強不息」達到人的中和[199]。二是《周易》的中和。《周易》以二五兩爻居中爲中和，具體而言，合起來看，二五二爻居上、下卦之中即中（中正）；二者陰陽有應即和（和諧）。分開來說，五爲中，二爲和。三是心性修養上的中和。唐代楊倞注《荀子‧王制》「中和者聽之繩也」句說：「中和謂寬猛得中也。」[200]孔子告訴說子路說：「君子和而不流，中立而不倚」。四是倫理道德上的中和。清代惠棟認爲，禮樂尙中和指禮是中，樂是和，它們

---

[198]（宋）朱熹《四書章句集注》（新編諸子集成本），中華書局1984年第3冊第23-24頁。

[199]閻麗《董子春秋繁露譯注》，黑龍江人民出版社2003年第292-295頁。

[200]（清）王先謙《荀子集解》（新編諸子集成本），中華書局1988年第1冊第151頁。

的關係是「禮交動乎上，樂交應乎下，上下相應，故雲和之至也。」【201】禮作爲人們出處進退等行爲的度，要適中，恰如其分，才能起到維繫人倫關係，維護社會秩序的作用。而樂配禮，爲禮潤色，是爲禮服務的，達到和諧的目的，禮樂合一才是中和。五是政治上的中和。《尙書·洪範》說：「王之不極，是謂不建。」是說帝王修身治國的五事——貌（容儀）、言（詞章）、視（觀正）、聽（察是非）、思（心慮所行），求得治國之道的中和。否則，就是不中和，也就不能有所爲，不能開出王道之治來。歷史上文王、武王之所以建功立業，桀、紂之所以敗亡便是例證。【202】六是文藝審美的中和。這是大家很熟悉的，如「中和之容作中和之舞」、中和之詠爲中和之詩等。【203】

另外宮殿、地名、官名、人名、節氣等，都有「中和」，可以說中國無事無處不存在「中和」。

【201】臺灣商務印書館編《景印文淵閣四庫全書》，臺灣商務印書館1986年第52冊第382頁。

【202】張道勤《書經直解》，浙江文藝出版社1997年第80-81頁。

【203】臺灣商務印書館編《景印文淵閣四庫全書》，臺灣商務印書館1986年第71冊第2-3頁。

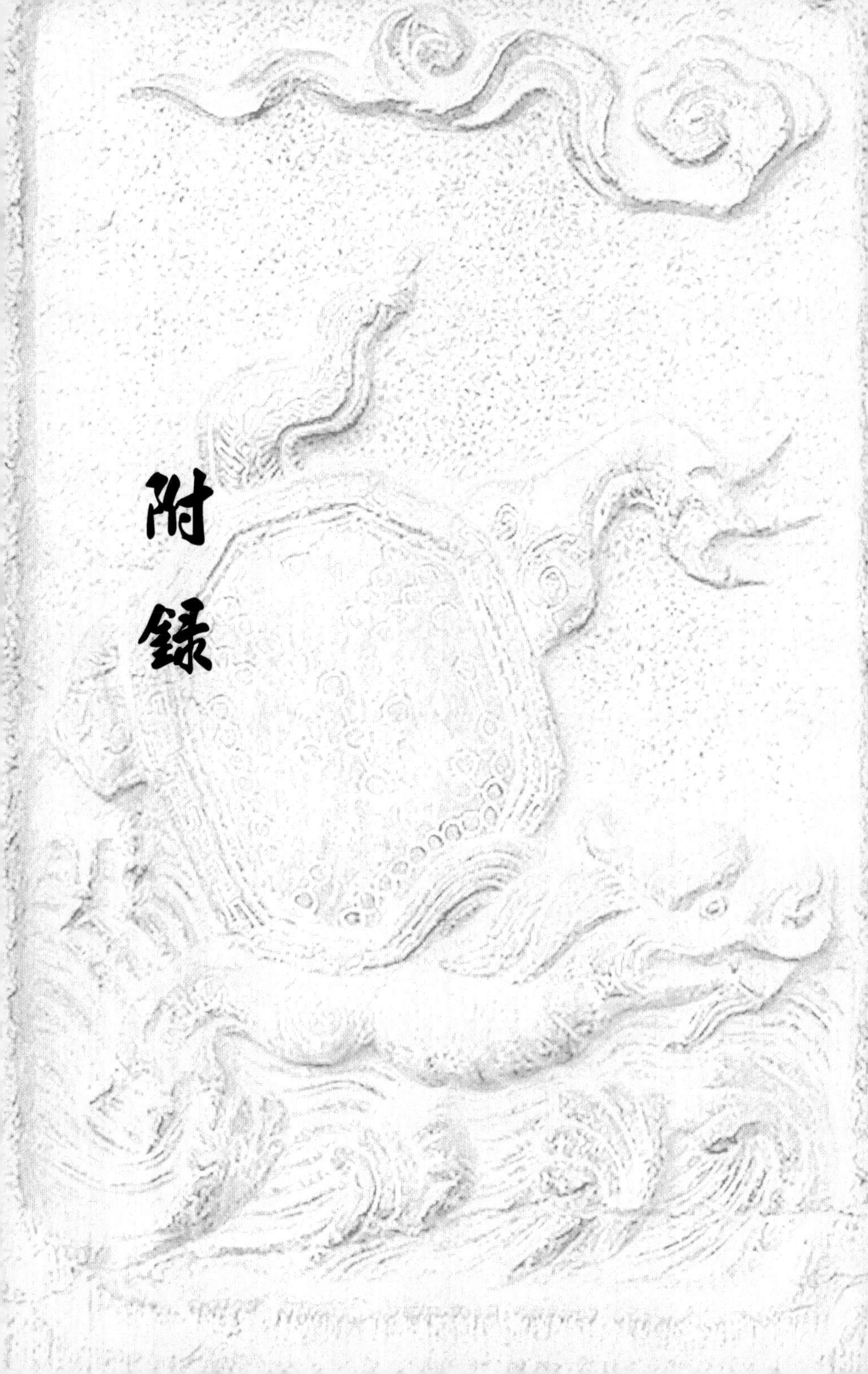

附錄

壹、《河圖》、《洛書》繫年

要瞭解、學習甚至研究《河圖》、《洛書》，首先就必須要大致把握《河圖》、《洛書》在古代存在的真實狀態，所以特編撰了這個《繫年》。《繫年》是將上古至近代有關《河圖》、《洛書》的人物、事件和文獻等等，按年排比（其中有些人事、文獻和年份，一時難以考定的，只能暫時擱置，日後再考定補充。），文獻著述盡可能把時間定的準一點，所以不是以作者的生年而是以撰寫完成或刊出的時間爲准的；除了西元交接的時間有「前」與「後」的標注外，其餘西元後的年份就省略了「後」字；雖然每一條都經過了考訂，但是必然有失誤、錯誤，敬請廣大方家、讀者指正。

前1046年

《尚書・洪範》商遺民箕子對周武王姬發闡述的「洪範九疇」，被後人認爲孕育了《洛書》的基因。

前1021年

《尚書・顧命》首次記錄了「河圖」。

前658～前643年

《管子・小匡》記載，齊桓公「九合諸侯，一匡天下」爲霸主後，沒有發現堯舜那樣的祥瑞而困惑，管仲回答說：《河圖》《洛書》、鳳皇鸞鳥、乘黃馬這「三祥未見有」，可能是有什麼過失。

前551～前476年

《論語・子罕》記載，孔子感歎：「鳳鳥不至，河不出《圖》，吾已矣乎！」，他把《河圖》作爲吉祥的徵兆物。（《史記・孔子世家》系於魯哀公十四年，即前481年，子貢說：「爲什麼天下沒有瞭解夫子的呢？」孔子回答：「不怨天，不尤人，下學而上達，知我者其天乎！」）

約前510～約前460年

《文子・道德》篇借老子回答周平王問「德」的話，首次將《河圖》、《洛書》並提。

前486～前376年

墨翟〈非攻下〉陳述上古三聖王不是以攻伐征服天下的，而是天降瑞象、以德義征服天下的，如周文王是在有赤鳥銜圭、泰顛來賓、地出乘黃以及河洛出《河圖》、《洛書》等瑞象出現，才得以建立周的天下。

前476～前222年

《禮記・禮運》認爲龍馬在黃河馱出的《河圖》，如同「天降膏露，地出醴泉，山出器車」一樣，都是自然恩賜的吉祥物。

約前466～約前356年

《隋巢子》說「姬氏之興，河出綠圖」、「天賜武王黃鳥之旗」，認爲《河圖》、《洛書》和「黃鳥之旗」等，都是天賜周文王、周武王等聖人的瑞物。

前369～前286年

莊周認爲「九洛之事，治成德備」，把《洛書》當做治國的「洪範九疇」。

前368～前320年間

《子華子・大道》篇論述「九宮」數位就是《洛書》的數位。

前300～前221年

《周易・繫辭》認爲，「天生神物，聖人則之；天地變化，聖人故之；天垂象見吉凶，聖人象之」，所以龍馬馱出的《河圖》、神龜背負的《洛書》，都是上天的恩賜。

約前290～約225年

《竹書紀年》中有關於《河圖》、《洛書》來源的記述兩則：（1）黃帝執政的第50年秋，他到洛水祭祀，有鳳鳥至，呈獻了赤文篆字的《河圖》、《洛書》；（2）有白面魚身的異人授夏禹《河圖》、《洛書》，而《洛書》「是爲〈洪範〉」。

前241年

呂不韋主編的《呂氏春秋・恃君覽・觀表》篇認爲，人、國和事都有徵兆，出現「綠圖、幡薄」就是吉兆；據《史記・蕭相國世家》，蕭何在劉邦進咸陽之前，把秦丞相、禦史府等處的文獻全部收爲己有，其中就有《河圖》、《洛書》。

前226～前201年

據《漢書・張蒼傳》，張蒼擔任秦柱下史時就「明習天下《圖》、《書》、計籍」。前201年因平定臧荼有功，封爲北平侯，食邑1200戶，不久遷爲計相，專主計籍，並受命以列侯的身份居丞相府，似與蕭何研習過《河圖》、《洛書》。

前215年

據《史記・秦始皇本紀》，秦始皇北巡到燕，出使海外的盧生奏獻帶讖緯性質的《河圖》，上有「亡秦者胡也」，因而使將軍蒙恬發兵30萬人北擊胡，略取河南地。

前213年

秦始皇焚書是焚燒《秦記》以外的列國史記以及私藏的《詩經》、《尚書》、諸子和其他歷史古籍，但是醫藥、卜筮、農家經典等文籍，不在焚燒之列，《河圖》、《洛書》及其相關文獻損失不大。

前179～前122年

劉安主編的《淮南子・淑真訓》繼承了《管子》、《墨子》祥瑞說：「洛出《丹書》，河出《綠圖》。」在《人間訓》又中認爲「秦皇挾命《錄圖》」。

前134年

據《漢書》〈武帝紀〉和〈公孫弘傳〉載，這年五月，漢武帝在〈詔賢良〉、〈策賢良制〉詔中，沿襲孔子說，稱「麟鳳在郊藪，龜龍遊於沼，河洛出《圖》、《書》」。董仲舒〈舉賢良對策〉則以《河圖》、《洛書》稱頌武帝。公孫弘〈舉賢良對策〉還認爲麟鳳至、《河圖》、《洛書》出，是祥和之世的極致。

前134～前154年

晁錯在〈賢良文學對策〉中說：「河出《圖》，洛出《書》，神龍至，鳳鳥翔，德澤滿天下，靈光施四海。」認爲《河圖》、《洛書》等出現不僅是聖人出的吉兆，也是天下生靈的祥瑞。

前126年

據《漢書・張騫傳》，大宛等國隨張騫來漢，向漢武帝進獻了不少奇珍異寶，其中有不知出處的寶玉，漢武帝檢閱《河圖》、《洛書》，才知道出自昆侖山。

前73～後49年

戴德《大戴禮記・誥志》有「雒出服，河出圖」之句，標明了《河圖》、《洛書》具有祥瑞的意義；而〈明堂〉篇所載「二九四、七五三、六一八」數位的排列，被認為應用了《洛書》數位的原理。

前53～後18年

揚雄仿《易》而作的《太玄經》，一般認為〈玄圖〉、〈玄告〉和〈玄數〉與《河圖》、《洛書》的圖籙形象相關，其中「一與六共宗，二與七為朋，三與八成友，四與九同道，五與五相守」，則被認為是《洛書》的數位；而他的〈核靈賦〉，也採用了《易》是始於《河圖》、《洛書》的：「大《易》之始，河序龍馬，洛貢龜書。」

前35年

漢元帝因爲誅殺了郅支單于而告祠郊廟，赦天下，設慶宴，並把所珍藏的《河圖》、《洛書》給後宮貴人觀看。

前36～前9年

谷永在《塞河議》說：「河，中國之經瀆，聖王興則出圖書，王道廢則竭絕。」把《河圖》、《洛書》作爲王道興廢的標誌。

前6～前5年

李尋〈對詔問災異〉沿襲先秦《河圖》、《洛書》是祥瑞的傳統，認爲「天下有道則河出《圖》，洛出《書》」。

約前6～後133年

漢哀帝時，讖緯形成，因而產生了不少與《河圖》、《洛書》相關的讖緯書籍。漢光武帝劉秀于中元元年（西元56年）「宣佈圖書（即《河圖》、《洛書》）於天下」，到漢順帝陽嘉二年（西元133年）張衡上〈請禁絕圖讖疏〉時，「《河洛》《六藝》，篇錄已定」，其中屬於《河圖》、《洛書》的《河圖》類46種、《洛書》類15種（具體閱讀本書〈讖緯圖籙形象〉節），其他另有7緯36篇，直接而有代表性的有以下19種：

1、《易緯・乾鑿度》有三點：（1）認爲周文王受《洛書》而爲天子，伐崇侯時再受《河圖》符籙而布王號於天下；（2）傳述「鳳鳥不來，河無圖至，嗚呼，天命之也」的感歎；（3）似應用《洛書》原理陳述太乙行九宮之法，成爲後世術士的法本。

2、《禮含文嘉》陳述伏羲「天應以鳥獸文章，地應以《河圖》、《洛書》」，法而效之而作《易》。

3、《龍魚河圖》認爲「河龍圖發，洛龜書威」，並傳述了4種《河圖》、《洛書》的來源：（1）伏羲依《河圖》始畫八卦，進而推陰陽之道、吉凶所在，這也稱《河圖》；（2）黃帝得《河圖》，並令侍臣寫錄以示天下；（3）虞舜在洛水得五采黃龍呈獻的《河圖》、《洛書》，並金神芝泥的「天皇帝重」文字，太尉和三公共睹了這一奇觀；（4）唐堯與群臣賢智到翠嬀（山西嬀水，西流入黃河），得大龜馱出的《河圖》，當即記錄下來。

4、《尚書・中候》也記載了有關《河圖》、《洛書》來源的4種傳述：（1）黃帝得赤文篆字的《河圖》、《洛書》；（2）虞舜沉璧於河之後，榮光四射，黃龍馱負可以卷舒的、赤文綠字的《河圖》；（3）唐堯在黃河邊上的祭壇上，得到赤文綠色《河圖》、《洛書》，上面有列星之分，斗政之度，帝王錄紀，興亡之數；（4）商湯沉璧于洛水，黃魚雙躍，元鳥隨魚出示《河圖》、《洛書》，還有一塊玄玉，上面刻有「玄精天乙，受神命代，天下服」紅色文字。

5、《尚書帝命驗》也認爲黃帝得赤文象字的《河圖》、《洛書》。

6、《尚書・中候握河紀》記載，唐堯執政第17年，在南稷山設祭時，投璧於黃河，龍馬赤文綠字的《河圖》、《洛書》，上面預言了虞夏商周秦漢之事，唐堯隨即輯錄，歸來藏之於東序。

7、《尚書・考靈曜》：秦始王嬴政以白璧沉河，有黑公從黃河出來並對他說：「祖龍來，天寶開，中有尺二玉牘」，裡面有《河圖》、《洛書》。

8、《尚書・中候我應》記載，周文王臨終之前告誡武王，說我死之後，《河圖》、《洛書》會複出，屆時你必須「遵朕稱王。」

9、《河圖》記述漢高祖劉邦到汶水遊觀，忽然見一黃釜化爲老翁，授予他《河圖》。

10、《河圖玉版》記述倉頡南巡狩在玄扈（即「滬」）洛內（即「汭」），洛汭即河南鞏義境內的洛河入黃河口）得丹甲青文《洛書》。

11、《河圖挺佐輔》記述黃帝夜夢兩龍在黃河之都挺日圖相授，因而召天老諮詢，天老告訴他：「河出龍圖，洛出龜書，紀帝錄列聖人所紀，姓號興，謀治平，然後鳳凰處之。」黃帝於是潔身齋戒七日，率天老五聖到河洛之間尋找夢見的地方，到達翠嬀，有大盧魚溯流而至，呈獻《錄圖》（即《河圖》、《洛書》）。

12、《春秋緯》認爲河因爲通乾道，所以出天苞；洛因爲通坤道，所以吐地符。河龍《圖》發，洛龜《書》威，所以《河圖》有9篇，《洛書》有6篇。（按：酈道元《水經注・洛水》引《春秋說題辭》略有不同：「河以道坤出天苞，洛以流川吐地符。」）

13、《春秋元命苞》說倉頡得《河圖》、《洛書》，創造了文字。

14、《春秋命曆序》認爲《河圖》是帝王之階圖，記載江河山川州界之分野。唐堯在黃河築壇祭祀時得到《河圖》、《洛書》，因而作《握河記》。此後虞舜、夏禹、啇啇，都得到過《河圖》、《洛書》。

15、《洛書錄運法》有關於《河圖》、《洛書》來源的記述2則：（1）黃帝在玄扈閣上得凰圖（意即《河圖》、《洛書》）；（2）虞舜執政第5年二月東巡狩，在中州得《河圖》、《洛書》。

16、《尙書刑德放》和《尙書璿璣鈐》都認爲《河圖》、《洛書》是帝王與朝代終始存亡之期的徵兆。

17、《尙書緯》認爲《河圖》、《洛書》是符籙的名稱。

18、《論語比考》讖記載：「堯觀河渚，一老曰：『《河圖》將告帝期。』」

19、《孝經援神契》記述：「奎主文章，倉頡效象，洛龜曜《書》。」

4年

王莽廣徵天下通逸《禮》、古《書》、《毛詩》、《周官》、《爾雅》、天文、圖讖、鐘律、月令、兵法、《史篇》等意者，在此之前，四方學士都懷揣《河圖》、《洛書》等「遁逃林藪」，如今四方學士「莫不抱負墳策，雲會京師」，所以天下讚頌「功德爛然」。

？～23年

據《漢書・五行志》，劉歆認爲《尚書・洪範》中從「初一曰五行」到「威用六極」中，除了「初一曰」到「次九曰」這27字和「敬用」、「農用」、「協用」、「建用」、「乂用」、「明用」、「念用」、「嚮用」、「威用」這18字外，剩餘的20字是《洛書》本文，因爲9「曰」和9「用」當爲夏禹的「第敘」語，《洛書》因而與「九疇」首次聯繫起來。並以爲伏羲氏繼天而稱王，受《河圖》，並依據《河圖》做圖式，畫八卦。還說「《河圖》、《洛書》相爲經緯，八卦、『九章』相爲表裡。」

？～47年前

孔安國注解《尚書・顧命》認爲，伏羲爲王的時候，龍馬馱出《河圖》，伏羲就根據《河圖》畫出八卦，也命名爲「河圖」。在注解《尚書・洪範》時說：「天與禹洛出書，神龜負文而出，列於背，有數至於九。禹遂因而第之，以成九類，常道所以次敘。」認爲〈洪範〉中的

「九疇」是夏禹根據《洛書》「所第敘」的。另外據孔穎達《周易正義》，孔安國認爲「《河圖》則八卦是也，《洛書》則「九疇」是也。」據《漢書・孔安國傳》，孔安國還認爲龍馬是「天地之精」，其形狀是「馬身而龍鱗」，聖人伏羲在位的時候，赤紋綠色的龍馬在黃河孟津段馱出《河圖》。

24～83年

班固修《漢書・五行志》、《漢書・儒林傳序》等，採納了劉歆、孔安國等的《河圖》、《洛書》淵源說，在〈贊〉中還稱「《河圖》命庖（龍按：即伏羲），《洛書》賜禹；八卦陳列，九時由敘。」但認爲〈洪範〉中從「初一」到「威用六極」這65字，全部是《洛書》的原文。在〈東都賦〉也稱「帶河泝洛，《圖》、《書》之淵。」

32年

漢光武帝以《河圖》、《春秋保乾圖》爲依據下詔頒行《四分法》。

約58～75年

楊統遵照父親研習《圖》讖學遺囑，前往鄭伯山處接受《河圖》、《洛書》及天文推步之術，又跟隨華裡先生炎高學習，炎高告戒他說：「漢朝傳到第九代時會出現古代的聖書《河圖》、《洛書》，你就是應運而生爲世人解答天意的人。」著有《內讖》2卷。

72～153年

楊厚少學父楊統術業，「究極圖籍」，終於精《圖》讖學。永建二年（西元127年）漢順帝遣使特徵至長安，拜議郎，累官侍中。每有災異，厚輒上消救之法。因爲抵牾梁冀而稱疾求退。歸，教授門徒，多至300餘人，最著名的爲董扶、任安。

73年

據《史記・秦始皇本紀》，漢明帝認爲秦始皇之所以能夠一統天下，是因爲「得聖人之威，河神授《圖》」。

79～166年

馬融贊同孔安國、班固關於「洪範九疇」的說法，也認爲〈洪範〉中從「初一」到「威用六極」這65字就是《洛書》的原文。

85年

漢章帝下詔群臣討論律曆，徵引《河圖》、《尚書琁璣鈐》、《帝命驗》、《春秋保乾圖》等敘述確立律曆的重要，賈逵等以〈洪範〉、《春秋》、《三統》、《尚書考靈曜》等對。

92？～174？年

董扶兼通五經，尤善歐陽《尚書》，後拜聘士楊厚爲師，究極《圖》讖。遂至京師，遊覽太學，然後歸蜀講學，弟子自遠而至，爲蜀學奠基者之一。何進薦表稱他：「資游、夏之德，述孔氏之風，內懷焦、董消複之術。」年82卒於家。

100？～126年

李尤《銘洛》轉述了夏禹得《洛書》的記述：「夏禹導疏，經於洛邑。元龜赤字，漢符是立。」

127～200年

鄭玄傳注《尚書・顧命》認爲，《河圖》是器物之名，出於黃河，是天賜帝王的寶物；傳注《禮記・禮運》的「馬圖」，採用「龍馬負圖而出」；傳注《周易・繫辭》則採用《春秋緯》的「河龍《圖》發」說法。

159～167年

袁著詣闕上書彈劾梁冀，以孔子「河不出《圖》」的感喟諷諫漢桓帝。

165年

劉瑜上書陳事以「《河圖》授嗣」的規則，奏請漢桓帝端正九宮後妃，不要沉溺聲色，不要「驕臣虐政」。

173～？195年

禰衡在《顏子碑》中以「河不出《圖》」惋惜顏淵生不逢時。

184～233年

虞翻注〈繫辭〉大衍之數章的文字，已類似于宋代的《河圖》。

187～226年

曹丕在〈冊孫權太子登爲東中郎封侯文〉說：「蓋《河》、《洛》寫天意，符讖述聖心」，贊同《河圖》、《洛書》爲天賜祥瑞，是聖人的賾心。

189～195年

張邈在〈釋嵇叔夜難宅無吉凶攝生論〉一文中引用〈繫辭〉關於《河圖》、《洛書》的說法後，認爲有《河圖》、《洛書》的「則愚」，無《河圖》、《洛書》的「則誕」，因爲這兩者都是「偏辭」。

200～234年後

辛毗在〈奏請宣著符命疏〉中，複述〈繫辭〉「河出《圖》，洛出《書》，聖人效之」，認爲《河圖》、《洛書》「著于〈洪範〉」，是「帝王之明符，天道之大要」，不過有德者得，無德者無。

220年

漢獻帝建安二十五年正月，改元延康，詔授曹丕丞相印、綬和魏王璽、綬，並領冀州牧，希望漢室能夠僥倖「延康」，無奈魏王侍中劉廙、辛毗、劉曄、尙書令桓階、尙書陳矯、陳群、給事黃門侍郎王毖、董遇等，相繼在曹丕那兒以《河圖》、《洛書》等祥瑞爲辭勸曹丕自立：「考《圖》緯之言，以效神明之應，稽之古代，未有不然者也」，再舉周武王「赤烏銜書」、漢高祖「神母告符」漢光武「勒讖」等爲例，並說曹丕「踐阼未儃，而靈象變於上，群瑞應于下，四方不羈之民，歸心向義」足以自立。於是乎到十月，曹丕在洛陽稱帝，改元黃初，定都洛陽。

222～285年

杜預《春秋左氏傳序》以爲孔子之歎不是自歎，而是傷時政，實際是贊同《河圖》、《洛書》是帝王興衰之徵的說法，還說如果「嘉瑞」「出非其時」，也是非常遺憾的。

約227～267年

姚信《周易注》記述：「連山氏得《河圖》，夏人因之曰『連山』。」

230～234年

司馬懿〈太史丞許芝上符命事議〉以孔子的悲歎比喻漢室的衰微。

？～249年

何晏解《論語・子罕》孔子的感歎也認爲《河圖》是祥瑞，並贊同劉歆《河圖》是八卦說。

250？～305？年

左思〈魏都賦〉認同《河圖》、《洛書》源出《尚書》的觀點，也採用漢代讖緯的傳述，說：「河洛開奧，符命用出。翩翩黃鳥，銜書來訊。人謀所尊，鬼謀所秩。劉宗委馭，巽其神器。開玉策于〈金縢〉，案圖於石室。」

254年

魏邵陵公告誡即將即位的高貴鄉公髦，以「顓頊受學於《綠圖》」來證明歷代聖王「莫不有所稟則」，不僅自己勤奮研習，還需要「使講誦之業屢聞於聽，典謨之言日陳於側」。

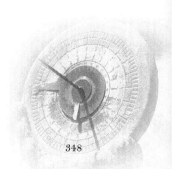

263年

魏譙周致書鄧艾招降，鄧艾回書稱：「河出《圖》，洛出《書》，聖人則之，以興洪業，其不由此，未有不顛覆者也」，現蜀漢「王綱失道」，正「銜命來征，思聞嘉響，果煩來使，告以德音，此非人事，豈天啓哉！」因而自己應該順應天命，效法「微子歸周」。

263～291？年

據《晉書‧夏侯湛傳》記載，夏侯湛論及上古文獻，認爲「三墳、五典、八索、九丘，《圖》緯六藝，及百家眾流」，都是「探賾索隱，鉤深致遠」的，至於《洛書》仍然傳述「〈洪範〉九疇，彝倫攸敘」之說。

265年

皇甫謐《帝王世紀》記載：「禹觀河，始受《圖》。」

274～289年

陳壽《三國志‧魏志‧管寧傳》載，青龍四年，寶石負圖，似《河圖》、《洛書》般的祥瑞。

296～324年

郭璞注《山海經》認爲伏羲得《河圖》，夏王因襲，改名爲《連山》；黃帝得《河圖》，商王因襲，改名爲《歸藏》；炎帝得《河圖》，周王因襲，改名爲《周易》。

297～348年

前燕文明帝慕容皝，姿貌魁偉，研習《河圖》、《洛書》，有文武幹略。

308～312年

河南孟津創建圖書寺，後一度衰微。348年，印度高僧佛圖澄來此重建，改名爲負圖（或以爲是浮屠），梁武帝（西元507～547年）在位時再賜名爲龍馬寺，唐高宗麟德（西元664～665年）複改爲興國寺，明嘉靖四十二年（西元1563年）改建，再複名爲龍馬寺，即現在的龍馬負圖寺。這使《河圖》、《洛書》與佛教文化呈現出交融狀態。

315年

《晉書•應詹傳》載，應詹與陶侃在長沙攻破杜弢，杜弢有很多金寶，他只取《河圖》、《洛書》，被人們稱頌。

317年

據《晉書•荀崧傳》記載，晉元帝即位打算中興禮儀，爲了簡省博士，將《儀禮》、《公羊》、《穀梁》及鄭《易》等裁減，荀崧以爲不可而上疏：「自喪亂以來，儒學尤寡」，所以不能再減，而且「《河圖》秘書禁籍。台省有宗廟太府金墉故事，太學有石經古文先儒典訓。」因而需要增加「賈、馬、鄭、杜、服、孔、王、何、顏、尹之徒，章句傳注眾家之學」這10博士，這樣才可能「師徒相傳，學士如林」，振興學術，強化禮儀。《河圖》、《洛書》再次被研習。

334～396年

許謙少有文才，更善天文圖讖學。

338～385年

前秦世祖苻堅，史書稱他「性至孝，博學多才藝，有經濟大志」，尤其精曉「以《圖》緯世之宜」。

381年

晉孝武帝在〈贈劉延孫司徒詔〉中認爲稱頌《河圖》、《洛書》可以振興「靈業」。

？～390年

王嘉《拾遺記》說「《圖》、《書》著其跡，《河》、《洛》表其文」，認爲《河圖》、

《洛書》是伏羲觀察天地、實行王政的法寶。

402年

乞伏熾磐（即後來的西秦太祖）上書固請攻打前秦，說「道應符曆，雖廢必興；圖籙所棄，雖成必敗」，「固天命不可虛邀，符籙不可妄冀」，必須應天命、《河圖》，機不可失，時不再來。

416年

常山遊民霍秀自言名載《圖》讖，持一黑石說這是「天賜玉印」，誑惑民眾，聚集數百人入山為盜，不久被州郡捕捉，斬首。

420～479年

沈約修撰《宋書》，其〈符瑞志〉廣泛擷取漢代讖緯文獻中關於《河圖》、《洛書》的傳述，主要是唐堯、虞舜、夏禹、商湯、周文王得《河圖》、《洛書》，有的記述更為具體，如記唐堯所得《河圖》：「其圖以白玉為檢，赤玉為字，泥以黃金，約以專繩」；有的描述更加生動，如夏禹獲白面魚身長人所授《河圖》之後，「夏道將興」，出現了「草木暢茂，青龍止于郊，祝融之神，降於崇山」等一系列瑞象；也有所增益的，如敘述周公旦和周成王在黃河、洛河觀禮：「禮畢，王退俟，至於日昧，榮光並出幕河，青雲浮至，青龍臨壇，銜玄甲之圖，吐之而去。禮於洛，亦如之。玄龜、青龍、蒼兕止於壇，背甲刻書，赤文成字。周公援筆以世文寫之，書成文消，龜墮甲而去。其言自周公訖于秦、漢盛衰之符。」

另外，沈約還援引《尚書緯》為《竹書紀年》作注，如援引《尚書‧中候》「龍《圖》出河，龜《書》出洛，赤文篆字，以授軒轅。」在〈辯聖論〉認為孔子的感歎是「以聖德示天下，垂來世」，即說孔子的聖哲不能顯於當時。

424～446年

范曄《後漢書‧方術列傳序》認為：「《河》、《洛》之文，龜龍之圖，箕子之術，師曠之書，緯候之部，鈐決之符」，都是「探抽冥賾、參驗人區」的憑藉之一，其中「時有可聞者」，不可廢棄。因而在《光武帝紀第一上》中記述了宛人李通等以《圖》讖遊說光武帝，《後漢書注》引《漢官儀》曰：「光武第雖十二，于父子之次，于成帝為兄弟，于哀帝為諸父，于平帝為祖父，皆不可為之後。上至元帝，于光武為父，故上繼元帝而為九代。故《河圖》雲『赤九會昌』，謂光武也。」

424～466年

鮑照〈河清頌〉說「宣尼稱鳳鳥不至，河不出《圖》」，是因為「影從表，瑞從德」。孔子等感慨，都是感「傷不可見」瑞象。

430年前後

裴駰《史記集解》複述孔安國的記述：「聖人受命，則河出《圖》，今無此瑞。吾已矣夫者，傷不得見也。《河圖》，八卦是也。」認爲孔子在聞顏淵死噩耗時感歎：「天喪予！」這也是沒有《河圖》、《洛書》瑞象出現的結果。

435年

宗炳《明佛論》認爲：佛教如同「河之出《圖》，洛之出《書》」一樣，是「實不思議之明類」，不可輕易否定或者貶斥。

443年

南朝宋文帝令著作令史吳癸、何承天依《圖書》緯等洪法、再加觀察天象而制定的《元嘉曆》，頒行天下。

444年

北朝北魏在尙書右丞張嵩家中搜出了《圖》讖書，便將相關的尙書令劉潔、南康公狄鄰「夷三族」，死了100餘人，40年後終於下詔嚴禁。

454年

北朝北魏文成帝改元興光，並至道壇，接受受《圖》籙，禮畢，曲赦京師，班賞各有差。

470？～527年

酈道元《水經注・洛水》篇中綜合採用《尚書緯》以及《竹書紀年》、《世本》、《春秋說題辭》等的記述，認爲黃帝、唐堯、虞舜、夏禹和商湯都得到過《河圖》、《洛書》。

473年

南朝宋後廢帝下〈改元詔〉，有「夷胥山之險，澄瀚海之波，括《河圖》於九服，振玉軔於五都矣」之句，沿用「《洛書》九疇」說。

477年

南朝宋順帝下《求賢詔》，以「昔聖王既沒，淳風已衰，龜《書》永湮，龍《圖》長秘」爲辭，以「振維務本，存乎得人」爲初衷，特「下州郡，搜揚幽仄，摽采鄉邑，隨名薦上。」

477～499年

據《關朗易傳》和《洞極真經》記述，關朗對《河圖》數位的看法是「七前六後，八左九右。」對《洛書》數位的看法是「九前一後，三左七右，四前左二前右，八後左六後右。」這對宋以後的河洛學影響極大。

478年

高允作〈酒訓〉稱頌北魏孝文帝：「今大魏應《圖》，重明御世，化之所暨，無思不服，仁風敦洽于四海。」此前〈和宗欽詩〉其一：「湯湯流漢，藹藹南都。載稱多士，載耀靈珠。邈矣高族，世記《丹圖》。啓基鄢城，振彩涼區。」繼承《河圖》、《洛書》祥瑞說。

481年

芮芮國（即柔然族以今烏拉巴托爲核心建立起來的古國）丞相邢基祇羅回到南齊朝貢，其進奉表稱「臣雖荒遠，粗窺《圖》、《書》」，所以明白「夫四象稟政，二儀改度，而萬物生焉。斯蓋虧盈迭襲，歷數自然也」的道理，而且現在「曆觀圖緯，休征非一，皆雲慶鐘蕭氏，代宋者齊」，如果不代宋自立，勢必「上違天人之心，下乖黎庶之望」！

484年

南朝齊武帝敕尚書令王儉作《嘉胙之樂》辭，辭中有頌《河圖》、《洛書》之祥瑞：「聲正涵月軌，《書》文騰日跡。寶瑞昭神《圖》，靈貺流瑞液。」但北魏孝文帝下詔：「《圖》讖之興，起于三季。既非經國之典，徒爲妖邪所憑。自今《圖》讖、秘緯及名爲《孔子閉房記》者，一皆焚之。留者以大辟論。」同時遭嚴禁的還有「巫覡假稱神鬼，妄說吉凶，及委巷諸蔔非墳典所載者」。

484～549年

李業興雖以儒學舉孝廉，但博涉百家、圖緯、風角、天文、占候等，尤長於《尚書》緯、《孝經》緯和算曆。應對多用讖緯，著有《戊子元曆》、《九宮行棋歷》等。

約490～528年

高謙之屏絕人事，專意經史，又廣泛涉及天文、算曆、《圖》緯之書，好文章，留意《老》、《易》。

493～569年

顧越幼明慧，不舍晝夜地勵精學業，通儒碩學，必造門質疑，討論無倦。至於微言玄旨、九章七曜、音律《圖》緯等，都能盡其精微。

495～501年

劉勰在《文心雕龍》的〈原道〉等篇中，都論及到《河圖》、《洛書》：《原道》中採用了孔安國以及讖緯的傳述，還認爲孔子等聖人「研神理而設教，取象乎《河》、《洛》，問數乎蓍龜，觀天文以極變，察人文以成化」，因而才能「經緯區宇，彌綸彝憲，發揮事業，彪炳辭義」，「龍圖獻體，龜書呈貌。天文斯觀，民胥以效」；〈正緯〉是評論讖緯的，認爲讖緯關於「堯造《綠圖》，昌（周文王）制《丹書》」的傳述是僞傳，因爲「商周以前，圖籙頻見」，不可能是哪一位聖人獨專的，《河圖》、《洛書》只不過是「神道闡幽，天命微顯」而已，讖緯雖然「乖道謬典」，但「事豐奇偉，辭富膏腴，無益經典而有助文章」，對文學藝術還是有一定作用的，最後總述讖緯的產生及其功效是「榮《河》溫《洛》，是孕圖緯。神寶藏用，理隱文貴」；〈封禪〉引用《綠圖》「潬潬嗚嗚，棼棼雉雉，萬物盡化」（潬潬**shànshàn**：（水流）宛延曲折；嗚嗚huīhuī：（聲音）婉轉抑揚；棼棼雉雉：棼雉**fēnzhì**，紛紛呈現。），以萬物變化時微妙曲折、錯綜複雜，讚頌《河圖》通過聖人對世界發揮的感化功效，又引《丹書》「義勝欲則從，欲勝義則凶」（見《尚書帝命驗》），告誡聖人要戒慎，仁德祥瑞才可能持續。

499年

北魏宣武帝即位，李彪上賀表：「臣聞龍《圖》出而皇道明，龜《書》見而帝德昶，斯實冥中之書契也。」

499～501年

南朝齊永元末，後宮失火，《河圖》、《洛書》等秘書，焚燒散亂殆盡。王泰上表校定繕寫，才得以保存。

約500～528年

房景先《五經疑問》對孔子之歎的理解近似，認爲孔子「興吾己之歎，結反袂之悲，進涉無上之心，退深負杖之懼」，這使孔子「素王」之聖德更加顯著。

501年

南朝齊永元三年夜，天開黃色明照，須臾有物，絳色，如小甕，漸漸大如倉廩，聲隆隆如雷，墜太湖中，野雉皆出，世人呼爲「木殃」。史官採用《河圖》、《洛書》、《運斗樞》、《春秋緯》以及《史記‧天官書》、《漢書‧五行志》等，紛紛作出自己的解說。

509～510年

北魏宣武帝永平二年農曆九月、十二月和二年閏二月，歲星屢入太微，尚書令高肇以《保乾圖》作解。

約514～526年

蕭子顯修《南齊書》，基於「三五聖業，神明大寶，二謀協贊，罔不由茲」的理念，特撰〈祥瑞志〉，引用《老子河洛讖》、《尚書中候儀明篇》、《孝經鉤命決》、《樂緯葉圖征》、《京房易傳》、《金雄記》等《河圖》、《洛書》及其讖緯文獻，簡要記述不少類似的祥瑞。

約530～559年後

李公緒不關世務，誓心不仕，所以潛居自待，雅好著書，沉冥樂道，尤善陰陽圖緯之學，撰《玄子》、《古今略記》、《典言》數十卷，並行於世。

531年

蕭統英年早逝，梁武帝令王筠爲哀冊文，冊文稱頌蕭統精研《河圖》緯、《周易》等：「辨究空微，思探幾賾；馳神《圖》緯，研精爻畫。」又潛心文藝：「沈吟典禮，優遊方冊；饜飫膏腴，含咀肴核。括囊流略，包舉藝文；遍該緗素，殫極丘墳。」

539年

這年十月，東魏孝靜帝改元興和，頒行《甲子元曆》，尙書左僕射司馬子如、右僕射隆之等上賀表：「當璧膺符，大橫協兆，乘機虎變，撫運龍飛，苞括九隅，牢籠萬宇，四海來王」，是「固天縱德，負《圖》作宰，知機成務，撥亂反正，決江疏河，效顯勤王，勳彰濟世。」以《河圖》、《洛書》的祥瑞極盡稱頌。

541～545年

盧辯遵宇文泰之命爲《大戴禮記》作注，在〈明堂〉篇注中認爲「二九四、七五三、六一八」數位記載，是「法龜文」，即效法《洛書》而定的，首次明確把明堂數位與《洛書》

關聯起來。

548～552年

江總〈修心賦〉敘述：「聊與苦節名僧，同銷日用，曉修經戒，夕覽《圖》、《書》，寢處風雲，憑棲水月。」《河圖》、《洛書》是他避侯景之亂到會稽龍華寺生活的精神支柱之一。

551～554年

魏收《魏書・釋老志序論》：「大人有作，司牧生民，結繩以往，書契所絕，故靡得而知焉。自羲軒已還，至於三代，其神言秘策，蘊《圖》緯之文，範世率民，垂墳典之跡。秦肆其毒，滅於灰燼；漢采遺籍，複若丘山。」《河圖》、《洛書》及其讖緯文獻，是「大人有作」的瑞象，是「司牧生民」、「範世率民」的寶典。

552年

徐陵〈勸進梁元帝表〉以《河圖》、《洛書》作梁元帝即位的祥瑞，他採用的是伏羲則《河圖》畫八卦說，也沿用了〈繫辭〉「仰則觀象於天，俯則觀法於地，觀鳥獸之文，與地之宜」，所以表中稱「卦起龍圖，文因鳥跡」。

558年

北周明帝下詔：「夫天不愛寶，地稱表瑞，莫不威鳳巢閣，圖龍躍沼，豈直日月珠連，風雨玉燭。」再以《鉤命決》、《元命苞》、《圖》緯等與《河圖》、《洛書》有關的聖賢來自美：「虞舜烝烝，來茲異趾；周文翼翼，翔此靈禽。文考至德下覃，遺仁爰被，遠符千載，降斯三足。將使三方歸本，九州翕定。惟此大體，景福在民。予安敢讓宗廟之善，弗宣大惠。」並赦天下，文武官普進二級。

574～653年

孔穎達在《尚書・洪範》疏中，因爲「九疇」是「計天言簡要，必無次第之數」，而且「並無明據，未知孰是」，所以保存了劉歆、班固兩種關於《洛書》原文的說法；在《周易正義・繫辭上》中，孔穎達因爲「輔嗣之義，未知何從」，所以列舉了孔安國和鄭玄兩種說法；疏解《禮記・禮運》中的「馬圖」，採納《中侯・握河紀》：「堯時受河圖，龍銜赤文綠色」說，並進一步根據孔安國、鄭玄等人傳注，說《河圖》是因爲龍的形象像馬，故名「馬圖」，伏羲效法《河圖》畫八卦，順便聲明「龜書」就是神龜從洛河馱出的《洛書》；疏解《詩經・節南山之什》「不吊昊天，亂靡有定」時，又採納《中候》堯、舜及周公所授《河圖》、《洛書》說，認爲「以王者將興，天必命之」。

581年

隋文帝在洛陽稱帝，有太史奏請移都洛陽，李穆隨即上表反駁，首先：「帝王所居，隨時興廢，天道人事，理有存焉」，帝王的興廢在「天道人事」。其次以洛陽、長安爲例做事實印證，曹魏和司馬晉都以洛陽爲都，曹魏卻能夠「三家鼎立」，而司馬晉一移都長安，不足3年晉惠帝被廢、被毒死；不足7年晉懷帝被殺；同一個長安司馬晉如此淒慘，可西周長達364年。最後說隋文帝「膺期誕聖，秉《籙》受《圖》」，《河圖》、《洛書》的祥瑞足以保佑，仍可都長安（是改名「大興」），隋文帝認同了李穆的意見，以宇文愷爲總指揮大力改建新都。

581～604年

王劭好史，對「讖學」更爲偏愛，因而「采民間歌謠，引《圖》、《書》讖緯，依約符命，捃摭佛經」，編撰成《皇隋靈感志》30卷，爲楊氏隋朝「上應天命」，必然大統延綿，又在群臣面前稱隋文帝有「龍顏戴幹」之儀表，隋文帝龍顏大悅，深得恩寵。於是他常上《言符命表》，廣泛援引《河圖》、《河圖帝通紀》、《河圖皇參持》、《易坤靈圖》、《易乾鑿度》、《靈寶經》等，極力稱頌隋煬帝以及隋王朝：「凡此《河圖》所言，亦是大隋符命」，「明皇道帝德，盡在隋也」，「赤應隋者，言赤帝降精，感應而生隋也」，等等。

582年

牛弘上奏請隋文帝鼓勵天下向朝廷獻書，他以伏羲、倉頡的《河圖》、《洛書》、周武王《丹書》、漢《圖》讖等充分強調書籍的作用：「聖人所以弘宣教導，博通古今，揚于王庭，肆于時夏」，然後曆陳從秦始皇至隋4次大的書厄，而且「陰陽河洛之篇，醫方圖譜之說，彌複爲少」，所以亟需征獻，隋文帝採納，因而隋朝書籍文獻一時稱盛。

585年

隋宰相李德林作〈天命論〉，說「龍圖鳥篆，號謚遺跡，疑而難信，缺而未詳者，靡得而明焉」，認爲讖緯關於《河圖》、《洛書》的記載難以置信，但是「大隋神功積于文王，天命顯于唐叔」，因而「名虞與唐，美兼二聖，將令其後必大，終致唐、虞之美，蕃育子孫，用享無窮之祚。」爲隋文帝楊堅大唱讚歌。

577～615年

諸葛潁在北周滅亡北齊後杜門不出者達10餘年，潛心研習《周易》、《圖》緯、《倉》、《雅》、《莊》、《老》等，頗得其要。楊廣爲太子時，征他爲藥藏監，因而撰寫《淮南王食經並目》165卷、《淮南王食目》10卷、《淮南王食經音》13卷。

605年

宇文愷向隋煬帝進〈明堂議表〉，他認爲隋煬帝已經「提衡握契，御辯乘乾」，「披汶水之靈圖」，應該以〈作雒〉、《尚書帝命驗》、《周官・考工記》、《禮圖》、《大戴禮》、《黃圖》、《黃圖議》以及《汶上圖儀》、《尸子》、《呂氏春秋》、《淮南子》等《洛書》法則爲儀軌，興建洛陽及其明堂，深得隋煬帝贊同。

618年

隋堯君素固守郡城以抵抗李淵軍，柳楚賢赴郡府，勸諫堯君素說：「隋之將亡，天下皆知。唐公名應圖籙，動以信義，豪傑回應，天所贊也！」假稱李淵得《河圖》，天意要李淵統一天下。

627～628年

唐太宗改隋司璽爲司寶，司寶掌瑞寶、符契、《圖》籍。《舊唐書・輿服志》認爲「麟鳳有四靈之名，玄龜有負圖之應，雲有紀官之號，水有感德之祥」，《河圖》、《洛書》是祥瑞，司寶因而掌管《圖》籍。

641～650年

于志甯等修撰《隋書》，其〈天文志序論〉採用劉勰、孔安國等的說法：「昔者滎河獻

《籙》，溫洛呈《圖》，六爻摛範，三光宛備，則星官之書，自黃帝始。」並追述三國時，吳太史令陳卓，始列甘氏、石氏、巫咸三家星官，著於《圖錄》；其《經籍志序論》認爲，凡是先聖或「南面以君天下」者，都「據《龍圖》，握《鳳紀》」，並錄有《河圖》20卷，《河圖龍文》1卷等，注錄梁有「《河圖》、《洛書》二十四卷，《目錄》一卷」，「梁有《老子河洛讖》一卷」等。

644～646年

房玄齡等《晉書・天文志上》認爲「黃帝創受《河圖》」，並作《星傳》流傳至今（唐），還援引《河圖》緯等來論證天文；《晉書・五行志序論》傳述孔安國關於《河圖》、《洛書》的觀點，又採用班固《漢書》關於《河圖》、《洛書》關係的看法：「相爲經緯，八卦、九章更爲表裡」；《晉書・文苑傳序論》傳述劉勰的觀點「溫《洛》禎《圖》，綠字符其丕業；苑山靈篆，金簡成其帝載」。以《河圖》、《洛書》等使「書契之道聿興，鐘石之文逾廣，移風俗于王化，崇孝敬於人倫，經緯乾坤，彌綸中外」，足見敬仰；《晉書・四夷傳論贊》還提出了「假鳳、《圖》而竊號」的警告，可惜沒有引起唐王朝的注意，不足半世紀，就出現了「武后升《圖》，智昧遷胡。遽淪家國，多謝明謨」的遺憾。

645～716年

李嶠〈詠洛〉詩中有：「神龜方錫瑞，綠字重來臻」之句，認同漢代《尚書緯》等《河圖》、《洛書》「綠字」說。

656～661年

李善注《文選》時引用相關《河圖》讖緯文獻，如「蒼帝神名靈威仰，赤帝神名赤熛怒，黃帝神名含樞紐，白帝神名白招拒，黑帝神名汁光紀」等。

約684～719年

司馬貞《史記索隱‧三皇本紀》認爲，三皇指天皇、地皇、人皇，他們「是開闢之初，君臣之始。《圖》緯所載，不可全棄」。又認爲《史記‧三皇本紀》以及裴駰《集解》「天皇已下，皆出《河圖》及《三五曆》也。」《史記索隱》還廣泛援引《河圖》、《河圖括地象》、《春秋合誠圖》、《春秋元命苞》、《援神契》、《文耀鉤》等《河圖》、《洛書》及其讖緯文獻，這在《史記‧天官書》中尤爲突出。

約706～736年

張守節爲《史記》作正義也廣泛徵引《河圖》、《洛書》及其讖緯文獻，在《五帝本紀》中，他據《河圖》、《坤靈圖》、《大戴禮》鄭玄注、《中候敕省圖》以及《世本》、《帝王世紀》、《華陽國志》、《十三州志》等，次第並論證黃帝、顓頊、帝嚳、唐堯、虞舜爲五帝，「有德文」，「有聖德」；在《秦始皇本紀》認爲「得聖人之威，河神授《圖》」，漢明帝所說「得聖人之威，河神授《圖》」之「《圖》」是河神所獻的「圖錄」，即《錄圖》，所以秦始皇「能吞併天下稱帝」；在《天官書》中，他依據《河圖》、《龍魚河圖》、《尚書帝命驗》、《春秋合誠圖》、《應瑞圖》、《括地志》、《三輔黃圖》以及《山海經》、《國語》等，做出相應的解釋。

710年

韋溫與宗楚客、武延秀等鼓動韋後假託《圖》讖說「韋氏當受命」，於是發動叛亂，被唐玄宗起兵打敗。韋後死，其黨羽和韋子弟，都被斬殺。

713？～741年

唐玄宗開元間，士子郭邕、張欽敬、叔孫玄觀應進士試作〈洛出書〉詩，郭邕詩採用先秦的瑞象說來歌頌皇家：「德合天貺呈，龍飛聖人作。光宅被寰區，《圖》、《書》薦河洛」；張欽敬採用孔安國說來歌頌唐王朝：「奇象八卦分，《圖》、《書》九疇出」，「昔聞夏禹代，今獻唐堯日」；叔孫玄觀則綜合瑞象、八卦傳述來歌頌唐玄宗：「清洛含溫溜，玄龜薦寶書。波開綠字出，瑞應紫宸居。物著群靈首，文成列卦初。……東都主人意，歌頌望乘輿。」

717年

這年農曆四月，唐玄宗毀拜洛受《圖》壇。

727年

唐玄宗下詔令僧一行作新曆，推演《河圖》、《洛書》的「大衍數」，較經史所書氣朔、日名、宿度可考者皆合。《大衍曆》完成後，進奏《曆議》10篇，其二《中氣議》認爲：「漢自中興以來，《圖》讖漏泄，而《考靈曜》、《命曆序》皆有甲寅元」，「自春秋以來，至開元十二年，冬、夏至凡三十一事，《戊寅曆》得十六，《麟德曆》得二十三，《開元曆》得二十四。」就日蝕而言，「《大衍》十得七、八，《麟德》才三、四，九之一、二焉。」

742～756年

新、舊《唐書·劉乃傳》記載，劉乃因爲吏部選才拘謹，於是《致知銓舍人宋昱書》，信中認爲，《河圖》、《洛書》和《易象》都是「大訓」，應該據以廣選人才。

744年

唐玄宗以楊慎矜私語讖書，又太府少卿張瑄「共解《圖》讖」，小妻臥內有讖書，故逮捕賜死，籍滅其家，子女悉流放嶺南。親朋戚友10餘族受牽連。

765～839年

裴度作〈神龜負圖出河賦〉，傳述虞舜得《河圖》、《洛書》，稱頌黃河、靈龜：「河之德兮靈長，龜之壽兮會昌。」；認爲《河圖》、《洛書》是「布爻象之糾紛，蘊天地之終始。負謀謨之畫，將化洪荒」，是「寫物象之精秘，化人文之樸略」；《河圖》、《洛書》將出之時：「感天地，動陰陽。浮九折之澄碧，散五色之榮光。然後蹈箭流而泳花浪，露元甲而明繡裳」；而《河圖》、《洛書》既是「祚聖有作」，又是「天理用彰，神道設教。」

826年

裴度請入朝，李逢吉黨羽恐懼，張權輿造假謠讖說：「非衣小兒坦其腹，天上有口被驅逐。」又說裴度「名應《圖》讖，第據岡原，不召而來，其意可見。」唐敬宗沒有理睬，反而下詔令裴度輔政。

874～879年

諸道都統晉國公王鐸見木星入南斗，數夕不退，於是秘密召請精通《河圖》、《洛書》等、有「京房、管輅不能過」之譽的邊岡諮詢，邊岡不語，王鐸再三迫問，邊岡不得已才說，以圖讖爲應，並引周子諒彈牛仙客、李德裕謗牛僧孺事預警。

約900～912年

張策辭刑部尚書退居洛陽福善裡，寓旁多植修篁嘉木，專以研習《河圖》、《洛書》，並詩酒、管琴，逍遙自在至終。

？～926年

張憲原先研習儒學，弱冠時即盡通諸經，尤精于《左傳》，入仕後因爲後唐沉溺聲色，退居收藏《河圖》、《洛書》等，善彈琴，與人交往，僅論文嘯詠而已。

931～947年

陳摶應考後唐長興（西元931年）進士不第，隱居武當山九石岩，修學易學和道學，撰寫了《易龍圖序》、《赤松子誡》（或作《赤松子八誡錄》）、《人倫風鑒》（或作《高抬貴手》）各1卷以及《九室指玄篇》、《入室還丹詩》等130餘首，其中《易龍圖》序文及其圖是傳述河洛數理的開山作，他也被尊爲中國「龍圖」（《河圖》）的第一傳人，開啓了圖書學（河洛學）的新時代。

941～945年

劉昫《舊唐書・五行志序論》繼承班固《漢書》、〈洪範〉九疇之法、《洛書》65字說，但認爲《河圖》、《洛書》都是夏禹所得，並說董仲舒、劉向治《春秋》，論災異，都採用

「〈洪範〉九疇」之說。《舊唐書・輿服志》認爲《河圖》、《洛書》是祥瑞：「麟鳳有四靈之名，玄龜有負圖之應，雲有紀官之號，水有感德之祥」，並採用漢代讖緯記述，說「皇王受命，天地與興符，仰觀則璧合珠連，俯察則銀黃玉紫。」

947年

遼太宗攻破後晉汴京（都城開封），在崇元殿他又穿上皇帝的裝束接受文武百官的朝賀，然後取《河圖》、《洛書》等典籍和禮器北還。

952～1010年

邢昺在《論語正義》中複述了《尚書中候》、孔安國、鄭玄關於《河圖》、《洛書》的陳述，也認爲《河圖》、《洛書》是聖人出現的瑞象。

953年

農曆八月，高麗國遣使向後周朝貢，其中進獻《皇靈孝經》、《孝經雌圖》等《河圖》類緯書；九月，行南郊祭祀時，禮儀使請求按照上古唐堯等以珪璧爲祭規例，因而特製珪璧。

985～1045年

种放侄子种世衡，少尚氣節，兄弟分家他只取《河圖》、《洛書》等古籍，後來以叔种放蔭補將作監主簿，除衛尉寺丞，歷監隨州酒，簽書同州、鄜州（治今陝西富縣）判官事，累遷太子中舍。

約997～1040年間

彭城劉牧作《易數鉤隱圖》1卷，認爲「《河圖》、《洛書》皆出於羲皇之世，《龍圖》其位有九，四象、八卦皆所包蘊，縱橫合天地自然之數，《洛書》則唯列五行生成之數而已。伏羲但則《圖》畫卦以垂教，而《洛書》五行之數未顯，故禹更陳五行而顯九類也。」所以《河圖》、《洛書》的數位是：「《河圖》以五爲主，六、八爲膝，二、四爲肩，左三右七，戴九履一。」《洛書》是「九疇惟出於五行之數，故先陳其已交之生數，然後以土數足之乃可見其成數也。」所以五行生成圖爲《洛書》，九宮圖爲《河圖》：這就是著名的「九圖十書」說。此後，王湜、朱震、鄭樵、朱元升、李簡、張理、薛季宣等，都採納他的說法。

1027後～1072年

歐陽修在《易童子問》中認爲，孔安國伏羲「則」《河圖》畫八卦說是「曲學之士牽合傅會以苟通其說，而遂其一家之學」，如果《河圖》已有八卦圖文，伏羲用不著再「畫」；如果《河圖》沒有圖文，那麼伏羲畫卦就不必則《河圖》了；〈繫辭〉「觀天地、觀鳥獸、取於身、取於物，然後始作八卦」，也表明《河圖》「何與於其間哉？」還認爲這種「牽合傅會」

必然「悞惑學者」，古代有「言僞而辨、順非而澤者，殺無赦」，因而「爲斯說者，王制之所宜誅也！」

1030後～1072年

邵雍21歲後拜共城令李子才爲師，習研《河圖》《洛書》、伏羲八卦、物理性命之學，後來撰成《皇極經世書》一書，他在〈觀物外篇•《河圖》天地全數第一〉等篇章中，提出了「十圖九書」的基本看法，還繪製了有關《河圖》、《洛書》的《先天圖》等。另外，據舊題「宋華山希夷先生陳摶著、康節堯夫先生邵雍述」的《河洛真數》，還在〈說《河圖》篇〉、〈說《洛書》篇〉中，進一步闡發了「十圖九書」觀。

1039後～1086年

據《呂煇錄》，司馬光認爲《河圖》、《洛書》是「怪妄」，〈繫辭〉「非聖人之書」。

1050～1096年

趙顥天資穎異，工飛白，善射，尤嗜學，在外遊學時，每一經研習完畢，即以器幣服馬獎勵講讀官。又酷好《河圖》、《洛書》等秘笈，博求善本。宋神宗嘉其志尙，每得異書就立即派人送給他觀賞。

1051後～1086年

王安石〈《河圖》《洛書》義〉把〈繫辭〉「河出〈圖〉」之語作爲孔子的話，認爲《河圖》、《洛書》存在，「〈圖〉示以天道，〈書〉示以人道」，所以，《河圖》、《洛書》出現既是「天地自然之理」，也是聖人取法的依據。

1066～1078年

劉恕《通鑑外紀》採用伏羲得《河圖》、《洛書》說，並認爲伏羲根據龍馬《河圖》的祥瑞，命名了黃龍氏、飛龍氏等一系列「某龍氏」官職；又認爲黃帝受《河圖》後，「得其五要，乃設靈台，立五官以敘五事」。

1081年

蘇軾把父蘇洵、弟蘇轍及自己所解《易經》整合成《東坡易傳》，在疏解〈繫辭傳〉中，蘇軾認爲《河圖》、《洛書》既「不可誣」，又「豈足怪哉」！另在《東坡書傳》中認爲：「《圖》、《書》之文，必粗有八卦九疇之象數，以發伏羲與禹之知，如《春秋》之由麟作也。」肯定孔安國、劉歆等的觀點。

約1092～1138年

朱震在《漢上易傳》敘述了五代與宋初《河圖》、《洛書》學說傳承的狀況：「國家龍興，異人間出，濮上陳搏以《先天圖》傳種放，放傳穆修，修傳李之才，之才傳邵雍，放以《河圖》、《洛書》傳李漑，漑傳許堅，許堅傳范諤昌，范諤昌傳劉牧；修以《太極圖》傳周敦頤，敦頤傳程顥、程頤……」，並採納劉牧「九圖十書」說。

約1120～1150年

陳元靚《事林廣記》繼承先秦祥瑞說，並認爲龍馬是「仁馬」，《河圖》馱出的地方是河南孟津的黃河段。

1121年

金太祖在攻打中京（即北京）前夕連下兩道嚴詔，第二詔是：「若克中京，所得禮樂、《圖》《書》、文籍，並先次律發赴闕」，可見對《河圖》、《洛書》以及漢族禮樂、文化的期盼、注重。

約1127～1147年

宋元之際的《古三墳書・天皇伏羲氏皇策辭》沿用孔安國的傳述：「河龍馬負圖，神開我心，子其未生，我畫八卦，自上而下，咸安其居。」

約1127～1150年間

王湜在《易學》中採納劉牧「九圖十書」說，但是主要秉承邵雍先天學說。

1135～1198年

據《周易本義》，蔡元定根據漢孔安國、劉歆，魏關朗，北宋邵雍等人的《河圖》、《洛書》圖式和相關說明，把當時流行的劉牧「九圖十書」圖式及其說明改變爲「十圖九書」圖式及其說明，對後世產生廣泛而深遠的影響。

1154～1173年

薛季宣在《河圖洛書辨》採納劉牧「九圖十書」說，並認爲河洛之數是「以九數爲主，此九數源於天有九野，地有九州，河洛各有九曲，主張《河圖》、《洛書》實爲古代地圖」，還是「辨物象而旋地政」的「寶器」，這對後人研究《河圖》、《洛書》影響極大。

約1156～1160年

程大昌認爲易學紛爭不斷，難以作爲憑據，特作《易原》，在第1卷《〈河圖〉、〈洛書〉論》中認爲，「《圖》也、《書》也，皆《易》原也」；「卦畫之智發於《圖》、《書》」，並採用劉牧「九圖十書」說。另外還說《河圖》無字，劉歆《洛書》65字說「全與孔（安國）異」，不足爲憑。

1158年

張浚《紫岩易傳》第二稿完成，論及《河圖》、《洛書》採納劉牧「九圖十書」說，以至於「專主劉牧」（胡一桂），《四庫全書總目提要》認爲確實如此：「信然」。

1160年

程迥《周易古占法》刊行，採用邵雍之加一倍法，據〈繫辭〉、《說卦》發明《周易》義理以及占筮之法，對朱熹《易學啓蒙》、《周易本義》等多有影響。

1165年

楊甲《六經圖》刊行，其中《大易象數鉤深圖》有四大系列的易圖，而周敦頤《太極圖》，劉牧《河圖》、《洛書》，邵雍《先天圖》3個系列，都與《河圖》、《洛書》相關，其中還有一《卦爻律呂圖》，可能直接影響了朱熹的「十圖九書」圖式。

1165～1200年

朱熹在《周易本義》根據孔安國、劉歆、關朗、邵雍、楊甲等人的河洛圖式觀，以及蔡元定的建議，再次明確確定《河圖》、《洛書》黑白圓點「十圖九書」圖式，其《圖說》闡述說：「天數二十有五，地數三十，凡天地之數五十有五。此所以成變化，而行鬼神也。此《河圖》之數也。《洛書》蓋取龜象，故其數戴九履一，左三右七，二四爲肩，六八爲足。」在

《易學啓蒙‧序》中說《河圖》、《洛書》並非「聖人心思智慮之所得爲」，而是「氣數之自然，形於法象，見於《圖》、《書》」的，因而在《書〈河圖〉〈洛書〉後》中，再引用《大戴禮記》以及鄭玄、盧辯的注，進一步肯定《易學啓蒙‧序》中對「圖九書十」辯駁和「圖十書九」圖式；關於《河圖》、《洛書》有無的問題，他在《雜問答》中是這麼說的：「夫以《河圖》、《洛書》爲不足信，自歐陽公以來，已有此說。然終無奈《顧命》、〈繫辭〉、《論語》皆有是言，而諸儒所傳二圖之數，雖有交互，而無乖戾，順數逆推，縱橫曲直皆有明法，不可得而破除也。」從而肯定有，並說他對「世傳《河圖》、《洛書》多舊，所以不敢不信者，正以其義理不悖，而證驗不差爾」，這是他研究《河圖》、《洛書》的主要動因和目的；關於《洛書》，他在《朱子語類》這麼認爲：「《洛書》本無文，只有四十五點……奇偶之數，自一至九，因《洛書》自然之數」；除了上述專論以外，在《伏羲先天圖詩》、《河圖贊》中也有河洛學的闡述，如「河之圖兮開天地蹟，五十有五兮陰陽相索。惟皇昊羲兮肇端乎神，盡心妙契兮不知其千萬年之隔。」朱熹關於《河圖》、《洛書》的闡述自宋以後，至元、明、清，成爲主導。

1167～1230年

蔡沈繼承並堅持朱熹及其父親蔡元定的「十圖九書」圖式和說明，在《洪範皇極內篇》中，贊同劉歆「《河圖》、《洛書》相爲表裡，八卦九章相爲經緯」之說，還認爲「《河圖》

體圓而用方，聖人以之畫卦；《洛書》體方而用圓，聖人以之敘疇」。

約1167～1240年間

呂祖謙門人徐總幹（「總幹」是官稱，具體名號待考）著《易傳燈》一書（1257年由其子徐子東刊行），承襲歐陽修否定說，並認爲：「聖人觀《河圖》有數有象，以縱橫十五之妙，配《乾》、《坤》九六之數，白紫者吉，黃黑者凶。」所以《河圖》、《洛書》應「是直以《易》數爲五行家言」，而且「未免於駁雜」。

1170年

羅泌《路史・黃帝紀》：「黃帝有熊氏，河龍《圖》發，洛《龜》書威……謂土爲祥，乃重坤以爲首，所謂《歸藏易》也。故曰『歸藏氏』。」

1185年

林栗向朝廷進獻《周易經傳集解》，全書36卷，論及《河圖》、《洛書》在33-34卷〈繫辭〉和36卷《圖說》，他認爲：「《河圖》、《洛書》本于自然之理，彰灼不可誣也」，反駁歐陽修的否定說；因此在36卷《圖說》，他根據劉牧「九圖十書」，繪製了《河圖》、《洛書》、《八卦九疇大衍總會圖》、《六十四卦立成圖》、《大衍揲蓍解》等。

1186年

胡方平《易學啓蒙通釋》徵引共有黃幹、董銖、劉爚、陳埴、蔡淵、蔡沈、蔡模、徐幾、翁泳等九家述說，發明朱熹《易學啓蒙》的學說，並繪有《大禹則〈洛書〉以作範圖》、《先天八卦合洛書數圖》等，在《圖說》中也認同「〈洪範〉「九疇」配九宮之數」之說。

1188～1189年

吳仁傑《易圖說》末卷論及《河圖》、《洛書》，主要承襲朱熹河洛說，可他卻說「皆出於鄭（玄）董（遇）之說」，不知何故；還繪有《〈洛書〉〈河圖〉大衍五行全數圖》並圖說。

約1195～1208年間

章俊卿在《山堂考索前集・六經》中論及《河圖》、《洛書》時，沿襲傳統的瑞象說，具體論述則主劉牧、朱震之說，肯定《河圖》、《洛書》是《周易》之源：「正數發露于大《易》也」。但是，他卻認爲「《河圖》妙致真可與識者道，莫爲俗人言也。」

1201年

金章宗在秘書監增定秘書郎2人，專掌各種經籍與《河圖》、《洛書》相關文獻。宮廷女官沿襲唐代編制，設女史4人，掌珍寶、符契、《圖》籍之事。

約1201～1279年間

託名鄭樵（《四庫全書總目提要》考證爲「宋末人所作」）的《六經奧論》採納劉牧「九圖十書」說：「《河圖》四十五數也」，「《洛書》五十五數也」。

1210？～1282年

杜仁傑〈題長水西洛書賜禹之地羅正之石刻〉詩認爲《洛書》出自禹腹：「《洛書》先時墮禹腹，謂是天賜何其漓！」他還著有河洛學專著《河洛遺稿》，可惜已經遺失。

1223年

葉適承歐陽修之說，在其所著《習學記言序目》中對主張《河圖》、《洛書》是「聖人則之」說提出非難：「傳《易》者將以本原聖人，扶立世教，而亦爲太極以駭異後學，後學鼓而從之，失其會歸，而道日以離矣！」

1234年

丁易東《周易象義》繼承朱熹「十圖九書」說，還在《大衍索隱・翼衍》中，繪成29圖並圖說，對大衍以及《河圖》、《洛書》數理的變化做了探索。

約1234～1242間

陳大猷《書集傳或問》卷下論《河圖》、《洛書》，繼承關朗、邵雍、朱熹等人之說，也主張八卦九疇。

約1234～1274間

翁泳《注釋河洛講義》運用陰陽五行來解釋，但因爲他是西山蔡氏學派弟子，所以強調「《河圖》陰陽之位生數爲主西，成數配之東北」。

1242～1260年

李簡在《學易記圖說》採納劉牧「九圖十書」說，又參照劉牧《易數鉤隱圖》、《道藏・周易圖》和朱熹《易學啓蒙》、《周易本義》繪製了九數《河圖》、十數《洛書》以及《後天則〈洛書〉》等圖多幅，其圖有本圖或衍圖的區分，但對後世的易圖學發展並沒有產生大的影響。

約1244～1287年

張理在《大易象數鉤深圖》（《道藏》別本名《周易圖》）及其《易象圖說》秉承陳摶、邵雍太極說，採納朱熹、蔡元定的「十圖九書」說，他又把河洛之學和先天之學改造成爲象學：「以周敦頤《太極圖說》爲綱領，將河洛和先後二天說皆納入其中」，對宋代的河洛之學具有總結作用，也促進了宋代象學和數學的融合，發展了象數易學。

1248年

稅與權撰寫成《易學啓蒙小傳》（另附有《古經傳》1卷），採用邵雍關於《易》學之說，也受了朱熹《易學啓蒙》的啓發。

1251～1303年

宋末元初道士、道教學者雷思齊勤奮好學，「於書無不讀」。袁桷稱其著書，「援據切至，感厲奮發，不蹈世俗繩墨，合神以窮變，盡變以翼道，申言廣指」。深得四方名士大夫仰慕，吳澄、袁桷、曾子良等，都與他友善。雷思齊對《老子》、《周易》尤深有造詣，著有《老子本義》、《莊子旨義》、《易圖筮通變義》、《易圖通變》等。關於《河圖》、《洛書》主張「九圖十書」，並對朱熹、蔡元定的「十圖九書」說進行了辯駁，清代張惠言稱讚說：「此論推《河圖》傳訛之妄，可謂著明矣！」大致而言雷思齊是尊《河圖》而抑《洛書》，力圖把《河圖》、《洛書》與《周易》「筮法」相通，人稱「《圖》中有筮，筮中有《圖》，《圖》筮合一」。對後世河洛說產生了一定的影響。

1254～1274年

據《宋史・王柏傳》，王柏承襲朱熹「十圖九書」之說，認爲《河圖》是「先、後天之宗祖」，伏羲是則《河圖》而畫八卦，又「推八卦以合《河圖》。」關於《洛書》在劉歆之說的基礎上認爲：「初一曰五行」以下65字爲「洪範」，「皇極」以下64字爲帝王相傳之「大訓」。

1258年

方實孫《淙山讀周易》完成，這書採納朱熹「十圖九書」之說，並承襲劉歆《河圖》、《洛書》相爲經緯之理。

約1265～1323年

熊朋來《經說》論及《河圖》、《洛書》專主邵雍、朱熹之說，但其圖式取上官遙溪、熊良輔十圖中的虛中二圖；認爲《尙書‧顧命》、《論語‧子罕》等僅言《河圖》而不言《洛書》，是因爲「《洛書》在《河圖》中」，而《易》則兼有《河圖》、《洛書》。

1266年

董楷師承朱熹弟子陳器之，撰成《周易傳義附錄》，沿襲朱熹「十圖九書」之說。

1270～1272年

朱元昇、朱仁立的《三易備遺》認爲伏羲《連山易》是「先天學」，間接沿襲孔安國《河圖》八卦說，說：「《河圖》、《洛書》天授之，聖人以覺斯世者也。」「夫子曰：『河出圖，洛出書，聖人則之』，此之謂也。」所以其《河圖》、《洛書》圖式採納劉牧「九圖十書」說，並繪有《〈河圖〉用九各拱太極之圖》、《〈洛書〉用十各拱太一之圖》、《伏羲則〈河圖〉數定卦點陣圖》、《伏羲則〈洛書〉數定卦點陣圖》、《連山易卦位合〈河圖〉圖》、《連山易卦位合〈洛書〉圖》等。

1273年

元世祖下令禁止鷹坊擾民及陰陽、《圖》讖等書。

1282年

元世祖以「妄引《圖》讖。皆言涉不軌」，處死阿合馬、陳其姓、曹震圭、王台判4人。

1284年

元世祖下令收繳天下私藏天文圖讖《太乙雷公式》、《七曜曆》、《推背圖》、《苗太監曆》等，有私習及收匿者，以罪論處。

1284～1314年

俞琰（一作「琬」）在《大易會要（即《周易集說》）序》中敘述自己從事《河圖》、

《洛書》研習的原委說：「琰幼承父師，面命首讀朱子《本義》，次讀《程傳》。」所以他的河洛學主要遵循家學和朱學，但他卻反對〈繫辭〉以及孔安國等觀點，在其《周易集說・繫辭》注中說：「非《圖》、《書》有天生之數，而聖人就取之也」，「夫五十五數，《易》數也」、「四十五數者，……在《易》則聖人無一語及之，蓋非《易》數也」，在《讀易舉要・河圖洛書之附會》一節中又說：「河圖自《易》言之，吾又於〈顧命〉見之矣，不過曰『天球《河圖》在東序』，又於《論語》見之矣，不過曰『河不出圖，吾已矣夫』，又於〈禮運〉見之矣，不過曰『河出馬《圖》』」，似乎對這些成說也有一定的不以爲然，而且對朱熹黑白點數《河圖》、《洛書》之說也有保留：「所謂五十五數，亦未嘗有所謂四十五數」，進而說朱熹是「以謬攻謬」，皆是「以妄習妄」，「朱子亦不能逃此謬妄」。他還承「河圖」是玉的說法：「『河圖』與天球並列，則『河圖』亦是玉名」。

約1292～1303年

金履祥《尙書表注・洪範》篇注，採用朱、蔡的《洛書》圖式，並認同「禹則《洛書》」觀，繼承劉歆《河圖》、《洛書》相爲表裡說。

約1293～1306年

鄭滁孫撰《大易法象通贊》，自稱學易是先「探索《先天圖》」，後「忽得中天玄景」，認爲象藏於互體，涉及《河圖》、《洛書》承襲瑞象說。

1295年

元成宗即位，撰〈尊裕聖皇后爲皇太后冊文〉稱頌太后：「伏惟長信穆穆，周宗綿綿。備《洛書》之錫福，粲慈極之儀天。瑤《圖》寶運，於萬斯年。」

約1300～1310年

胡一桂由其父胡方平得朱熹河洛學，爲挽救宋元之際朱熹河洛學的衰微，特意按照朱子原書，撰成《易本義附錄纂疏》、《易學啓蒙翼傳》二書，企圖「匡正」《河圖》、《洛書》學說，以還朱子易學之原貌。同時，著意辨別《河圖》、《洛書》以及與異學的同異。

1303年

王申子在《大易緝說》卷一列《河圖》、《先天》、《希夷先天卦圖》、《演極》、《演極後圖》、《洛書》、《後天》、《衍數》等《河圖》、《洛書》及其相關圖式，他採納朱熹的「十圖九書」說，但是圖說卻與朱熹多有不同，如把十數《河圖》「分作三宮看」，還原「伏羲仰觀俯察、遠求近取，得其法象文理於心，及見《河圖》與心默契，於是則其象以畫八卦」的過程；還認爲周文王則《河圖》、《洛書》是全體用的：「取《洛書》之奇數偶象，錯綜《河圖》之偶數命象，以重位八卦」；從圖式考察是「圓者《河圖》，外方者《洛書》」。可見，他的《河圖》、《洛書》學說是具有揚棄精神的。

1307年

保巴《易源奧義》主要採用朱熹、蔡元定的「十圖九書」說，唯《河圖》圖式略有變化，週邊的奇數、偶數分別連線而成，中間則五居中而六上下對稱相連；《洛書》也配以太乙行九宮數。

1316年

吳澄編撰《易纂言外翼》，全書8卷12篇，第7卷11篇《易原》，是推明《河圖》、《洛書》與《先後天圖》的，他採納朱熹「十圖九書」說，不過關於《河圖》、《洛書》的來源，他另立新說，認爲《河圖》是「羲皇畫卦之前，河有龍馬出，而馬背之旋毛有此數也」，「所謂伏羲因河圖而畫八卦者，此也。以背毛之旋文如圖星者之圓圈，故名之曰《圖》」；而《洛書》是「大禹治水之時，洛有神龜出，而龜甲之拆文有此數也」，「所謂大禹因洛書而敘《九疇》者，此也。以背甲之拆文如書字者之橫畫，故名之曰《書》」。《四庫全書總目提要》稱讚他這書：「雖稍有殘缺，而宏綱巨目，尚可推尋。」他的「馬旋毛」、「龜坼文」圖式及其論說，對以後河洛學的研究有影響。

1316～1341年

虞集奉詔祠華陰雲台觀，特至張超穀處拜瞻陳摶像，後杭州隱者陳無塵持陳摶像請虞集作贊，他因而作〈題陳希夷先生畫像贊並序〉，認爲「昔邵氏先天之學，上遡其源，實自先生出。天作斯文，焉可誣也？」在《贊》中則稱陳摶是「《圖》、《書》之傳，百世之師」！元順帝至元元年（西元1341年），道長吳全節在江西安仁河圖山建壇立碑，虞集奉敕作《河圖仙壇功德碑銘》，文中傳述孔安國說，並認同朱熹的「十圖九書」說。

約1316～1353年間

據胡一中《定正洪範集說序》，徐道泰著有《〈河〉〈洛〉本始》，主要意見以劉牧「九圖十書」說爲本。

1318年

術士趙子玉等七人向王府司馬曹脫不台等說：「阿木哥名應《圖》讖。」於是暗中備兵器、衣甲、旗鼓，航海往高麗迎取阿木哥至大都，俟時而發，行次利津縣，事覺，被誅殺。

1319～1369年

朱升作《易經旁注》採納吳澄「馬旋毛」、「龜坼文」圖說，繪有《河圖旋毛》、《洛書坼甲》圖等。

1322年

熊良輔《周易本義集成》繼承孔安國畫卦說，其《河圖》、《洛書》主朱熹「十圖九書」說，但認爲《洛書》是「衍數」，又尊上官遙溪「天一」至「地十」有十圖說。

1328年

董真卿《周易會通》論述《河圖》、《洛書》秉承其師胡一桂，並歸宗于朱熹的「十圖九書」說。其論及《河圖》、《洛書》相生相剋、陰陽交會之理，亦有可取。

約1342～1374年間

王褘〈《洛書》辯〉認爲伏羲是效法《河圖》和《洛書》而畫卦作《易》，而且〈洪範〉只「言理，不言數」，因而〈洪範〉「九疇」不是《洛書》而是夏禹自述之書；至於圖式，則贊同朱熹的「十圖九書」說。

1343～1345年

元脫脫等修《宋史》，其〈五行志・金〉載，宋以周顯德七年（應是顯德六年，西元960年）庚申得天下，《圖讖》說「過唐不及漢，一汴、二杭、三閩、四廣」，按漢420餘年，唐289年，而宋至德祐二年（西元1276年）正月，已有317年，而見六庚申，如宮漏之數；《樂志》錄寶冊升殿演奏的《大安》曲辭有「《圖》、《書》昭錫，典禮紹成」之句，採用《河圖》、《洛書》祥瑞意義。

1346年

錢義方《周易圖說》認爲「《河圖》爲作《易》之本。」〈繫辭〉雖然在「河出《圖》」之後又有「洛出《書》」，但並不是說「作《易》兼取《洛書》」，又引用朱熹之說，圓圖有造作，在圓圖造作好後，再把方圖抽出在圓圖之外。他對朱子《周易本義》有關於先天、後天卦位之說，必歸其于邵雍的表現提出不滿：「似歉然有所未足。是以不揆其陋，而有所述」。

1346～1366年

陳應潤《周易爻變義蘊》採用朱、蔡的「十圖九書」之說，認爲「易之有圖，尙矣。《河圖》、《洛書》有象而無文，不圖不可也。」

1354～1360年

胡一中師從王柏、文及翁和吳澄，研習易學與河洛學，著《定正洪範集說》，雖然廣引孔安國、關朗、韓愈、二程、朱熹、蔡元定、黃幹、董鼎、吳澄等人有關《河圖》、《洛書》的述論，但是歸旨於劉牧「九圖十書」說，主要有《〈河圖〉〈洛書〉作〈範〉宗旨》說、《〈河圖〉先天未易卦數圖》、《先天卦用〈河圖〉易位圖》、《禹用〈河圖〉未易位次敘「九疇」圖》、《〈範疇〉用〈洛書〉五行生成圖》、《〈洛書〉五行合後天卦圖》等論述、圖說，其中《〈圖〉〈書〉中五建皇極圖》是內《河圖》與外《洛書》的合圖。

1360年

貢師泰〈定正洪範集說序〉認爲：「聖人有作，動與天合，使龜龍不出於河洛，《圖》固畫，《疇》固敘也。」

約1435～1469年

劉定之《〈周易〉圖釋》雖從朱熹之學，但是卻不列《河圖》、《洛書》圖。

1447～1509年

沈周書無所不覽，文摹左丘明，詩擬白居易、蘇軾、陸遊，字仿黃庭堅，並爲世所愛重，尤工於畫，評者推爲明代第一。蘇州郡守欲舉薦他，沈周筮《易》，得《遁》卦九五爻，因而決意推辭隱遁。在所居建水竹亭館，將《河圖》《洛書》、鼎彝器物錯綜陳列，四方名士過從無虛日，風流文彩照映一時。

約1464～1484年

胡居仁遭遇「土木之變」、「奪門之變」之後，不久即辭官歸隱，潛心講學著述，研究易近20年，著《易象抄》，其中關於河洛學宗朱、蔡「十圖九書」之說，但《河圖》、《洛書》的圖式，作馬、龜形象（見本書《圖畫》中的圖1、圖3）。

約1465～1506年間

阮琳《〈圖〉〈書〉紀愚》首載《太極》、《河》、《洛》諸圖，《四庫全書總目提要》認爲這書「大率因前人舊說，無所發明。」

約1491～1534年間

許誥作《〈圖〉〈書〉管見》承襲倉頡得《河圖》、《洛書》說，因而認爲：《河圖》、《洛書》是「萬世文字之始」；可是在具體論述時，採納孔安國等畫卦、敘疇之說，論述《河圖》、《洛書》的差異，主要依據胡一桂之說。

1506～1571年

歸有光《易圖論》認爲，《河圖》、《洛書》本身是「不必精求」的，但是「符瑞之生」、「奇偶法象之妙」，還是可以爲「《易》之本，理亦有然者」，而《春秋緯》的「通《乾》流《坤》」之說，是「以彼之名，合此之跡；以此之跡，符彼之名」，這就陷於「詭秘」了。《河圖》、《洛書》與《易》的關係是「有《圖》《書》而後有《易》，有《易》則無《圖》《書》可也。」正因爲如此，《河圖》、《洛書》「不可以精」，只要「精于《易》」，《河圖》、《洛書》也就「精」了。在《洪範傳》中，歸有光認爲〈洪範〉「起于禹，而箕子傳之」，書的主旨是「以天道治人」，闡述的是《易》道和治世大法，可是後世儒者以《河圖》、《洛書》「亂之」，是不足爲訓的。

約1509～約1559年

楊體仁《皇極經世心易發微》由《伏羲太極圖》而及《河圖》、《洛書》，其《河圖》圖式爲圓圖，再加〈繫辭〉「天地之數」和四象的文字注，《洛書》據「洪範九疇」屬於「九書」圖式，再加五行和揚雄說作文字注。

1514～1556年

韓邦奇《易學啓蒙意見》是要發明朱熹《易學啓蒙》之說的，共5卷，第1卷《本圖書》重在「推闡《河》、《洛》之義」，第2卷《原卦畫》主要是以圖解的方式推演邵雍之學，其餘3卷重在發明「卜筮之法」，雖在表層與焦延壽《易林》多有相同，但實質「宗旨則宋儒之《易》」。

約1515～1555年間

黃芹從蔡清習易學，撰《易圖識漏》，雖然懷疑伏羲則《河圖》而作《易》、《先天八卦合〈洛書〉數》等圖及其圖說，但是基本宗旨仍然是朱、蔡之學，並進而推及到心學、曆法等。

約1517～1531年間

王漸逵《讀易記》否定孔安國等人觀點，認爲聖人畫卦是「則」太極、陰陽、四象，並「非因《河圖》、《洛書》而作」。

約1540～1570年間

龍子昂有《讀易凡例》32條論《易》，後有《圖說》，則解《河圖》、《洛書》及朱熹《周易本義》「九圖十書」象數之理。由於此書不是完本，因而不知全貌。

1544年

薛侃爲姚江學派弟子，其《〈圖〉〈書〉質疑》也謹遵師承，認爲《河圖》「爲心性之源，文字之祖，政治之基」；其列圖是先《先後天卦點陣圖》再《河圖》（其圖式採用朱、蔡「十圖九書」式）；在《洛書》圖之後再列〈《洛書》合《河圖》先天卦〉、《〈洛書〉合〈河圖〉後天卦》，然後是周敦頤等《太極圖》，最後是〈《圖》《書》總解〉一文，申說自己的見解。

1544～1545年

河南孟津知縣馮嘉乾重建伏羲廟，立新建伏羲廟碑和重修龍馬負圖寺碑，其〈新建伏羲廟記〉說伏羲廟是在「神廟頹廢，鄉人雖只有寺之名，而負圖之意又鮮有識者，聖跡蓋岌岌乎泯矣」的情況下重建的，可見河洛文化與佛教文化在孟津的消長，因而才出現了地名「負圖」與「浮屠」的尷尬！

約1549～1567年間

魯邦彥《〈河圖〉〈洛書〉說》專門駁斥有關《河圖》、《洛書》的五行經緯之說，所以其書又稱「就正」。

1559～1561年

季本在《易學四同・繫辭上》和《易學四同別錄・圖文餘辯》中認爲，《河圖》、《洛書》是「天地自然之《易》」，而且《易》始於《河圖》、《洛書》。還認爲「陰陽往來之意」，《河圖》已「盡之矣」，因而《洛書》不過是《河圖》「之演義耳」！圖式與圖說即朱熹的「十圖九書」觀，另繪有《龍馬真象》和《天地自然〈河圖〉圖》。在《說理會編・經義》中說《河圖》、《洛書》都出於伏羲之世，《河圖》「只是從微至著之理」，即一陽生而至於盛，也是五行相生之理與奇偶相成之數；而《洛書》與「洪範九疇」無關。

1562～1577年

章潢《圖書編》前1-9卷及22-23、59、71-74、116、118卷，共列易圖120餘幅，其中有關《河圖》、《洛書》的圖及其圖說是：首列胡居仁的《馬圖》、《龜書圖》，其次是《古太極圖》（本出趙撝謙《六書本義》之《天地自然河圖》）、《太極河圖》）、又於其所謂「古太極圖」之內畫有黑白點《河圖》之圖，並認爲這才是真正的《河圖》（《古河圖》就是吳澄所謂龍馬旋毛《河圖》）、《伏羲則〈河圖〉以作易圖》、《〈河圖〉八卦》（四九配兌乾、五十配坤艮、一六配坎、二七配離，三八配震巽之圖）、《〈河圖〉天地交》、《〈河圖〉配春夏秋冬圖》（4幅）、《〈河圖〉具數之圖》、《〈河圖〉數起止圖》、《〈河圖〉參兩參伍圖》；《大禹則〈洛書〉以作〈範〉圖》、《古洛書》（吳澄所謂靈龜坼甲《洛書》）、《〈洛書〉日月交》、《〈洛書〉參伍參兩圖》，在「九圖十書」和「十圖九書」採用了朱、蔡說。

1570～1598年

來知德《周易集注》〈繫辭〉上第11章注認爲《河圖》、《洛書》爲易之四象之一，「『河出〈圖〉，洛出〈書〉』，有自然之文章，聖人則之以立其辭。」而且，《易》與《河圖》、《洛書》，都不是「聖人勉強自作」的。末卷《周易采圖》共輯得易圖104副，直接屬於《河圖》、《洛書》的21圖，主要是胡居仁的《馬圖》、《龜書圖》，似出於吳澄或楊時喬的《古河圖》、《古洛書》，以及宋、元、明之佚名的《太極〈河圖〉》、《〈河圖〉天地交圖》、《〈河圖〉陰陽旋文圖例》（5圖）、《〈洪範〉仿〈河圖〉之圖》、《律呂合〈河圖〉〈洪範〉圖》、《律呂合〈洛書〉〈洪範〉圖》、《〈洛書〉日月交圖》、《〈洛書〉奇多偶少圖》、《〈河圖〉奇與偶合圖》、《〈河〉〈洛〉卦位合圖》、《〈河〉〈洛〉陰陽生成純雜圖》、《〈河〉〈洛〉圖》等。

約1575～1595年後

賀沚《圖卦億言》認爲《河圖》、《洛書》爲《易》原本，主要採用朱熹的河洛學說，如首卷列《〈河圖〉八卦說》、《太極圖說》等；但卷4《圖卦續言》則有發明，如以《河圖》爲先天體，《洛書》爲後天用等。

1580？～1659年前

張論〈壇屋山賦〉認爲《河圖》、《洛書》出自洛寧：「既發龍圖于洪河之涘兮，複感龜書於滬雒之泓。」並敘述了《河圖》、《洛書》的數字方位，說「《河圖》圓無四隅」。

1583～1610年

河南孟津爲紀念《河圖》、《洛書》之處，創建圖書閣。

1584～1606年

朱載堉撰成《律學新說》，在〈律呂本源第一〉中繼承了先秦以來的瑞象觀念和漢代讖緯的傳說，而且還認爲：「《河圖》、《洛書》者，律曆之本源、數學之鼻祖也！」就音樂而言，他認爲：「《洛書》爲五音之本，《河圖》圓而爲氣，《洛書》方而爲體。五音者氣也，氣凝爲體，體以聚氣，然後聲音出焉。」「《洛書》之奇，自相乘之數也，是爲律本」；「《河圖》之偶，自相乘之數也，是爲度母」。因爲世界上的萬事萬物，都「不離陰陽、〈圖〉〈書〉二物」。正是根據這樣的理念，他創造了著名的「朱氏十二平均律」，成爲世界上第一位創立「十二平均律」的數理和音準的科學家，受到了世界科技史專家李約瑟的高度讚揚。

1585？～1622年

劉日曦《易思圖解》是尊邵雍先天、後天之說，書後所附《河圖》、《洛書》及周敦頤《太極圖》、邵雍《皇極經世》、《陰陽剛柔四象圖》等圖的圖說，《四庫全書總目提要》認爲這書「各爲之說。大抵出於臆撰」。

1586？～1641年

陳際泰《周易翼簡捷解》繼承劉歆之說，認爲《河圖》、《洛書》「體用相爲附麗，表裡經緯」，但卻一反傳統，認爲《河圖》、《洛書》「悉師羲《易》」，不知何據。

1590～1655年

方孔炤罷官家居研究易學，著《周易時論合編圖像幾表》23卷，在第6、7兩卷主要討論論河洛之學，首先梳理了《河圖》、《洛書》源流（非常重視關朗對《河圖》、《洛書》數位的觀點），進而說明《河圖》、《洛書》的意涵，以及河洛學中所引發之問題，主張通過「密衍」與「互藏」等途徑來解決。

1594？～1614年

錢士升與顧憲成、高攀龍等人宣導理學，精通周敦頤、朱熹之學說，在《周易揆》中，綜合了邵雍的「氣」、二程的「理」、朱熹的「象」來揆測《周易》，但反對《河圖》、《洛書》之說。

1597年

明代託名鬼谷子的《斷易天機》繪有《大禹敘書作範》圖（晚清余興國《斷易大全》即是這書的另一版本，亦收錄了此圖），將《尚書・洪範》「九疇」與《洛書》相應而成，企圖把要點明確並細化。

1597～1619年

章世純《劵易苞》12卷專論《河圖》、《洛書》，其中《〈河圖〉演說》2卷、《〈河圖〉總說》1卷，《易卦本於〈河圖〉》2卷，《蓍法本於〈河圖〉》（其第5卷〈揲蓍法〉實與《蓍法本於〈河圖〉》相應）、《天文本於〈河圖〉》各1卷，《易卦金丹本於〈河圖〉》2

卷，《律呂本於〈河圖〉》1卷；《〈洛書〉演說》1卷。書前首列朱熹的「十圖九書」圖式，並加注八卦、五行等，所以《河圖》、《洛書》的原理主要采自朱熹一派，同時也參考了漢代讖緯文獻。

1600？～1659年

張鼎延〈倉頡字台〉詩贊同倉頡得《河圖》、《洛書》而造字說，頌道：「綠字蒼茫猶滬洛，丹文隱見映嶕嶢」。

約1609～1620年

瞿九思繪《〈洪範〉仿《河圖》之圖》，似乎受《大禹敘書作範》圖影響，既將《洛書》要點納入，又要表明〈洪範〉與《河圖》的關係。

1612～1644年

卓爾康《易學殘本》（現在僅存《圖》1卷、《圖說》6卷及《說卦傳》2卷，《序卦傳》2卷、《雜卦傳》1卷。）論易學，主要是「附會《河》、《洛》，推演奇偶，紛紜轇轕，展卷如曆家之數表。」並說易學「起數之根者，有《古河圖》、《古洛書》」，但對陳摶《龍圖別傳》所說《古河圖》、《今河圖》、《古洛書》、《今洛書》心存疑惑：「豈龍馬所負一圖，而有此四本。神龜所呈一書，而有此兩本耶？抑後人以意造作也？」似乎對《河圖》、《洛書》的研究尚在探索中。

1614～1642年

周一敬《苑洛易學疏》是給韓邦奇所作的《啓蒙意見》作注疏，重點是對「《河》、《洛》之義與卜筮之法」，作「溯源明理」的推闡，因而對原書的次第有調整，也多有刪削。

1620～1686年

董說《易發》8卷，有關《河圖》、《洛書》的部分主要是：單述《河圖》的有《〈河圖〉順運圖》等2圖及其圖說，單述《洛書》的有《〈洛書〉逆運圖》等4圖及其圖說，《河圖》、《洛書》合述的有等《〈河圖〉具〈洛書〉用數》等4圖及其圖說。其論述多出入於佛道，如《黃鸝〈河〉、〈洛〉徵》認爲黃鸝一聲，即是《河圖》、《洛書》的全機大用，不免荒誕。

約1623～1644年間

錢彭曾《易參》5卷首列《河圖》、《洛書》圖，其《圖說》推及曆法、推步、奇門、九宮、干支、納甲，又旁及五嶽地形、《禹貢》水道、井田、堪輿、六壬、選擇、兵法、律呂、道家、佛家等，對河洛學有附會、也有標新。但是《四庫全書總目提要》認爲《易參》「所詮釋則與圖渺不相關，仍不過摘句尋章，循文推演，間或自出新意，又往往乖舛。」

1623～1716年

毛奇齡《河圖洛書原舛編》1卷主要是辯駁各種有關《河圖》、《洛書》的論述，他認爲：「今之《河圖》即大衍之數，當名《大衍圖》，而非古所謂《河圖》。今之《洛書》則太乙行九宮之法，亦非『洪範九疇』。」《四庫全書總目提要》評價此書：「其排擊異學，殊有功於經義」，但是「所列之圖又複自生名例，轉起葛藤」，「是仍以斗解斗，轉益其斗而已矣」！

1628～1640年間

曹學佺著《易經通論》12卷，《四庫全書總目提要》認爲這書「專釋各卦彖詞、六爻，融會一卦之意。……惟於《河圖》、《洛書》推求不已，則以家在閩中，習聞漳浦之學也。然漳浦之學本別傳於《易》外，學佺拾其緒論，愈衍愈支，既不及其術數之精，而又無當於《經》義，是進退無據矣。」這似乎有失公允，這書的第12卷專論《河圖》、《洛書》：在來源上採用孔安國的伏羲畫八卦和漢緯夏禹《洛書》「九疇」說；在體用關係則採用劉歆「經緯」「表裡」說，還引用邵雍「圓者星也，曆紀之數」、「方者土也，畫州並地之法」，又引蔡元定「《河圖》體圓而用方」、「《洛書》體方而用圓」之說。書中主要引用朱熹、蔡元定、翁泳、劉熗、胡一桂等人的論述，顯然屬於「十圖九書」圖式一路，但論及《河圖》、《洛書》與八卦的「一畫爲兩儀，二畫爲象，三畫爲卦」，還是有見地的。

1631年

舒宏諤《石渠閣重訂周易去疑》之所以取名「去疑」，是因爲「易者象也，滿紙影像，千古都成疑義。設旨不闡，參不互，將宿學之疑必無能去；脈不演，象不摹，字不注，將初學之疑必無能去」，撰此書的動機也在這裡。卷首有〈《河圖》解〉、〈《洛書》解〉，在朱熹的「十圖九書」圖式基礎上，加以文字圖注，再作圖說。關於《河圖》、《洛書》來源採用〈繫辭〉、吳澄「馬旋毛」、「龜坼文」解。

約1633～1644年後

沈泓著《易憲》4卷，全書秉承朱熹《周易本義》的《河圖》、《洛書》說，但不載《本義》原文，而是隨文詮義，《四庫全書總目提要》認爲：「在舉業家則可謂之簡而有要矣！」

1644年

（1）鄭敷教《〈易經〉圖考》認爲「六經統于《易》，《易》本於《圖》」，所以《河圖》、《洛書》既「以形示」，又「以意盡」，因而無論易學還是河洛學，都不可忽視。

（2）來集之《易圖親見》本《序卦》作圖21幅，本《系辭》上「七爻」之說作圖4幅，本《系辭》下「三陳九德」之說作圖2幅，本《雜卦》作圖7幅，本朱熹河洛、先後天之說作圖11幅。他的易學、河洛學淵源由此可見。另外，他對〈繫辭〉「河出《圖》，洛出《書》」，聖人則之」的解釋是：「《河圖》顧以相生而六府三事取於此，《洛書》逆以相生而『洪範九疇』取於此」；並錄有《先天卦數加〈河圖〉》、《先天卦數加《河圖》東南皆陰、西北皆陽圖》及其圖說。

1644～？年

李陳玉明亡後著《三易大傳》72卷，其中有一定的關於《河圖》、《洛書》的論述，但是《四庫全書總目提要》認爲：此書「支離破碎，全無理據」，「真所謂誤用其心者也」！

約1644～1662年左右

陳圖《周易起元》在宋林至《水村易鏡》以卦配星，以爲「仰觀天文」的基礎上，改爲地，認爲繪卦源於「俯察地理」。但是他是以《太極》、《先天》、《河圖》、《洛書》等圖合而推演的，因而《四庫全書總目提要》認爲他是陳摶、邵雍、周敦頤之「末流」。

1644～1672年左右

喻國人著有《周易辨正》、《全易十有八變成卦定議》、《周易對卦數變合參》、《周易生生真傳》、《河洛真傳》、《河洛定議贊》等，一生都在癡迷地探討《河圖》、《洛書》。《周易辨正》採用朱熹的「十圖九書」圖式，但是其解說則採用劉牧之說：「《河圖》主生、《洛書》主克之理」；《周易生生真傳》卻認爲「伏羲則《河》九、《洛》六，始畫八卦，以木德王也。木主仁，仁爲生生真種子。每卦六爻，推演五行相生之數以配合之。」；《河洛真傳》是發明陳摶、邵雍都沒有發明的「真傳」：「天地十二會真數不出五十五」，並繪有《天地五十五數圖》，加以推演；《河洛定議贊》則認爲：「伏羲則《河圖》畫《乾》、《坎》、《艮》、《震》四卦，則《洛書》畫《巽》、《離》、《坤》、《兌》四卦。由《河圖》四卦得《訟》、《遯》十六陽卦，由《洛書》四卦得《家人》、《中孚》十六陰卦。合《河》、《洛》迭爲上下而得《否》、《姤》、《履》、《泰》三十二陰陽配合之卦。」進而宣稱《河圖》、《洛書》及其論述「至此書而始定」！所以，書完成後，特撰祭文祭祀河洛之神及天地四聖。

1646年

陸位時《羲畫憒參》主要是運用《河圖》、《洛書》之數理，來闡釋「先天之時令、後天之節序」，方法是先列卦爻、《象》、《彖》諸解、《河圖》、《洛書》諸說，然後「以字義諸說別標題目，參錯於經文之中。」就易象數而言，與黃道周宗旨相近。

1650～1675年

孫奇逢《讀〈易〉大旨》一書，《四庫全書總目提要》認爲「不顯攻〈圖〉〈書〉，亦無一字及〈圖〉〈書〉。」是比較徹底地排除《河圖》、《洛書》的，這與他主張實學有關。

1652～1666年

湯秀琦著《讀易近解》對元錢義方《周易圖說》作淺顯易解的發明：原有圖的，就據圖作闡述；原有闡述而沒有圖的，就繪圖以佐證。上卷上有《圖書解》一、二，專論《河圖》、《洛書》，尤其重視對《河圖》的發明：先對邵雍等相關論說做了闡發，再繪有《河圖中宮》、《河圖分衍》、《河圖大衍》等圖，並有圖說；上卷下有《伏羲文王卦位配河圖》、《揲蓍倚數本河圖》及其圖解，大致採用宋代河洛學的主數。

1654年

趙世對《易學筮貞》第1卷中的〈圖書節要〉，《河圖》取朱熹、蔡元定、趙襄臣圖式及其圖說，《洛書》取朱熹、胡一桂、趙襄臣圖式及其圖說，總論則兼取邵雍、蔡沈、周謨、陳寅中、翁泳、黃芹等述論。總體而言，他屬於朱熹的「十圖九書」圖式及其論說一路。

約1654～1697年

王芝藻《大易疏義》一反宋代「『九疇』自『九疇』、《洛書》自《洛書》之說」的缺陷，他認爲『九疇』本源於《洛書》，而九個數字的安排也密切聯繫實際，如萬物之生始於五行，故五行居一，以及五福、六極、三八正、七稽疑等等，反映他受太乙九宮之法以造《洛書》的影響。

約1656～1672年

連斗山《周易辨畫》末有《輯圖》1卷，共輯圖18幅，其中6幅屬於《河圖》、《洛書》，主要是朱熹舊圖而略爲損益之，即《河圖》和《洛書》原圖、《朱子先天卦配〈河圖〉之象圖》、《朱子先天卦配〈洛書〉之象圖》、《朱子後天卦配〈河圖〉之象圖》、《朱子後天卦配〈洛書〉之數圖》。

1658～1661年

胡世安《大易則通》論述《河圖》、《洛書》，基本原理大致繼承陳摶、邵雍、朱熹等人的學說，並進一步推及到天象四時、人倫無常、醫巫技藝等等方面。圖式首列吳澄旋毛、龜坼《古〈河圖〉》、《古〈洛書〉》，並分別配以《易以點》、《易以畫》圖，另繪有《〈河〉〈洛〉羲畫圖》及其圖說4則、《則〈河圖〉揲蓍》及其圖說等。

約1658～1705年

劉天真《〈河〉〈洛〉先天圖說》，本〈繫辭〉「天數五，地數五，五位相得而各有合。其六、七、八、九之數，乃一二三四倚五而成，蓋即參天兩地而倚數」之說，來闡述《河圖》、《洛書》的「合若符契」。但《四庫全書總目提要》譏笑他「不知《圖》《書》之數，正影附此章而作」。

1659年

吳脈鬯《增輯易象圖》對《河圖》、《洛書》分別作了比較詳明的論述，關於《河圖》的有：《古〈河圖〉說》、《〈河圖〉說》、《〈河圖〉總說》，綜合大衍之數、朱熹和吳澄之說來闡述；關於《洛書》的有：《古〈洛書〉說》、《〈洛書〉說》、《〈洛書〉總說》、《大禹則〈洛書〉作〈範〉圖說》，主要意見與《河圖》大致相同，但是否定大禹則《洛書》作「九疇」。

約1659～？年

周漁《加年堂講易》在卷首因爲深斥〈繫辭〉「太極生兩儀，兩儀生四象，四象生八卦」之說，所以別衍《河圖》的奇偶，而又末附一卷，專門辨析《洛書》之僞，論《易》「翻新出奇」，確實如他自述一般：「與朱子《本義》、程子《傳》及古往今來言《易》之家大相乖戾。」

1659～1660年

趙振芳《易原》重在論述《河圖》、《洛書》：他把吳澄「馬旋毛」、「龜坼文」《古本〈圖〉〈書〉》、《古本〈易經〉》圖式列於首卷，後面依次列《河圖中十》、《河圖之陽》、《河圖之陰》、《河洛太極》、《河洛兩儀》、《河洛四象》、《河洛八卦》，再陳列易圖；其〈原卦第一〉，列《河圖中五之一》等九圖，並分別圖說；〈明象第二〉有《圖》《書》之變說〉；〈會通第三〉有〈河洛一原說〉；〈五行第五〉有《圖》《書》五行之序論；〈卦氣第六〉有《圖》《書》卦氣、《河圖》卦氣論；〈律法第七〉有〈五音清濁本《河圖》〉、〈六律唱和本《洛書》論〉；〈天行地勢之九〉有《河圖》天地交、《洛書》日月交論，等等。論述較爲確切，可《四庫全書總目提要》卻加以批評：「不免曼衍支離」，「夫《易》爲象數之總，推而衍之，三才萬物無不貫通。故任舉一端，皆能巧合，然於聖人立象設教之旨則究爲旁義也。」似不盡當。

1660年

刁包《易酌》雖然以程傳《周易》爲本，但也涉及《河圖》、《洛書》，基本採用陳摶、李之才之說，其首列的《河圖》、《洛書》圖式分別是《河圖》圓而《洛書》方（而且還是吳澄龜坼式的）。

1662～1693年

錢澄之《田間易學》論《河圖》、《洛書》從先天圖、伏羲和文王八卦圖開始，採用朱、蔡之圖式並作《河圖》、《洛書》和《〈圖〉〈書〉合論》，認爲大衍之數即《河圖》之數，而《洛書》即龜象之數，基本屬於「十圖九書」說。

1662～1735年

劉鳴珂《易圖疏義》4卷，這書是以朱熹《易學啓蒙》中《本〈圖〉〈書〉》、《原卦畫》二篇爲基礎推衍而成，所以其論述主要以朱熹、邵雍爲宗，也間采來知德之說，多牽強附會。不過也有自己的「發明」：〈繫辭〉「河出圖，洛出書，聖人則之」之「聖人」「兼指（伏）羲、文（周文王）」；又「以羲《易》爲錯，文《易》爲綜」。至於解《易》之逆數，《四庫全書總目提要》以爲「較邵、朱之說頗爲貫穿」。

1669年

康熙定《皇帝萬壽節御殿》二章，第一章以《河圖》、《洛書》的祥瑞，來肯定並頌揚大清皇帝之隆盛：「淑氣轉階蓂，堯《籙》羲《圖》燦御屏。嵩呼遍在廷，天呈瑞，地效靈。南極拱台星，億萬載，頌康寧。」

約1669～1688年間

包儀絕意科考後，專修《皇極經世》易學，撰成《易原就正》一書，《皇極經世》的河洛學是出於邵雍，所以他論《河圖》、《洛書》與朱熹亦爲近，又從劉歆「相爲表裡」說，並認爲《洛書》與《周易》無關。

1672年

黃宗羲撰《易學象數論》6卷，其關於《河圖》、《洛書》的論述集中在第1卷，總體而言，他視《河圖》、《洛書》作爲《易》象的一種，因而依次論述：〈《圖》《書》一〉從歐陽修的否定到朱熹的肯定，簡要敘述了《河圖》、《洛書》的演變，最後從宋代薛季宣之說，認爲《河圖》、《洛書》「爲地理」；〈《圖》《書》二〉批評孔安國、鄭玄以及讖緯關於河洛說法的矛盾和失誤，贊同歐陽修的「怪妄」指摘；〈《圖》《書》三〉對劉牧「九圖十書」說、朱熹的「十圖九書」說等辨析，指出《河圖》、《洛書》與《易》無關；〈《圖》《書》四〉批評關於《河圖》、《洛書》的五行、生成數之論，有「況於術數家」之虞；〈《圖》《書》五〉認爲〈繫辭〉所謂「大衍之數」既不能作《河圖》、《洛書》的定名，也不能作八卦的定名；〈《圖》《書》六〉論述《龍圖序》與《河圖》、《洛書》的關聯，認爲「其數托之于〈易〉而又與〈易〉背」！《四庫全書總目提要》對這些論述的評價是：「究心象數，故一一能洞曉其始末，因而盡得其瑕疵。」而且「宏綱巨目，辨論精詳」；但是「以《河圖》爲即後世圖經，《洛書》爲即後世地志，〈顧命〉之《河圖》即今之黃冊，則未免主持太過，至於矯枉過直，轉使傳陳摶之學者得據經典而反唇，是其一失。」大致允當。

1672～1686年

黃宗炎在爲南明弘光王朝勤王兵敗後開始潛心學《易》，著有《〈周易〉象辭》、《〈周易〉尋門餘論》、《〈周易〉辨惑》等，他自幼師從家兄黃宗羲，所以，這些書中對《河圖》、《洛書》的論述，也與黃宗羲相近：一是「龍馬負《圖》，神龜獻《書》」與《〈圖〉〈書〉》，都是「怪妄之言」；二是古代的《河圖》、《洛書》「若《禹貢》、《王制》之類」，是地理方冊、班爵授祿的簿冊。

1673年

（1）錢棻《讀易緒言》是推衍其父錢士升《周易揆》未盡之意，所以書名《緒言》，不過他沒有絕然反對《河圖》、《洛書》，在《系傳箋略》中附以《圖書說》、《先後天說》等。

（2）蕭雲從《易存》運用《河圖》、《洛書》之數理，闡釋《易》律呂、曆算爲宗，旁及於三命、六壬之術，《易存四學》首列朱熹的「十圖九書」圖式以及數理，再次第闡釋，如《河圖》「以生數建成，五位相得而各有合於美，知天地長奏之功」，《洛書》「以奇就偶，陰陽各別，於是知人事有道張道消美」。

約1674～約1735年

吳隆元「篤志經學，尤邃于《易》」（《清儒學案·高安學案》），著《易宮》38卷，大致採用來知德之說；《讀易管窺》卷1採納吳澄「馬旋毛」、「龜坼文」圖說，繪有《河圖旋毛》、《洛書坼甲》，卷2《先天後天卦圖》、卷3《卦象太極圖》、《性理太極圖》等，則「大抵力闡陳摶之學。」其中還對歸有光「《先天圖》晚出」進行了辨析。

1676年

方芬《周易補義》首列《河圖》、《洛書》，其圖式則在朱、蔡圖式上增加了奇偶、象數的文字解說，其圖說尊朱、蔡而批評劉牧，並認爲「筮卜中生生之儀象，即天地之《圖》《書》」。

1676～1692年

王夫之晚年才治易學，著有《〈周易〉大象解》、《〈周易〉稗疏》、《〈周易〉內傳》、《〈周易〉外傳》，其中關於《河圖》、《洛書》的見解主要是：《河圖》、《洛書》確實存在，「八卦之奇偶配合，必即《河圖》之象」，把《河圖》與五行結合，是劉牧起始的失誤；《河圖》與太極的差別是沒有「象」，與《周易》的差別是沒有「數」，與筮的差別是沒有「策」，與卦筮的差別是沒有「占」；其餘則大致本朱、蔡之說。

1679年

喬萊《喬氏易俟》論《易》屬於李光、楊萬里之支流，書前既有各種《易》圖，但不主陳摶《河圖》、《洛書》、先天、後天、方圓、橫直之說，否定《河圖》、《洛書》。

1680年

（1）張沐《周易疏略》「所注多取舊文，融以己意，不復標古人名氏。」因爲疏解《周易》「悉本孔子《十翼》之義」，所以竟以爲劉牧所傳「九圖十書」「爲孔子所定」。書中力排京房、陳摶、邵雍之學，卻又把源於陳摶、邵雍的《河圖》、《洛書》及伏羲、文王諸圖列於卷首，出現了不應有的矛盾狀態。

（2）孫宗彝《易宗集注》認爲《河圖》、《洛書》「五皆居中」，「中，五象之宗也。五，數之中也。中，理之宗也。」所以他以這種觀念論易，但他也認爲「必執《河圖》、《洛書》之五位以爲用中之本，則橫生枝節，附會經義矣。」算是能夠辯證地對待《河圖》、《洛書》及其功用的。

1681～1707年

鄭賡唐《讀易蒐》承襲朱、蔡「十圖九書」說，並申述蔡沈《河圖》「體圓而用方」，《洛書》「體方而用圓」之說。

1688～1695年

姚章《〈周易〉本義引蒙》首列朱、蔡的「十圖九書」圖式，其圖說亦秉承劉歆、孔安國、邵雍以及朱、蔡等迹說。

約1690～1736年

姜兆錫《周易蘊義圖考》主張邵雍先天之學，因而論述《周易》以《河圖》、《洛書》爲根柢，對宋代以後的河洛學「錯綜互變」，並加推演。

1694年

邵嗣堯《圖易定本》運用《河圖》、《洛書》來論易，採用「《河》、《洛》之數一乘一除」的方法：首先列朱熹《河圖》，然後作《〈河圖〉爲〈洛書〉之乘數說》，又《〈洛書〉爲〈《河圖》之乘數說〉、〈伏羲八卦方點陣圖坐《洛書》之數說〉、〈文王義八卦圓點陣圖坐《河圖》數說〉……如此而已，圖先說後，次第而行。

1698年

蘇了心、劉祈穀《增訂周易本義補》於《洛書》承襲夏禹「洪範九疇」說，《河圖》、《洛書》圖式是在朱、蔡基礎上再加數位、先天卦和「洪範九疇」文字注。

1700年

朱襄《易章》採用劉牧「九圖十書」說，只有「以《洛書》爲八卦」，與孔安國、劉牧不同。

1701～1719年

冉覲祖《〈河圖〉〈洛書〉同異考》承襲朱、蔡「十圖九書」說，並認為伏羲心中有「易」，因而一接觸《河圖》便畫卦；夏禹也心有〈洪範〉，因而一見《洛書》便敘「九疇」。

1701～1726年

陳夢雷主修的《古今圖書集成·職方典·洛陽府部》附錄的《祥異》採用伏羲得《河圖》、《洛書》的傳述，並認為《河圖》「之數，一六居下，二七居上，三八居左，四九居右，五十居中。」其自著《〈周易〉淺述》有《〈河圖〉圖說》、《〈洛書〉圖說》，基本採用朱、蔡的「十圖九書」說（但圖形是《河圖》圓而《洛書》方，並均配有五行相生文字注），其《河圖》、《洛書》配先後天圖式等大致相同；《河圖》淵源從〈繫辭〉起，《洛書》淵源即以揚雄為始；至於《河圖》、《洛書》的關係即承襲劉歆「相為表裡」之說。

約1703～1737年

童能靈《樂律古義》認為《洛書》為五音之本，《河圖》為《洛書》之源。《河圖》圓而為氣，《洛書》方而為體。因為「五音者氣也，氣凝為體，體以聚氣，然後聲音出焉。」《四庫全書總目提要》批評他：「純以《河圖》、《洛書》為聲音之本者，均可謂誤用其心矣」。

還是有一定道理的，其《周易剩義》似承張行成之說，「其論《易》專主《河圖》以明象數之學。」

1704年

閻若璩在《尚書古文疏證》中繼承鳳鳥、《河圖》爲祥瑞說，並以伏羲、黃帝、唐堯、虞舜、夏禹、周成王等得《河圖》、《洛書》爲證，還以朱熹撰《四書集注》在九峰山下遇見生龍駒再強調《河圖》、《洛書》是存在的。

1704～1714年

徐在漢《易或》第10卷專論《河圖》、《洛書》，這書援引萬以忠之說，認爲「圓心數也，卦心畫也。聖人全體此心，仰觀俯察，近取遠取，莫非《圖》《書》」，所以繪成罕見的黑白點《河圖》、《洛書》圓形圖式。

1706年

（1）胡渭撰成《易圖明辨》10卷，這是「專爲辨定《圖》《書》而作」的著作。書以宋代的《河圖》、《洛書》爲基點，上下求索，清理了《河圖》、《洛書》正反兩個方面產生、發展以及論述的情形：「初，陳摶推闡《易》理，衍爲諸圖。其圖本准《易》而生，故以卦爻反覆研求，無不符合。傳者務神其說，遂歸其圖於伏羲，謂《易》反由《圖》而作。又因《繫辭》、《河圖》、《洛書》之文，取《大衍算數》作五十五點之圖，以當《河圖》；取《乾鑿度》太乙行九宮法造四十五點之圖，以當《洛書》。其陰陽奇偶，亦一一與《易》相應。傳者益神其說，又真以爲龍馬、神龜之所負，謂伏羲由此而有先天之圖。實則唐以前書絕無一字之符驗，而突出於于北宋之初。」而後邵雍、朱熹「但取其數之巧合，而未暇究其太古以來從誰授受，故《易學啓蒙》及《易本義》前九圖皆沿其說。」王懋竑及其門人都依附並且信奉，「其說尤明」。就在朱熹一派衍流的時候，袁樞、薛季宣皆有異論，「吳澄、歸有光諸人亦相繼排擊，各有論述。國朝毛奇齡作《圖書原舛編》，黃宗羲作《易學象數論》，黃宗炎作《圖書辨惑》，爭之尤力。」正因爲雙方「各據所見，抵其罅隙」，所以胡渭書從《河圖》和《洛書》、五行和九宮、《周易》「參同」和先天太極、龍圖易數和《鉤隱圖》、《啓蒙•圖書》、先天古《易》、後天之學、卦變、象數流弊這十個方面，「引據舊文，互相參證」，予以辨析，最後的定論是：《河圖》、《洛書》之說「雖言之有故，執之有理，乃修煉、術數二家旁分《易》學之支流，而非作《易》之根柢。」

（2）吳德信《周易象義合參》撰寫的動機比較特別：「淮安舟次，中宵假寐，忽因『剛柔相摩』句，恍悟《河圖》本有八卦，特假伏羲畫出」（《自序》），否定八卦創自伏羲，進而認爲《河圖》、《洛書》作方圓二圖在孔子之前，孔子作《傳》是「圖說」。又採納吳澄「馬旋毛」、「龜坼文」圖說：「本文則《河圖》作旋毛，《洛書》作坼裂之狀。」《四庫全書總目提要》批評吳德信所說：「考《河圖》字始見於《書》，古注不言其質。似不應以馬革一片從伏羲流傳至周，久而不腐，始以此五十五圈畫於尺簡之上，即傳爲重寶。似又於事理不然。至於龜文之說，僅見後周盧辯《大戴禮注》，爲經典之所不載。果有其物，不應周人棄之，專寶《河圖》。果無其物，則古書別無繪象，何由睹其文理。朱謀煒等摭拾吳澄僞作，造爲宣和內府秘本之說，鑿空無證，德信乃摹而傳之。」

1711年

胡煦一生主要研習《周易》，其《〈周易〉函書》包括《約存》、《約注》各18卷、《別集》16卷，其中的《〈河圖〉篇》專論《河圖》、《洛書》，基本淵源于邵雍、朱熹的河洛學，但是其圖式主要取吳澄的旋毛、龜坼式，其他如陰陽、動靜等圖式則采自《〈周易〉折中》，又從朱升《古〈河圖〉》作《〈河〉〈洛〉析說》，分析《河圖》、《洛書》之數理，還自繪有《〈洛書〉天地人圖》、《〈洛書〉之數詳推圖》、《〈河〉〈洛〉積數圖》等。

1712～1723年

劉元龍《先天易貫》首《河圖》、次《洛書》，並附以《妙合而凝》之圖。論述以陳摶、邵雍爲准，但也引《春秋》來論易和《河圖》、《洛書》，似乎受到漢代《春秋緯》的影響，講到《周易》和《河圖》、《洛書》的理、象、數關係時，認爲是「理無跡，寓以象；象無定，准以數。」

1713～1715年

李光地奉敕主撰的《〈周易〉折中》對《河圖》、《洛書》的闡述，主要體現在《易學啓蒙本〈圖〉〈書〉》一節的解說，沒有更多的發明，其圖式也沒有自繪的新圖，如《〈河圖〉加減圖》、《〈洛書〉乘除之源圖》、《〈洛書〉勾股圖》、《冪形應〈洛書〉九點陣圖》等，但對江永有一定的影響。其《〈周易〉通論》也有卦爻、彖象時位應《河圖》、《洛書》等圖及其圖說。

1717年

郁文初撰成《周易鬱溪記》，這書以《河圖》、《洛書》論易，所以首列朱熹的「十圖九書」圖式，然後從《河圖數》、《洛書數》論起，雖「縱橫曼衍」，但「不出常談」。

約1717～1755年左右

應麟《易經粹言》認爲「《河圖》、《洛書》，數學也，邵子之傳也；吉凶、法戒，理學也，程子之傳也；兼而言之，是朱子之傳也。」所以他把《河圖》、《洛書》與《周易》卦爻區別開來，分別闡述。

約1720～1752年

晏斯盛《楚蒙山房易解》繼承黃宗羲、毛奇齡、胡渭之說，否定《河圖》、《洛書》，因而改《河圖》爲《大衍圖》。

約1721～1763年

沈起元《周易孔義集說》認爲陳摶所傳是「僞龍圖」，因而《河圖》、《洛書》、《先天》、《後天》、《方圓》諸圖，則是「陳、邵之《易》，非夫子所本有」，進而說《河圖》、《洛書》「皆屬後人附會」。

約1724～1772年前

吳汝惺《易說》1卷對《河圖》、《洛書》是否定的：首先認爲宋代的《河圖》、《洛書》之說與唐代以前的記載全不相合，其次肯定《河圖》、《洛書》只不過是道士的修煉術，最後標明：「《河圖》之象，自古無傳，何從擬議。」他還從《河圖》、《洛書》與《周易》的關係來否定，認爲《周易》本身就有六十四卦、二體、六爻之畫，它們就是圖，無需什麼別的圖。

1727年

上官章《周易解翼》論易則主張京房納甲之法，論述《河圖》、《洛書》則「以爲

《河》、《洛》、方圓、先後天諸說皆足以包括」，《四庫全書總目提要》說這書是「掃一《圖》學之障，又生一《圖》學之障也。」

1734年

汪烜《周易詮義》卷首《易學源流》從《易大傳》敘述到陳子龍，最後以朱熹爲旨歸，因而其《河圖》、《洛書》及圖說，從周敦頤《太極圖》到朱、蔡「十圖九書」，再是伏羲、文王卦圖，其第13卷再錄《易學啓蒙》，意在尊朱熹易學與河洛學。

約1736～1772年前

劉斯組對《河圖》、《洛書》的論述，主要體現在《周易撥易堂解》卷首的〈《河圖》解〉、〈《洛書》通解〉兩節中，重要的觀點是：「《易》之精蘊具於《圖》」，因而「學《易》者必推本於《圖》」；「《圖》之法象寓於數」。後面還有〈《河圖》每一數函變十數之圖〉、〈《洛書》三角圖變化圖式〉等《河圖》、《洛書》的數理圖式及其說明。

1737年

楊方達《易學圖說會通》的撰寫動機及其體例在《自序》中有交代：「尋繹宋、元經解及近代名家纂述，見其精研象數，或著爲圖，或著爲說，有裨《易》學者，類而錄之。左圖右說，集成八卷。」第2卷《圖書測微》專論《河圖》、《洛書》，以朱熹的「十圖九書」說爲主，但也「博采諸家，間附己論。」其《〈河圖〉序數圖》、《〈洛書〉序數圖》及其圖說，則爲自創。

1740年

程廷祚《程氏易通》包括《易學要論》2卷、《周易正解》10卷、《易學精義》1卷、又附錄《占法訂誤》1卷，這書不僅「盡去漢人爻變、互體、飛伏、納甲諸法」，也不採納「宋人《河》、《洛》、《先天》諸圖及乘承比應諸例」，而且《周易》《經》、《傳》的義疏，「不用今本，亦不用古本，以《彖傳》、《小象》散入《經》文，《十翼》並爲《六翼》，頗嫌變亂」，是《周易》、《河圖》、《洛書》中比較特別的，所以《四庫全書總目提要》認爲，這書「主持稍過」，「頗嫌變亂」，好在「詮釋尚爲簡明」。

約1741～1746年

趙繼序《周易圖書質疑》雖然主要采朱熹易圖，本《易傳》之辭而重新分類，但認爲「河出《圖》」之「河」應爲伏羲都城的陳河而非黃河，「洛出《書》」之「洛」爲周興起的雍洛；否定通行的黑白點《河圖》、《洛書》，《四庫全書總目提要》說「其書以象數言易，而不主陳、邵河洛之說」、「持論頗平允」。

1742年

河南孟津縣重建圖書閣，請原知縣董榕撰〈圖書閣記〉，記中標明孟津「有負圖里，又有宓羲氏廟，相傳上古龍馬負圖出河即此地」，建閣是爲了「並祀神禹，蓋以開天明道、畫卦尚矣」，又借「修二聖之祀以培闔邑之文風」；並認爲黃河、洛河貼近，「流通《圖》、《書》，相爲表里」，揭櫫《河圖》、《洛書》的相似性。

1743年

楊名時、夏宗瀾合撰的《易義隨記》採用夏宗瀾問、楊名時答的講章與語錄結合體，主要爲參學《周易折中》的體悟記錄，第8卷論述《河圖》、《洛書》遵循朱熹的「十圖九書」圖式，有《先天八卦配〈河圖〉之象圖》、《先天八卦配〈洛書〉之數圖》，並輔以圖說。

1748年

徐師曾《今文周易演義》卷9-10論及《河圖》、《洛書》繼承瑞象說，並認爲黃河通於天，洛河居天地之中，才能夠成此瑞地，也是五、十居中之意；其圖式是朱熹的「十圖九書」而圖像採納吳澄旋毛、龜坼說。

1751年

金誠《易經貫一》22卷，其《談餘雜錄》4卷、《易學問經說》、程頤《易傳序》、周敦頤《太極圖說》、張載《西銘》及《河》、《洛》卦象諸圖，論《河圖》、《洛書》主要以程頤《易傳序》、朱熹《周易本義》爲旨歸。

1755年

鄧錫禮龍馬負圖寺碑詩文，首先肯定孟津是《河圖》、《洛書》的出處：「圖馬出河處，猶傳勝跡存。先天開道蘊，此地是星源」，認爲《河圖》、《洛書》的精妙在於「道以陰陽妙，心緣契合通。」運用《河圖》、《洛書》便「更尋圖內象，靜驗太虛中。」

1756年

（1）黃元御撰成《周易懸象》，主要「緣象以明理，不糾繞飛伏、納甲之術，亦不推演《河》、《洛》、先天之說，在近人《易》說中猶可謂學有根據。」有意別開《河圖》、《洛書》以及先天之說來論《易》，這是標明否定意味的，但「割〈繫辭〉十九卦之說移入《文言》」是承襲吳澄《易纂言》的失誤。

（2）張敘《易貫》援引邵雍先天之說和周敦頤《太極圖》之說來闡述《河圖》、《洛書》，所以其卷首《演易圖》上把《太極圖》列於首端，並斷定《河圖》、《洛書》最終不過是「一《太極圖》」而已！繪有《〈河圖〉亦一〈太極圖〉》、《〈洛書〉亦一〈太極圖〉》圖，並作圖說闡述這一觀點。

1758～1759年

貢渭濱《易見》9卷尊尙朱熹《周易本義》，論《河圖》、《洛書》也主張朱熹的「十圖九書」說，所以末附《啓蒙大旨》兩卷，其首卷《本〈圖〉〈書〉第一》再列「十圖九書」圖式於篇首，將朱熹、蔡元定所提的孔安國等人的論述逐一闡述，但沒有過多新見。

1759年

（1）曹庭楝《易准》是專論《河圖》、《洛書》的：第1卷《河圖》，第2卷《洛書》，第3卷《大衍圖》，第4卷《蓍法》。在《〈河圖〉本始篇》中認爲「五、十居中央」，於是改《河圖》「中宮十點之舊」；《洛書》則採用道士鳳來儀的圖式，因爲他少時曾經得到過鳳來儀《洛書》「龜坼文」（鳳來儀似應從吳澄「馬旋毛」、「龜坼文」而來）的指點，自己後來深究《周易》才發現：「《洛書》有十圖，皆爲本象遞爲推演，已盡天一至地十之變化，非明有黑白點數如今之所傳者」，而「今之所傳」之《洛書》圖說，則是「十圖中天五圖耳」（曹庭楝《〈洛書〉本象圖說》）。其後《大衍圖》是「通《洛書》大衍之說于《易》」，《蓍法》則是「分掛扐揲之法於蓍」：這是河洛學中別出新意但還是値得商榷的觀點。

（2）江永《河洛精蘊》是清後最具廣泛影響的《河圖》、《洛書》專著。全書分內、外兩篇：內篇《〈河〉〈洛〉之精》3卷，主要以朱熹《易學啓蒙》四篇和李光地《周易折中》的內容推衍而成，論述了「《圖》《書》、卦畫之原，先天、後天之理，蓍策、變占之法」

等；外篇《〈河〉〈洛〉之蘊》6卷，主要論述《河圖》、《洛書》的應用，包括「算家之勾股乘方、樂家之五音六律、天文家之七曜高下、五行家之納甲納音、音學家之字母清濁、堪輿家之羅經理氣、擇日家之斗首奇門，以至於天有五運六氣，人有經脈動脈」等等。他認爲：「卦之精即《圖》《書》之精，卦其右契，而《圖》《書》其左劵也。卦之蘊皆《圖》《書》之蘊，卦其子孫，而《圖》《書》其祖宗也。」

1760年

張六圖《易心存古》據自己的理解來圖說《河圖》、《洛書》，認爲《河圖》是第三乾，出於乾之北面，而伏羲八卦之乾在南面，但其圖式是朱、蔡的「十圖九書」模式。

1761年

周世金《易解拾遺》7卷（附《周易句讀讀本》）認爲：「易之象數備於六十四，括於八，而根本於《河、《洛》」，所以這書「首解《河、《洛》」，以達到使「理與象詳矣」的目標。卷一〈圖解〉就專解《河圖》、《洛書》：由〈《河圖》圖解〉（附3圖）、〈《洛書》圖解〉（附23圖）、〈《河》《洛》合解〉構成，以邵雍、朱熹的「十圖九書」說爲基礎，又多出己見，《四庫全書總目提要》稱：「務拔奇於舊說之外。」

1761～1802年

張惠言因爲是常州派創始人而名著青史，但他還是散文家、易學和禮學家，他的散文力追揚馬、韓歐，著有闡發易義的書9種、禮書12種。易學代表作《周易虞氏義》、《虞氏消息》、《虞氏易言》、《易圖條辨》等，其中對河洛學也有不少論述：在《虞氏消息序》中陳述了河洛學發展概況：「古書盡亡，而宋道士陳摶以意造爲龍圖，其徒劉牧以爲易之《河圖》、《洛書》也，河南邵雍又爲先天、後天之圖，宋之說易者翕然宗之，以至於今，牢不可拔，而易陰陽之大義，蓋盡晦矣。」《易圖條辨》繪有20圖，其中有8圖是關於《河圖》、《洛書》的：第1-4圖《龍圖天地未合之數圖》、《劉長民河圖》、《劉長民洛書生數圖》、《劉長民洛書成數圖》，第1圖取自張理，第2-3圖取自劉牧，標明「天地巳合」的數位形態，第4圖取自劉牧而數理則是按照朱熹《周易啓蒙》「洛書縱橫十五之象」說，但是張惠言認爲這4圖都是「理以意說」，與陳摶「龍圖三變」相謬；第5-6圖《朱子發河圖》、《朱子發洛書》取自朱震《漢上易圖》，意在標明「九圖十書」的師承，即「劉牧傳於范諤昌，諤昌傳於許堅，堅傳于李溉，溉傳於種放，放傳於希夷陳摶」；第12-13圖《朱子啓蒙河圖》、《朱子啓蒙洛書》雖然都取自朱熹《周易啓蒙》，但是張惠言則認爲朱熹、蔡元定「十圖九書」說是「托言出於希夷」，「與諸儒舊說不合」。並詳細援引雷思齊在《易圖通變》中對「十圖九書」說的辨析，從而批評朱熹、蔡元定的《河圖》、《洛書》觀。

1765年

王琬的《周易集注》關於《河圖》、《洛書》主要有兩點：一是認爲〈繫辭〉並舉《河圖》、《洛書》好比並舉蓍草、龜版，「不過帶言」而已，所以「《洛書》無關於畫卦」；二是來知德列《太極圖》於《河圖》前，而且所畫圖黑白各半，明是陰陽，不得稱之爲「太極」。

1773年

趙世迥《周易告蒙》4卷的次第是：太極圖、《河圖》和《洛書》、諸儒易說、《〈洛書〉圖解》、《周易》本經，這實際是他自己研習易學和河洛學的次第，也是他告訴童蒙參與學習的次第。趙世迥以象數來闡釋《河圖》、《洛書》，如《〈河圖〉數解》、《〈洛書〉數解》、《龜紋圖》、《九疇圖》等，原理本于朱熹《周易本義》。趙世迥的本意在借《河圖》、《洛書》來闡明《周易》，結果歪打正著，反而造成了以《周易》顯明《河圖》、《洛書》的結果。

約1780～1800年

趙翼《陔餘叢考》中有兩篇論及《河圖》、《洛書》：一是《〈河圖〉刻玉》，否定吳澄等《河圖》河中龍馬負圖「旋毛有八卦之象」之說和俞琰「《河圖》是玉之有文」說；二是

《畫卦不本於〈河圖〉》，認爲古代沒有「伏羲因《河圖》而畫卦，大禹因《洛書》而演疇」之說，不過是漢儒根據〈繫辭〉「河出《圖》，洛出《書》，聖人則之」之語「強爲附會」；《論語》記載的孔子之歎，只不過表示「王者之瑞」而已；還根據漢代讖緯來說明不能「以《河圖》專屬之伏羲，《洛書》專屬之神禹」。

1793年

李榮陛《易續考·〈河〉〈洛〉考》從《易大傳》追述及宋濂，認爲朱熹先從劉牧後改從蔡元定，其「十圖九書」說因而值得懷疑。

約1793～1797年左右

胡淳《易觀》認爲〈繫辭傳〉「河出《圖》，洛出《書》，聖人則之」，是漢儒談讖緯者「所竄入」，因而拋棄《河圖》、《洛書》；論易則「皆隨文生義，未能融會貫通。」

1804年

汪泩《周易衷翼集解》第15-20卷爲《易圖圖說》，首列朱、蔡「十圖九書」模式，並以〈繫辭〉爲依據、以朱、蔡爲輔進行圖說，還採有《河圖》、《洛書》的陰陽動靜圖、先後天八卦圖等，另外以《洛書》爲基礎繪有「洪範九疇」圖等。

1816年

《嘉慶孟津縣誌》的《古跡》、《建置》二志中，有不少關於《河圖》、《洛書》的記述，大致採用伏羲得《河圖》、《洛書》說。

1822～1825年

王玉樹《退思易話》第4冊論述《河圖》、《洛書》，承襲歐陽修、歸有光以及清代毛奇齡、黃宗羲兄弟等人之說，反對朱、蔡的主張而遵從劉牧及其「九圖十書」說。

1837年

多隆阿在《易原・繫辭》注中認爲《河圖》、《洛書》是「古書名」，並據鄭玄說《河圖》爲9篇、《洛書》爲6篇。

1848～1850年

陳世鎔《周易廓・〈圖〉說》認爲「《易》本無可圖」，《河圖》、《洛書》是陳摶、邵雍假託伏羲、文王而僞造的，正因爲有了《河圖》、《洛書》，天下學者都「舍辭、象、占不求，而求之於《圖》」，造成了「《圖》愈多」而「《易》愈晦」的後果。

1852～1857年

丁壽昌《讀易會通》遠紹歐陽修，駁斥先天、後天以及《河圖》、《洛書》之說，說《〈周易〉本義》首載《河圖》、《洛書》等9圖，不是朱熹本意。

1863～1875年

莊忠棫《周易通義·〈河〉〈洛〉七十七》略述《河圖》、《洛書》的朱、蔡之說。

1877年

康中理《周易燈》承襲朱熹、蔡元定的「十圖九書」說，又兼及其它。

1899年

（1）章太炎在《訄書》中比較多地論及《河圖》、《洛書》，他繼承黃宗羲等人的看法：「《河圖》者，括地者也」；對否定《河圖》、《洛書》的瑞象說者提出質疑：「安知夫瞿駭《河圖》以爲天賜者，非亡人之塊邪？」

（2）皮錫瑞《尙書中候疏證》繼承鄭玄關於《河圖》、《洛書》的傳述，並贊同瑞象說。

1918～1924年

杭辛齋《杭氏易學七種》中有3種有關《河圖》、《洛書》的論述：一是《易楔》卷1的《〈圖〉〈書〉第一》，從周敦頤等的《太極圖》進入討論《河圖》、《洛書》，他在敘述河洛學演變之後，明確表態主張朱熹的「十圖九書」說，另外對萬氏《河圖》、《洛書》也比較重視；二是《學易筆談二集》之《〈河〉〈洛〉平議》篇，這是針對《河圖》、《洛書》外之肯定與否定和內之「十圖九書」與「九圖十書」之爭而發的，無論內外，他的最終歸結還是朱熹之說；三是《易數偶得》中的《龍圖之分合》、《聲律生應出於圓方》：前者標明「《河圖》、《洛書》爲數之祖，龍圖之書，雖爲僞託，然其言分合，亦頗有至理！」，後者因爲「凡相生者必相通，一爲體，一爲用，其源皆出於《河圖》也」。

貳、主要參考書目

《河洛理數》，宋陳摶撰、宋邵雍述，海南出版社1990年

《朱子全書》（1—27），朱謀人、嚴佐之、劉永翔主編，上海古籍出版社、安徽教育出版社2002年

《考訂〈河洛理數〉便覽》，清紀大奎著，北京出版社2000年

《河洛精蘊》，清江慎修著、孫國中校理，學苑出版社2007年

《易經證釋》，陸宗輿編撰，天津救世新教會民國二十七年（1938）

《河洛數釋》，民國徐昂著，南通翰墨林書局，民國三十六年（1947）（徐氏全書/徐昂著；第1函）（線裝）

《圖說河圖洛書·河洛真數》，唐頤著，陝西師範大學出版社2010年

《河圖洛書探秘》，王永寬著，河南人民出版社2006年

《河圖洛書新論》，劉正英著，學林出版社2006年

《易圖明辨》，清胡渭撰，鄭萬耕點校，中華書局2008年

《周易集注·易經來注圖解》，明來知德著、張萬彬點校，九州出版杜2004年

《話說太極圖——〈易圖明辨〉補》，李申著，知識出版社1992年

《河洛精蘊注引》，郭彧，華夏出版社2006年

《易圖講座》，郭彧，華廈出版社2006年

《易圖探秘》，張其成著，中國書店1999年

《易學大辭典》，張其成主編，華夏出版社1992年

《中華易學大辭典》，《中華易學大辭典》編輯委員會編，上海古籍出版社2008年

《易圖源流——中國易經圖書學史》，臺灣徐芹庭著，中國書店2008年

《杭氏易學七種》（上、下），杭辛齋撰，九州出版社2005年

《河洛文化論叢》（第一輯），洛陽市歷史學會、洛陽市海外聯誼會編，河南大學出版社1990年

《河洛文化論叢》（第二輯），洛陽市歷史學會、洛陽市海外聯誼會編，河南大學出版社1991年

《河洛文化論叢》（第三輯），洛陽市歷史學會、洛陽市海外聯誼會編，河南大學出版社2006年

《尚書易解》，周秉鈞著，嶽麓書社1989年

《帛書周易注釋》，張立文著，中州古籍出版社2008年

《訄書詳注》，章炳麟著、徐俊注，上海古籍出版社出版2000年

《陰陽家簡史》，龍建春著，重慶出版社2008年

《四書五經校注》，陳戍國點校，嶽麓書社2006年

《太玄集注》（新編諸子集成本），漢揚雄著、司馬光集注、劉韶軍整理，中華書局1998年

《周易之謎》，胡邦煒、趙文著，四川教育出版社2000年

《象數與義理》，張善文著，遼寧教育出版社1993年

《東坡易傳》，宋蘇軾父子撰、龍吟注評，吉林文史出版社2003年

《國學今論》，張岱年等著，遼寧教育出版社1991年

《緯書集成》（上、中、下），日本安居香山、中村璋八輯，河北人民出版社1994年

《讖緯論略》，鐘肇鵬著，遼寧教育出版社1997年

《景印文淵閣四庫全書》，臺灣商務印書館編印，臺灣商務印書館1986年

《續修四庫全書》，《續修四庫全書》編纂委員會編，上海古籍出版社1994-2002年

《增補四庫未收術數類古籍大全》，劉永明主編，江蘇廣陵古籍刻印社1997年

《二十五史》，上海古籍出版社、上海書店影印本，1986年

《十三經注疏》（1—13冊），李學勤主編，北京大學1999年
《二十二子》，影印浙江書局匯刻本，上海古籍出版社1986年
《百子全書》（上、下），影印湖北崇文書局編輯、掃葉山房1919年石印本，浙江古籍出版社1998年
《漢魏叢書》，影印程榮纂輯本，吉林大學出版社1992年
《黃帝內經素問集注》，清張志聰著，孫國中、方向紅點校，學苑出版社2002年
《黃帝內經靈樞集注》，清張志聰著，孫國中、方向紅點校，學苑出版社2006年
《中國傳統醫學與文化》，王君主編，陝西科學技術出版社1993年
《河圖・洛書保健按摩絕技》，王一丁著北京出版社1999年
《易學易經教材六種》，鄒學熹主編，中醫古籍出版社2006年
《中醫天文醫學概論》，徐子評著，湖北科技出版社1996年
《中華科學文明術史》，李約瑟原著、柯林・羅南改編、上海交通大學科學史系譯，上海人民出版社2002年
《幻方與素數：娛樂數學兩大經典名題》，吳鶴齡著，科學出版社2008年
《律呂精義》，明朱載堉著，日本早稻田大學館藏明萬曆二十四年（1596）刊本

《歐陽修全集》，宋歐陽永叔著，北京中國書店1986年
《中國美學史資料選編》，北京大學哲學系美學教研室編，中華書局1985年
《易圖考》，李申著，北京大學出版社2000年
《習學記言序目》，宋葉適著，台灣新文豐出版公司1989年
《四庫未收書輯刊》，四庫未收書輯刊編纂委員會編，北京出版社2000年
《四庫全書存目叢書》，四庫全書存目叢書編纂委員會，齊魯書社1997年
《周易折中》，清李光地撰、李一忻點校，九州出版社2002年
《周易圖釋大典》，施維、邱小波主編，中國工人出版社1995年
《張景嶽醫學全書》（上、下），李志庸主編，中國中醫藥出版社1999年
《奇門遁甲解真》，石建國著，中國國際廣播音像出版社2006年
《風水大全》，俞灝敏、朱國照編著，中州古籍出版社1994年
《古今圖書集成》，陳夢雷、蔣廷錫主編，中華書局1934年影印同文書局石印本

後記

這本小冊子終於問世，頗有一點感慨：

這本書並不是我一個人坐在冷板凳上默默地撰寫出來的，還有不少道友在間接或者直接地幫助我：選題就是7年前由獨具慧眼的曾海龍、錢發平兩位先生提供的；在這7年寫作的過程中，得到了譚家健、王達敏、熊禮匯、阮忠、王利鎖、楊曉斌、李大興等教授的鼓勵和指點；得到了李建軍、張天星、高平、李秀華等博士的幫助；我校圖書館和一些學友爲我提供了不少有益的資料，使我具有豐富的原創材料；台州市社科聯、台州學院人文學院給予了資助，緩解了本書出版的經濟壓力；台灣蘭臺出版社雷中行、張加君兩位總編惠然出任主編，康美珠、林育雯兩女士熱情、細緻的編輯，有幸得到郭鎧銘責編把關，保證了本書的出版質量；鄭荷婷美編的封面設計使本書生色，當然如果沒有家人王業香、龍諍、龍志、葉彬彬的支持，我也不可能順利地完成著述。在此，我理應表達由衷的謝意！

《河圖》、《洛書》無疑是中國神秘文化的本源，也是中國文化的主要本源之一，涉及到中國傳統文化的方方面面，是一個真正具有本源並帶有「牛鼻子」性質的課題。然而由於它的廣博、繁雜、艱深，學者往往一觸即退避三舍；又由於它的隱晦、神秘而且在今天看來充滿了虛幻、迷信的色彩，又很容易被那些某某級的評審專家輕易否定（當然他們還有更具價值的利益因素）：因而本書便有了通俗→學術→通俗→學術這般奇特的屬性輾轉的經歷！另外在聯繫出版時，有出版社這樣答覆：「《河圖》、《洛書》這兩本書我讀過」、「我們需要的不是一本上等的學術專著」、「如果是教材，我們還可以給你稿費」、「我們不出這些亂七八糟的東西」……由此看來，本書出版確實太有必要了！

毫無疑問，這本書解讀的不是《河圖》、《洛書》的全部，只是「象」與「理」兩個最重要的方面，即便如此，限於修養和水準，不僅沒有將《河圖》、《洛書》的「象」與「理」論述得透徹、完善，而且還存在不少失誤甚至於錯誤，真誠地期盼來自各個方面的指教！

龍建春

壬辰季秋二日子時於浙東守拙齋

國家圖書館出版品預行編目資料

神秘文化本源——河圖洛書通俗解讀 / 龍建春著.-- 版 -- 臺北市：蘭臺, 2012.12面；公分.-- (蘭臺國學研究叢刊. 第一輯；10)
ISBN：978-986-6231-54-4（平裝）
1.術數
290.1　　　　101023146

蘭臺國學研究叢刊 第一輯 10

神秘文化本源——河圖洛書通俗解讀

作　　者：龍建春
編　　輯：郭鎧銘
封面設計：鄭荷婷
出 版 者：蘭臺出版社
發　　行：蘭臺出版社
地　　址：台北市中正區重慶南路1段121號8樓之14
電　　話：(02)2331-1675或(02)2331-1691
傳　　真：(02)2382-6225
E—MAIL：books5w@yahoo.com.tw或books5w@gmail.com
網路書店：http://store.pchome.com.tw/yesbooks/
http://www.5w.com.tw/lanti/
http://www.5w.com.tw、華文網路書店、三民書局
總 經 銷：成信文化事業股份有限公司
劃撥戶名：蘭臺出版社 帳號：18995335
網路書店：博客來網路書店 http://www.books.com.tw
香港代理：香港聯合零售有限公司
地　　址：香港新界大蒲汀麗路36號中華商務印刷大樓
C&C Building, 36,Ting, Lai, Road, Tai,Po, New,Territories
電　　話：(852)2150-2100　傳真：(852)2356-0735
出版日期：2012年12月 初版
定　　價：新臺幣1200元整（精裝）
ISBN：978-986-6231-54-4
套書定價：新臺幣12000元整（精裝）
ISBN：978-986-6231-56-8